飯沼賢司 編

阿蘇下野狩史料集

思文閣出版

（右隻）

（左隻）

口絵1

下野狩屏風（永青文庫所蔵）

熊本藩主細川宗孝の時代、下野狩の屏風が企画され、当時の阿蘇大宮司真楫に屏風を描くための資料の提出が求められた。しかし、細川宗孝が江戸城内で刺殺されたため、次の藩主重賢の代になって下野狩関係の資料が提出された。その資料に『下野狩日記』上・下、『下野狩旧記抜書』が含まれていた。『下野狩旧記抜書』の検討によって、屏風の製作は、宝暦二年（一七五二）ころに行われたと推定される。絵は細川家の御用絵師矢野茂左衛門が手掛けたと考えられる。

口絵２　下野狩図 第２幅
（阿蘇家所蔵）

口絵３　同右図 第４幅
（同家所蔵）

口絵4　同右図 第５幅
（ガラス乾板写真／阿蘇神社提供）

口絵5　同右図 第６幅
（阿蘇家所蔵）

口絵６　下野狩図　全体写真（阿蘇家提供）

阿蘇家所蔵の下野狩図は、本来６幅のものであったが、戦後まもなく、阿蘇家から３幅が流失。現在、３幅は同家所蔵（口絵２・３・５）。流失の３幅のうち１幅は阿蘇神社所蔵のガラス乾板写真で絵が確認できる（口絵４）。また、戦前の全体写真も一応残っている。画面の落款および軸に記載された記述から見ると、貞享元年（1684）に江戸で熊本藩御用絵師の狩野（薗井）守供（狩野探幽の弟子）によって製作されたことがわかる。『下野狩旧記抜書』によれば、熊本藩藩主細川綱利（妙応院）の時代、下野の狩図の製作が命じられ、貞享２年（1685）３月２日に図は細川家から阿蘇家へ寄進された。

阿蘇下野狩史料集◆目次

凡例
永青文庫所蔵『下野狩日記』『下野狩旧記抜書』および関連文書等の解題……三
阿蘇家所蔵下野狩関連史料の解題……二一
一　永青文庫所蔵下野狩関連記録
1　下野狩日記　上（二）……二五
2　下野狩日記　下（三）……五五
3　下野狩旧記抜書（一）……九七
二　永青文庫所蔵下野狩関連文書
1　下野三狩矢野茂左衛門覚書写……一七三
2　板書……一七七
3　宮内権大輔真楫書状……一七七

4 下野之三狩書物之抜書写……一七八
5 下野狩由来抜書写……一八二
三 阿蘇家所蔵下野狩関連史料
1 天保十三年下田能延へ送る抜書写……一八三
2 下野御狩記録抜書写……一八三
3 下野御狩三物替事……一八九
4 下野之三狩書物抜書写……一八九
5 下野狩并山神祭作法写……一九三
6 下野狩根本記写……二〇〇
7 下野狩由来記写……二一三
8 下野狩再興願記録……二一八
9 鷹山下野御狩鹿立鹿蔵地名比定書……二三五
挿図
史料の用語・地名等の解説
阿蘇家系図
下野狩関連地名推定図（折込地図）
あとがき

阿蘇下野狩史料集

〔凡　例〕

一、この史料集は、永青文庫所蔵の『下野狩日記』上・下と『下野狩旧記抜書』の三冊とそれに関係したと推定される書状や覚えなどの古文書、および阿蘇家所蔵の下野狩関連史料を収録した。

一、『下野狩日記』上・下と『下野狩旧記抜書』の三冊は、もともと、写本であったこともあり、書写された段階で、書写した人が本来の字を判読できていない箇所が多くあり、曖昧な字を書いている。そこで、意味が通じない箇所は〔　〕で横に本来の字を推定し書いたが、不明な箇所も多い。そのため、画像をそのまま挿入した箇所もある。「(朱書)　」の中に表記したのは、基本的に朱書での追筆である。朱の合点は┌……と表記した。朱の実線は……とした。文字の表記が誤っている場合は、基本的に右横に〔　〕で修正をした。ただし、右に傍書がある場合は左側に記載した。平仮名の記載は、意味がわかる場合は右に（　）で漢字を記載した。筆で線を引き文を縦に消した場合は、中央に同様に線を引いた。ミセケチがある場合はそのまま表記した。文を×状の線や三重線以上線で消した場合は、消したと推定できる部分を網掛けで表記した。墨で塗り潰した場合はその部分を■で表記した。

一、史料の原本では、略字・正字が混在しているが、漢字はできる限り原本のままで表記した。平仮名は原則、現代表記としたが、「江」「者」など区別しにくいものは、そのままの表記を残したものもある。

一、『下野狩日記』上・下には挿図が二四か所あり、その説明書が小さい文字で書き込まれている。また、阿蘇家所蔵の「下野狩并山神祭作法写」には挿図が七か所ある。挿図は翻刻の後に写真を別掲し、文字の部分に①②などと番号を入れ、本文中にも同じ番号を付し、その部分の文字を記載した。

一、阿蘇家所蔵の「下野狩根本記写」には頭注が朱書で入れられている。翻刻では、その頭注の場所に①②などの番号を付し、その後の本文中に（頭注①）などと書き「　」で翻刻を記載した。

一、この史料集の編集・翻刻・校正は研究代表飯沼賢司の責任で行った。

永青文庫所蔵『下野狩日記』『下野狩旧記抜書』および関連文書等の解題

はじめに

本史料は、旧熊本藩主細川家の永青文庫に所蔵されている史料である。その内訳は、『下野狩日記』上・下と『下野狩旧記抜書』とその関連文書である。冊子状の記録は、『下野狩日記』上・下と『下野狩旧記抜書』の三冊からなり、一冊目の表題には「下野狩旧記抜書　二」とあり、その内表紙には「下野狩日記雑録　全」とある。二冊目の表題には「下野狩日記　上　二」とあり、奥書には「延徳三年辛亥七月六日　備後国住侶ヽ字不知書之　于時慶長十二年丁未三月四日丁卯　九州肥後国阿蘇郡　村山丹波守宇治惟尚（花押）」とある。三冊目の表題には「下野狩日記　下　三」とあり、奥書には「于時慶長十二年丁未三月四日丁卯具書之、九州肥後國阿蘇郡　村山丹波守宇治惟尚（花押）」と書かれている。これらは、阿蘇宮で最も重要な神事であった「下野狩神事」の由緒・故実・道具などの内容を詳細に伝える貴重な記録である。

下野狩神事は、天正七年（一五七九）から、戦乱による混乱で廃絶したが、源頼朝の富士の巻狩りの手本となったといわれている有名な狩神事である。舞台となる下野《しもの》は、西野とか、西野原ともいわれ、阿蘇の五岳の西山麓に広がる広大な原野である。下野では、春の初め旧暦二月の卯日に、阿蘇北宮（現在の国造神社）の鯰に捧げる贄の鹿・猪を狩るため、周辺の山野で野焼きが行われ、その火と勢子・狩人の力で下野三の馬場に獲物が集められた。下野の鬢《びん》掻《が》きの馬場（筵の馬場、始めの馬場、一の馬場）、中の馬場（小物の馬場、二の馬場）、赤水《あかみず》の馬場（終《はて》の馬場、三の馬場）の三か所の馬場にも火がかけられ、ここ

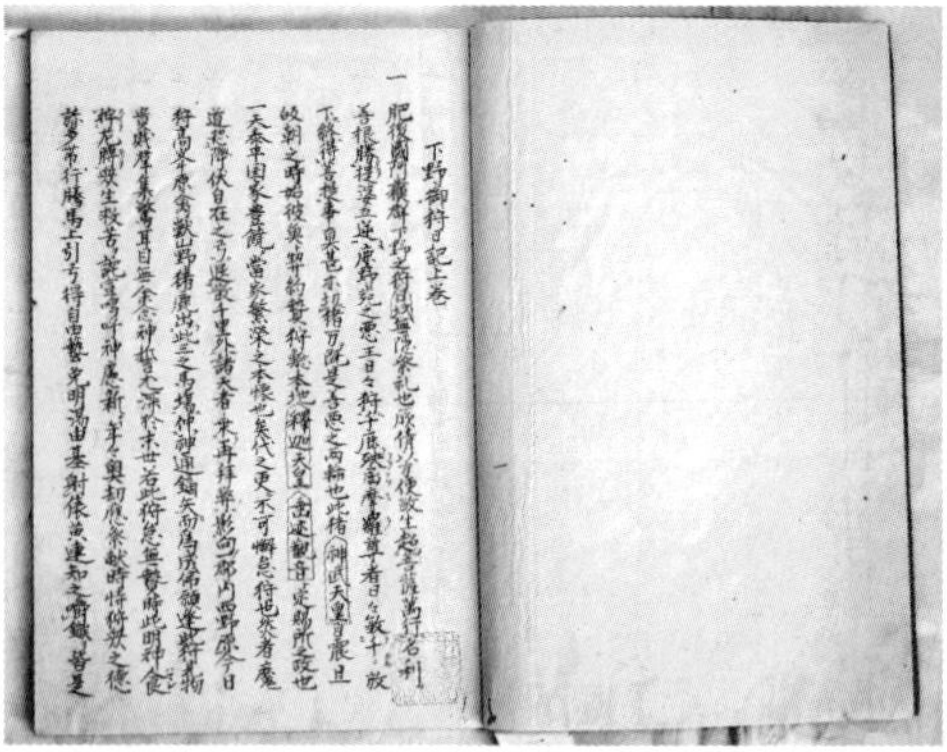

図１　下野狩日記（永青文庫所蔵）

図２　下野全景

図３　下野狩図（口絵３の一部／阿蘇家所蔵）

へ順番に追い出された獣を馬に乗った神官武者が弓矢で射とめた。これが阿蘇の一年の祭礼の始まりで、阿蘇家として、この祭礼を怠ることはあってはならないといわれてきた。

この狩りでは、鹿や猪や狸・狐・兎などの小物を狩り、鹿のモモ肉を北宮（国造神社）の前の木につるし神に捧げた。下野狩は「方便の殺生」といわれ、弓によって邪気を払うだけではなく、射殺された鹿は往生して、阿蘇の神官に生まれかわり、鹿の往生をみた見物人もまた往生を体験できたといわれている（『下野狩旧記抜書』）。殺生の行事ではあるが、放生の効力によって病を防ぐ放生会に匹敵する阿蘇宮最大の重要行事である。

また、この下野狩り場は、別名鷹山の牧（鷹牧）とも言い、十二月に阿蘇社の十二宮と西野宮・吉松社など阿蘇の各お宮に納められる神馬が育てられる神の御牧だった（「阿蘇年中行事」）。この牧は神亀三年（七二六）に立てられたと記録され（『下野狩日記』)、古代の駅馬・大宰府の兵馬を供給した九州最大の官営の馬牧「二重牧」(阿蘇郡所在、場所不明)にも関係すると考えられる。この史料は、阿蘇での火と狩りの関係、そして牧と狩りの関係を考えるとき示唆的な史料である。

さらに、下野は、鷹山と呼ばれる山も含んでいた。これは、往生ヶ岳の北西山麓、湯の谷・垂玉《たるたま》方面の山の総称であり、具体的には阿蘇西山麓の「森」を指していたと考えられる。この鷹山は吉松神社を地主神として、この森に生える樫・槻・檜が阿蘇宮の下宮・上宮の神事や材木などに使用された。特に、鷹山の樫は、旧暦二月の田作神事の「みそぎ迎え」(「御前迎え」)に重要な役割を演じた。この記録には、阿蘇の水田開発に関する田作神事の記述も含まれている。

『下野狩日記』上・下と『下野狩旧記抜書』は、まとまった史料で、廃絶した下野狩の根本史料である。これまで、下野狩については『下野狩集説秘録』(以下『集説秘録』)が知られていた。『集説秘録』は、阿蘇宮(現・阿蘇市)の宮司阿蘇家や南郷下田(現・南阿蘇村)の西野宮の大宮司の子孫下田家に所持されていた。すでに、阿蘇家本は『神道大系』[1]、下田本は『阿蘇町史』[2]で活字化され多く人に知られる史料である。しかし、その内容のおもしろさに比して、編纂過程が明確でない上、近世史料と中世史料と思われるものが入り交じり、さらに、誤写が多く安易に使えない史料であった。

これに対して、ここに紹介する記録は、永青文庫所蔵で熊本大学図書館の保管の史料である。この写本として上妻博之氏が謄写した上妻本が熊本県立図書館に保管されている。二〇〇七年の夏の科学研究費の調査で、熊本県立図書館の上妻文庫の書写本『下野狩日記』と『下野狩旧記書抜』(以下、『旧記抜書』)のコピーを南阿蘇村の公民館の図書室で見る機会を得て、その史料的価値を認識することになった。

二〇〇七年の九月、永青文庫に許可を得て、原本の永青文庫本の調査を実施することになった。このうち『下野狩日記』上・下巻は、慶長十二年(一六〇七)に阿蘇家奉行人村山惟尚の書写になる本で、『旧記抜書』は正徳二年(一七一二)以前の狩りの記録の抜書である。これらの記録は、『集説秘録』と重る部分も多いが、『集説秘録』よりはるかに情報量が多い。

これまで、『下野狩日記』については、中世阿蘇の研究の第一人者阿蘇品保夫氏や阿蘇祭祀の研究で著名な村崎真智子氏もその存在を知りながらほとんど史料としては使用していなかった。[3] また、熊本県立図書館の上妻文庫の写本を使用し、記述をした佐藤征子氏の『神々と祭の姿』でも一分部言及されているが、詳しい検討がなされているわけではない。[4] まして、細川家の永青文庫の『下野狩日記』や『旧記抜書』と『集説秘録』との関係はほとんど検討されていない。この検討なくしては、阿蘇の祭礼や下野の狩の濫觴を明らかにすることはできないのである。

二〇〇七年の秋から、これらの史料を翻刻、解読する作業を続ける中で、『集説秘録』は、『下野狩日記』の上巻と下巻と『旧記抜書』から、史料が選択・抽出され編纂されたものであることが明確となった。ここに科学研究費の成果として、この記録を中心に下野狩関係の史料をいち早く公開すべきという認識にいたったのである。

(1) 『集説秘録』と永青文庫本『下野狩旧記抜書』『下野狩日記』の関係

まず、『集説秘録』を『神道大系』に翻刻した阿蘇品保夫氏は、阿蘇家が所蔵する三幅(もとは六幅)の下野狩図(口絵2〜6)に関係し、編纂されたとみている節がある。氏は宝永七年(一七一〇)成立の「阿蘇宮覚書」にいう「下野狩絵図、狩執行之旧記、又者祭張茂、于今古書致所持」という記事から「狩執行之旧記」を『集説秘録』とみなし、『集説秘録』は宝永七年以前にはできあがっていたと推測しているようである。[5] しかし、正徳二年(一七一二)の史料を収載した『旧記抜書』が『集説秘録』の史料として使用されており、このことから、宝永七年の「狩執行之旧記」を『集説秘録』と考えるのは無理であり、慶長十二年に書写された『下野狩日記』などを指していたと私は考える。

ところで、なぜ、慶長十二年書写の『下野狩日記』上・下と『旧記抜書』が細川家(永青文庫)に入ったのであろうか。当初、加藤氏時代に阿蘇家再興と関係して上納されたものが細川家に伝えられたとも考えた。しかし、『旧記抜書』の末尾に「口上」として書かれた後掲の一文にその経緯の概要が示されている(史料1)。

【史料1】 『下野狩旧記抜書』末尾の「口上」(一七二頁)

口上

今度阿蘇下野狩之繪図、御屛風ニ被仰付候、就夫御用御座候間、右狩之時代年号等其外ニ茂相知レ居候儀者書記、貴様迄、追可申由被仰聞、致承知得其意存候、則當　宮御記之内狩之処書抜進申候外ゝ、

妙應院様御代貞享二年三月二日、右狩之圖掛物六幅ニ被仰付、被遊御寄進候、祖父自筆之覚書一通相添置候付、是又写進申候、

一、右狩事ニ付、故實多ク御座候而、委細ニ記候書有之候共、秘書ニ而御座候付、他見不仕儀御事候、

一、狩之濫觴者右抜書ニ大概相見ヘ申候、

健磐龍命、御狩を被始候已後天正六年迄者、無断絶致執行候得共、乱世之砌故同至七年致断絶候、同十五年豊臣秀吉西征之節、無故神領を被没収者祭祀等悉及断絶候、其後加藤清正神領御寄附ニ付、祭礼等も往昔之遺形事を致再興候得共、下野狩者當時之躰ニ而者難成、於今相止居申候事、

七月幾日　阿蘇宮内權大輔

伊藤忠右衛門様

この阿蘇宮内権大輔が細川家家臣（細川宗孝の御側取次）伊藤忠右衛門に宛てた年未詳の七月付の一文によれば、阿蘇大宮司宮内権大輔のとき、細川家の命で下野狩の屛風（口絵1／永青文庫所蔵）の作成が計画され、その故実調査の資料として細川家に提出された記録であることが判明する。この文書の中に、「狩之図掛物六幅」（下野狩図／阿蘇家所蔵）が細川家四代目綱利のときに作られ、貞享二年（一六八五）三月二日に阿蘇宮に寄進され、それが宮内権大輔の祖父のときであったことが書かれている。

また、下野狩には故実が多くあって、それを詳しく記した書もあるが、これは秘書であり、他見されては困るとしている。これが『下野狩日記』上・下のことと推定される。さらに、狩の濫觴については、「右抜書ニ大概相見候」とある。この「抜

書」は『下野狩旧記抜書』を指すと考えられる。

「阿蘇系図」（巻末に収録）によれば、宮内権大輔は、その官途と時期からみて、阿蘇真楫《まかじ》のこととみられ、祖父は貞享二年の「下野狩図」の寄進時に阿蘇宮司であった友隆とみられる。ここから、正確な時期は不明であるが、阿蘇宮内権大夫真楫のときに、これら一連の下野狩の記録は細川家へ提出されたと推測できる。「下野狩再興記録」（阿蘇家所蔵）には「先年　少将御時御内密を以、下野狩之記録等御寫御座候」とある。この文を書いたのは阿蘇惟馨《これか》（十八世紀末～十九世紀初頭の阿蘇大宮司）であり、「少将」とは、「権少将」であった細川重賢と推察される。これは、一見「口上」とは矛盾する。「口上」は重賢の兄で前藩主の宗孝の側近伊藤忠右衛門に出されたものである。私は以下のように考えている。下野狩屛風は宗孝のときに計画され、阿蘇家との交渉が進んでいたが、延享四年（一七四七）八月十五日、江戸城で宗孝が突如刺殺されたため、下野狩の記録の提出、屛風の製作は、重賢の代となったのである。

また、この永青文庫の調査で下野狩屛風作成に関係すると推定される一括書類（「阿蘇下野之狩一件」）を確認した。その中に以下の板書と書状があった（史料2・3）。

【史料2】　板書（一七七頁）

安永二年　此書反故ヨリ見出シ申候事

阿蘇下野之三狩、矢野茂左衛門尉覚書寫

但　阿蘇宮内権大輔ゟ上羽四郎大夫江書状書硯ニ入置候也、

【史料3】　宮内権大輔真楫書状（一七七～八頁）

去月晦日之御礼相達忝致拝見候、森多郎御座候得共、弥御堅固被成御勤珍重之御事御座候、然者阿蘇下野狩之儀、天正之比迄ハ有之候由、一通りハ御役所江も相知居申候得共、委細書付等も有之候ハヽ、年号等被成御聞度御座候ニ付、書付進可申由、被仰下御紙面之趣、致承知候、則舊記内右狩之所書抜懸御目申候、尤狩一巻之故実委細ニ書記候書、且又狩道具之小形等有之候得共、是者秘書ニ而他見不仕宮法ニ而御座候、右書付之内御不審之儀も御座候ハヽ、猶又可被仰聞候、右之御報為可申述如是御座候、猶期後音之時候、恐惶謹言、

阿蘇宮内権大輔

真楫（花押）

五月十七日

（封紙）「上羽四郎大夫様

御報」

この板書（史料2）によれば、この一括の文書は安永二年（一七七三）に反故の中から発見されたものであることがわかる。「下野之三狩矢野茂左衛門尉覚書之写」がそれである。矢野茂左衛門は細川家御用絵師茂安のことで、この下野狩屛風の製作を担当した絵師であったと推測される。この書類は絵作成のため写したものと思われる。この他に、熊本藩の高橋町奉行職にあった上羽四郎大夫宛の阿蘇宮内権大夫真楫の書状（史料3）もあり、これは、特別に硯箱に入れられ保管されたようである。この阿蘇大宮司真楫書状を見ると、真楫は、細川家より下野狩の詳しい内容を記した書付を提出するようにとの書面をもらい承知したとある。そこで、真楫は旧記の中から狩りに関係するものを書き抜き提出することとし、さらに狩りの故実が書いてある一巻の記録、かつ狩道具のことを書いたものがあるが、これは、秘書であり阿蘇の宮法で他見する事を禁じられているとし、提出を拒否したようである。その上で、提出した書付の内容に不審な点はお問合せいただきたいとして、返事を求めている。

狩りの記録の書き抜きは、『旧記抜書』であり、故実を書いた記録一巻と狩道具の記録は、『下野狩日記』上・下を指すと考えられるが、一巻となっていることから、竪帳として提出された現記録は、巻子状になっていたものを書写し直したものとみられる。これは、前掲の阿蘇宮内権大輔の「口上」の内容と基本的に一致するものである。この書状は『下野狩日記』

上・下と『旧記抜書』が細川家に提出される直前のものであることが推測される。この段階では、『下野狩日記』上・下は提出される予定にはなかったと考えられる。それではこれらの記録の写はいつ細川家に提出されたのであろうか。

真楫は、初名は惟成と言い、享保十三年（一七二八）に従五位下に叙せられ、宮内権大輔の官途を拝領している（『阿蘇文書』）。垂加神道に傾倒し、神地に境界を設定し藩と対立、宝暦二年（一七五二）に大宮司を罷免され、死去したのは、明和二年（一七六五）二月二十八日である。(6)

細川家に『下野狩日記』上・下や『旧記抜書』など下野狩の史料が渡されたのは阿蘇宮司真楫在職の享保十三年〜宝暦二年（一七二八〜五二）の期間であることは間違いない。

さらに、『旧記抜書』に掲載されている正徳二年（一七一二）七月二十七日に阿蘇宮の神官宮川長之進・宮川掃部・草部左京が阿蘇宮司阿蘇宮内権太夫・竹内吉兵衛・田辺平助に提出した「阿蘇宮舊記并下野狩記録之内抜書」に注目すると、真楫が細川家に、これらの書類一件を提出した時期が絞り込める。この記録の正徳二年の年紀の横の「注記」に「當時マテ四十年斗歟」（一六二頁）とある。「当時」と書かれた年は、正徳二年すなわち一七一二年である。下野狩の記録が提出されたのは、四〇年後の一七五二年、すなわち真楫が罷免された宝暦二年と推定されるのである。この時の熊本藩主は細川重賢である。既述のように、史料1の「口上」の宛名が前藩主の宗孝の御側取次の伊藤忠右衛門になっていることから、下野狩屛風の製作企画は前藩主宗孝以来のもので、その急逝で重賢の代で実現することになったと考えられる。

この事実から推測すると、大宮司真楫のときまでは、阿蘇家には『下野狩日記』上・下という社家秘蔵の記録と『旧記抜書』の元になる下野狩に関するさまざまな記録があったことが知られる。したがって、これら三冊の記録を再編した『集説秘録』はこの段階では成立していなかったと考えられる。それでは、誰が『下野狩日記』上・下と『旧記抜書』から『集説秘録』を編纂したのであろうか。

それは真楫よりのちの大宮司惟典以降と考えるのが妥当であろう。ここでもっとも可能性が高い人物としては、国学者で高山彦九郎などとの親交のあった大宮司阿蘇惟馨と惟馨の子で勤皇運動に身を投じた次の大宮司惟治が浮かんでくる。惟馨は享和元年（一八〇一）に阿蘇家に伝わる文書によって神宮・勤皇・神領・系譜に分類して、「阿蘇家伝」を著述する一方、阿蘇文書を書写したことでも知られる著名な宮司である。阿蘇家の歴史を純化した神道・国学の目で整理した人物といえよう。また、惟治は林有通の門に学び、勤皇派の真木和泉らと行動した人物である。阿蘇家所蔵の下野狩関係の文書を見ると、その多くが惟治によって写されたことがわかる。「天保十三年（一八四二）下田能延へ送る抜書写」（一八三頁）には、「村山美濃守下野狩日記」（『下野狩日記』?）からの引用文があり、これ以降に『集説秘録』は成立した可能性が高い。

ここで、『集説秘録』と『下野狩日記』上・下、『旧記抜書』を比較し、『集説秘録』の特色を明らかにしてみよう。阿蘇家本『集説秘録』の最初の部分を以下に出してみよう。

延徳三年之記

①【上】一、神武廿二年乙丑正月廿日狩、同二月初贄、卯也、

②【上】一、御狩無日、二月八日、三月十七日、同十八日、月によてしゆく□□うしの日
御狩あるへからす候、いかさま風雨なと、又ハ火なとわろく候て、其餘思儘御狩無御座候よし聞傳候、於末世
此日御かりあるへからす候、

③【上】一、不可有此狩日之事、二月戊日、三月巳日、同黒火日、天日能〻御嫌アルヘシ、

④【上】一、此狩ハ神武廿二年乙丑正月廿日始狩也、

⑤【上】一、神記九年正月廿日贄狩也

⑥【下】一、此下野御狩者、阿蘇悉湖ニテ候ヲ、神武天皇御于給候時、神武天皇ト明神ト御約束ノ贄狩也、其外御祭礼ハ以
後阿蘇田畠地相定而、御祭等も定候也、此御狩者就萬事始ノ御祭礼也、左而日ハ如何ニト御定給候、二月初卯
ノ日ノ御祭礼ト有也、毎年二月初卯ノ日御定給候間、正月廿日ノ日ノ御狩と狩定給候也、

⑦【下】一、其巳後正月中御狩候へハ天氣悪事も候、又は殘雪又ハ風定ます〔ら脱カ〕、雨も茂くふり候へハ滞候間、御鬮御託宣なとも候哉、其後ハ二月ノ下旬比より三月之始比之御狩ト被定候由候也、是ハ近代ノ事候也、御神慮も此儀も弥〻御當家御繁昌候、此狩ハ如何ニモ可有御本奔御事也、當家之美畦諸國之傳言勝此御狩見物有へカラスト御感之儀也、嗜弥〻可入事候也、

⑧【下】一、當家祭礼の始、此狩之外不可有、既ニ日本之有主御奔走候、奥野之狩、冨士野狩も留候、一向當神御説候哉、此猟何も改事出来、相留候、其時も當神ひくしき奇瑞とも多く候ツつるよし候なり、天下にハ肥後国阿蘇殿領内下野ゝ狩の外、笠物狩諸国あるへからす候なり、

⑨【下】一、天火日御かりあるましく候、御かり二月三月にあるへし、四月入候ハヽ、當家ニ大事出来候、

『集説秘録』は、「延徳三年之記」と表題に書いているからといって、延徳三年の史料だけでなく、延徳三年以降の中世の記録、近世の年号をもつ記録が収められている。詳しく見ると、前半の部分、全体の三分の二ほどは『下野狩日記』上・下巻を出典としており、後半、全体の三分の一ほどは、『旧記抜書』を出典としている。ここに示した冒頭部分の上に付けた【上】【下】は、それぞれの項目の出典が『下野狩日記』の上巻・下巻のどちらにあるかを示す。

これから見ると、延徳三年（一四九一）の年紀をもつ『下野狩日記』上巻と年紀のない『下野狩日記』下巻から抜き出し、取捨選択し並べ直して編纂していることがわかる。後半の『旧記抜書』を出典としている部分もそれをそのまま使用するのではなく、ある意図で選択再編をしている。

『集説秘録』の編纂方針の特色は、『下野狩日記』上・下と『旧記抜書』に記載されていた仏教的説明を極力排除し、これを削除している点である。たとえば、⑥の項目に注目してみよう。『下野狩日記』下巻の同じ項目は次のようになっている。

一、此下野御狩者、阿蘇悉湖ニテ候ヲ、神武天皇御于給候時、**北宮大明神は鯰ト申魚ニテ彼湖之主ニテ臥給ウ、其時、**神武天皇ト明神ト御約束ノ贄狩也、其外御祭礼者、以後阿蘇田畠地相定而、御祭等モ定候也、**頗傳上**此御狩者就萬事始ノ御祭礼

也、左而日ハ如何ニト御定給候、二月初卯ノ日ノ御祭礼ト有也、毎年二月初卯ノ日御定給候間、正月廿日ノ日ノ御狩と狩定給候也、**爰数〻口傳**、　（五五～六頁）

ゴシックの部分は採用されなかった部分である。「頗傳上」という意味不明な記述は文脈を明瞭化するために省かれたと考えられるが、北宮大明神が鯰と申す魚で阿蘇の湖の主であったという記述と「爰数〻口傳」という記述が削除されているのには、編者の意図があったと考えられる。次の例にあるように、特に項目ごとすべて採用されなかったものを見ると、その意図が明らかとなる。

一、肥後國阿蘇群下野之狩、日域無隠祭礼也、厥倩以方便殺生超ニタリ菩薩萬行一ニ、名利ノ善根勝ニタリ提婆五逆一ニモ、鹿・野・苑之悪王日々狩ニル千鹿一ヲ、殃屈摩羅《アヲクツモラ》尊者日々煞ニテ千。不知放下ス、終ニ得ニ菩提一事真甚、亦切レル猪万ヲ既是善悪之兩輪也、此猪〔狩カ〕神武天皇自震旦皈朝之時、始彼魚ト契約贄狩、鯰本地釈迦、天皇垂迹観音ト定賜所之政也、一天泰平国家豊饒ノ当家繁榮之本懐也矣、代〔々カ〕之更ニ不可懈怠狩也、然者魔道恐ニ降伏自在之弓一ニ、退ニ散千里外一ニ、諸天者乗ニテ再拝弊〔幣〕一ニ、影ニ向ノ一郡内西野原一、今日狩高峯原禽獣、山野猪鹿出ニテ此三之馬場一ニ、仲ニテ神通鏑矢一ニ而爲成佛願、逢此狩見物貴賎群集驚耳目、無余念神誓尤深、於末世若此狩怠無贄時、此明神食《ハマレ》レ拵《スイテ》ニ左膊《モ、ヲ》一、衆生救苦ヲ、託宣嗚呼神慮新ナリ、年々奥劫、應祭献時、侍狩衆之徳、弥多帯行騰、馬上引弓、得自由藝免、明湯由基、射レ俵黄連知之、嚼レ鏃ヲ皆是弓法達者也、就中黄帝之箭射ニ蚩尤的《コマナコ》一頗狩人鏑矢射麀鹿之群、正施和光同塵、垂迹當神鑒擁之故也、云尓已耳、神代如此序書、　（二五～六頁）

これは、『下野狩日記』上巻の最初の項目である。下野狩の最も重要な説明の部分であるが、これは『集説秘録』に項目ごと収採されていない。下野狩の殺生の正当性を「方便殺生」から説明し、贄として狩った鹿を阿蘇の湖の魚（鯰・本地釈迦）に捧げると述べている。下野狩の狩神事の論理を説明する根本的な記述であるが、仏教的要素が全面にちりばめられた記述であるため、『集説秘録』の編者は採用できなかったのである。⑥の鯰の記載を削除したのも鯰＝釈迦であったためと考えられる。これは、神仏分離、廃仏的な傾向が顕著となる惟馨・惟治の段階の編纂の可能性を十分にうかがわせる。

また、もう一つの違いは、次にあるように『下野狩日記』上・下にあった口伝の出典（人物名）などをほとんど消し去っていることである。

一、上五ヶ所の狩人ハ、嶽鹿を能ゝおい候、そのゝち百人斗れうし請取候てかりはて候まてつれ候ておい候、有口傳、惟國、
一、惟利《本ノマヽ》より惟時御相続ありて、始而御馬御立候、惟時御支度之次第、御はきぬい地ハくろくかたハくゝる御小袴ノ火とんす、御行縢熊皮、御竿熊皮、御弓白木、御指懸左右ゆかけ白革、御鞭竹の根、御弊《幣》五色弊《幣》串二、三尺二寸也、
沓《本ノマヽ》なり其年の日三月廿二日御狩なり、是近代之事委しるし置き申候、大宮司惟國　（六八～九頁）

この口伝などの典拠の削除の意図は明確ではないが、削除は結果として『集説秘録』の史料的価値を落とすことになってしまったのである。

なお、『集説秘録』では、行縢《むかばき》や鏑矢などの故実を図入りで示した部分がある。もちろんこれは『下野狩日記』から採られた部分であるが、採用されなった図がある。それは、下野狩の中心となる三馬場の図である（挿図8～14）。馬場のみならず、下野全体、上宮まで記載された図であり、下野狩には欠くべからざる図である。三馬場の図は、上宮の記載に「八功徳水」など仏教色の強い記載があるが、部分的に削除すれば載せることは可能であったと考えられる。なぜ、『集説秘録』に採用されなかったのか不明である。ただし、阿蘇家本の『集説秘録』には、見開きの描きかけの図が収載されており、これが三馬場の図の可能性がある。

編纂された『集説秘録』は、中世以来の狩りの論理、殺生を正当化する方便の部分が完全に削除され、神道中心の記述を意図的に残す記録となった。また、それぞれの故実の口伝などの相伝者や一部年号なども削除されたため、史料の年代がわからず、活用しにくい史料となってしまった。それに対して、永青文庫の『下野狩日記』上・下と『旧記抜書』は、誤写などはあるが、中世の下野狩の本来の形態、内容を検討できるものである。ここに、これまで明らかでなかった中世阿蘇の祭礼の様相を復原できる貴重な史料をわれわれは共有できることになった。

（2）『下野狩日記』上・下巻の成立過程と『旧記抜書』の性格

まず、『下野狩日記』の成立について考えてみたい。

『下野狩日記』の上巻には、下野狩の奉行を務める権大宮司下田家（現・南阿蘇村下田に館を構える）の系図が収録され、最後に「真人御子孫三人御座、一仁者下田と名付、西野の宮大宮司、一仁者吉見大宮司、一仁者阿蘇権大宮司被定候」とか「阿蘇十二宮の御宮蔵、権大宮司薗作始而西〔納カ〕置候」という記述があり、下田家において作成された狩記録であることが推測される。上巻は、奥書によれば、延徳三年（一四九一）七月六日に備後国住侶によって書写されているが、この前年には、西野宮で梵鐘が鋳造され、お宮の再建がなされた時期である。(7) また、下巻は大宮司阿蘇家の系譜が収録されており、口伝や記録にかかわった人の名、署名などを見ても阿蘇大宮司家で作成された可能性が高い。この検討を通じて、『下野狩日記』は、次のような段階を経て作成されたことが推定される。

まず、平安中期の大宮司とみられる宗延・惟遠・忠行などの名が『下野狩日記』に見える。このことから、口伝の形成は平安中期のころにあったことがうかがえる。『下野狩日記』では、名のわかる記録としては、大宮司惟国・惟時の口伝という記録が大半を占めている。下巻には次のような記述がある。

一、下野御狩之事、於舊例者、如何程も有奔走、當家初之御贄狩候間、神秘事多候、是も近代「・」惟時御上落〔洛〕之間、何事も所々相滞率尓候處、惟時有「二」〔朱書〕直ニ御忠節「一」御下候刻、御綸旨「・」御教書ヲ御給御下候て、如前々何事も御定候、就中所々御祭礼沙汰本ノマヽ成赦〔敗カ〕なとも御必定候、殊下野御狩之事、所々老者・代官・役人召寄、数日以御談合御狩如神代時の定給候也、於末世「・」惟時御定之外、何事も法度不可有御座候哉、頗下野御狩責籠・狩人在々所々取分法度之事、於後日可爲本哉、兼又惟時様御下候て、始而御馬御立候、三月廿二日御狩祭礼にて候、其日御狩猪鹿之間九十三、此中猪ハ十七、亦馬上獅子廿一、阿蘇宮蔵細〔納〕候、社人・祝・神人・沙汰之物百余人の神人ゑ本ノマヽ、鹿被分候也、供僧本ノマヽ十五人者太豆腐を分也、権大宮司役也、阿蘇地下給人、陣ゑ本ノマヽ参候方ハ獅子を被食候、権大宮司障〔嘆カ〕及候也、此書可秘候、

又五ヶ条之事首置

（宇治朝臣惟國是ハ古近代之事惟次）

一、神代之事も其躰不残筆跡斗也、

一、卅六人之明名も哥道之古も残筆斗也、

一、元弘之古も正平之事も語てそ残なり、

一、此下野狩事手形筆盡残候云者也、其外眼前、

一、佛之代之事も鳥跡ニてそ知者なれ、

此五ヶ條を能〻可有安知云云、大宮司宇治朝臣惟時

（七五〜六頁）

鎌倉時代の末から南北朝期、阿蘇大宮司惟国・惟時の代に神事が整備され、右の『下野狩日記』下巻の記述によれば、次のようなことが書かれている。下野狩は昔から何をおいても行ってきた当家はじまり以来の贄狩であるので、秘事が多い。近代は、惟時の上洛が続き何事も停滞しているが、この度、忠節のことで下向する機会があり、天皇や将軍の命を受け、以前のように何事も定めるようにした。なかでも祭礼については、実施法や教えは必ず定めることにした。特に下野狩は所々の古老・代官・役人を集め、数日談合し、神代のときのように定めた。末の世まで、惟時の定めのほか、どんな法度も認めない。また、阿蘇の所領の所々から出す責子（勢子）・狩人などの配分の決まりも、これからはこれを本（元）とするとある。

最初の狩日記の元は、正平年間（一三四六〜七〇）頃、大宮司惟時のとき、内乱の中で阿蘇家の家の危機、神事の危機があった際に、それまでの口伝、記録の整理が行われたとみられ、惟時の五か条（ゴシック部分）に記されたような方針で、記録化がなされたのである。この際に、阿蘇惟次という人物が重要な役割をもったことがわかる。惟次の名は下巻所収の系図には確認できないが、「小二郎四郎惟次」の名からすると、惟時の跡を継いだ「恵良小次郎惟澄」か惟澄の子息の可能性が高い。

この二冊の日記は、奥書から、慶長十二年（一六〇七）の書写であるが、上巻は延徳三年（一四九一）に成立していること

が明らかである。上巻はすでに述べたように、下野狩奉行である下田権大宮司家によって作成されたとみられる。延徳三年段階の権大宮司は宇治能憲である。能憲は延徳二年に西野宮神社の梵鐘（南阿蘇村教育委員会保管）を鋳造し、『旧記抜書』では長享三年（一四八九）には阿蘇社の記録を書写したことが知られる。この長享三年の阿蘇社の記録の書写と『下野狩日記』上巻の成立が連動している可能性は高い。

下巻は成立年代が不明であるが、所載の大宮司家の系図の最後は、惟憲である。惟憲は、宝徳二年（一四五〇）に惟兼の子惟歳を養子とし南北朝以来の社家分立の統一に腐心した阿蘇惟忠（三度大宮司に就任）の実子といわれ、最終的にはこの惟憲によって両統は統一される(8)（阿蘇家系図参照）。大宮司惟憲は、延徳二年（一四九〇）の西野宮の梵鐘の大願主でもあり、権大宮司能憲とともに社家の統一のために下野狩の重要性を意識したと考えられる。その意味で、下巻の大宮司家本の成立も上巻と同時期であったとみてよいだろう。

以上の考察から、慶長十二年書写の奥書をもつ『下野狩日記』は、上・下とも延徳三年（一四九一）ころに成立したと推定されるが、その前段階として南北朝期の阿蘇大宮司の神事口伝の記録化があったことが明らかにされた。その後、戦国期、相良家の家日記である『八代日記』などの記述にも下野狩の記事がみられ、九州で広く知られた阿蘇の神事として続けられた(9)。しかし、戦国末になると、戦乱の恒常化で神事への動員が困難となり、天正期の混乱の中で天正六年（一五七八）を最後に、天正七年（一五七九）からは廃絶した。しかも天正十五年（一五八七）、梅北一揆との関係を疑われた幼少の大宮司阿蘇惟光が秀吉の命で切腹させられて以降、神事として復活することはさらに困難となった。

その後、断絶した阿蘇家は慶長六年（一六〇一）、加藤清正のとき、惟光の弟惟善を阿蘇神主として神職の再興がなされ、離散した神官らも阿蘇谷に戻り、神事も漸次再興された(10)。このようななか、慶長十二年（一六〇七）、阿蘇家の奉行人であった村山惟尚は下野狩神事の復興を視野に入れ『下野狩日記』を作成することになったと考えられる。この記録は阿蘇家の秘書として代々の大宮司に伝えられたとみられる。

今日、阿蘇家に所蔵される三幅（口絵2・3・5）の「下野狩図」（本来六幅）は、貞享元年（一六八四）に江戸で細川家の絵師薗井守供によって製作され、翌年阿蘇家へ奉納されたものだが、この「下野狩図」の製作においても、日記等の一連の記録が基礎資料となったと可能性は高い。しかし、このときは細川家にこの日記が提出された形跡はない。すでに述べたように、再度、真楫のときに、細川家が狩りの屏風を作成することになり、『旧記抜書』と『下野狩日記』（写と推測）がその資料として提出されたのである。

このような史料の検討から、特に『下野狩日記』は、基本的に系図を除けば、ほとんどが鎌倉末から南北朝時代を中心にまとめられたと推定される。これによって、『集説秘録』では、年代が不確定で使用できなかった狩記録がある程度、史料として使用可能になると同時に中世まで遡る新しい史料が発見されたともいえるのである。

次に、『旧記抜書』ついて、その史料的性格を明らかにしてみよう。この記録は、当時阿蘇社に保管されていた下野狩に関する雑多な旧記を抜き書きし、一冊にまとめたものである。『集説秘録』には所収されなかった中世の狩史料を大量に含んでおり、『下野狩日記』には見えない記録も多い。以下、『集説秘録』には採用されなかった史料に注目してみよう。

まず、明らかに採用されずに削除されたのは、長享三年八月二十七日に大宮司（権大宮司カ）宇治惟続の書写した記録である。書写の最後に「於當社爲重宝間寫置者也、雖然假名真名取成書文字誤可在之候、後見之方可被加置筆候」（一一四頁）と

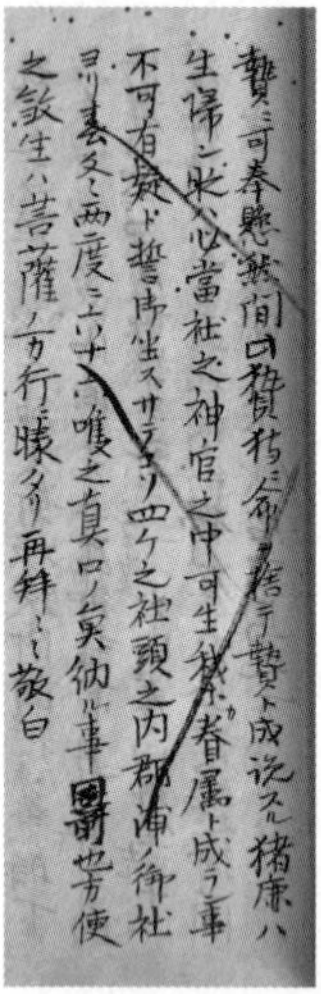

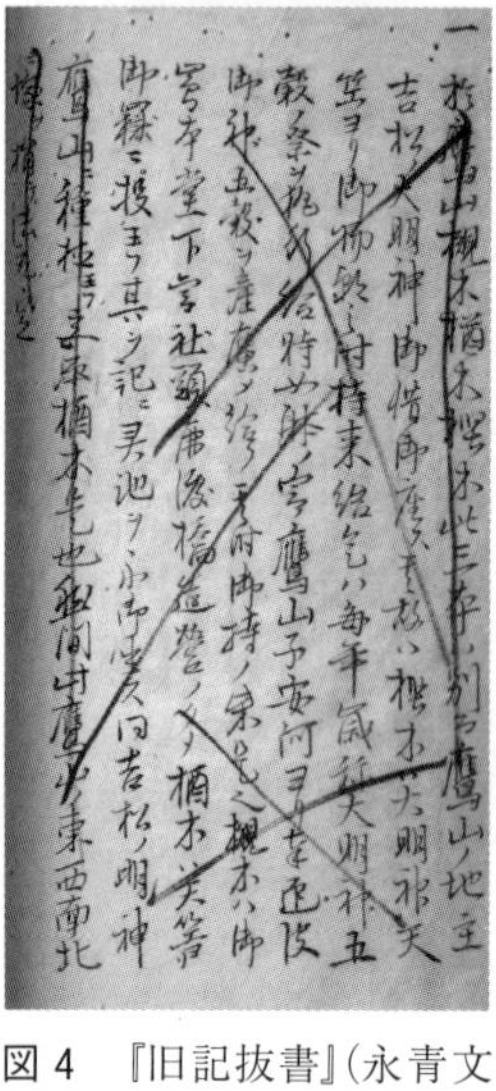

図４　『旧記抜書』（永青文庫所蔵）の抹消箇所

あり、阿蘇社において重宝であるので書写したものであるが、仮名と真名（漢字）が混在し、誤りも多いので、後見の方が校閲してほしいと記している。この記録には、以下に示すような墨で線を引き消そうとしている箇所もある（図4）。

贄ニ可奉懸、然間、此贄狩ニ命ヲ捨テ贄ト成覧スル猪鹿ハ、生帰ン時ハ必當社之神官之中可生、我等カ眷属ト成ラン事不可有疑ト誓御座ス、サテコソ四ヶ之社頭之内郡浦ノ御社ヨリ春冬兩度ニ六十六嗖之真口ノ魚納ル事同前也、方便之殺生ハ菩薩ノ万行ニ勝タリ、再拝〻〻敬白、　（一〇七頁）

一、於鷹山槻木・楢木・樫木此三本ハ別而鷹山ノ地主吉松ノ大明神御惜御座ス、其故ハ樫木ハ大明神天竺ヨリ御帰朝之時持来給、是ハ毎年歳祢大明神五穀ノ祭ヲ執行給時、女躰ノ宮鷹山子安河ヨリ奉迎、彼御神五穀ヲ産広メ給フ、其時御持ノ柴是也、槻木ハ御嵩本堂下宮社頭鹿渡橋造営ノタメ、楢木ハ天竺ヨリ御嶽ニ投玉フ、其ヲ記ニ霊池ヲ永御座候、同吉松ノ明神鷹山ニ種植玉フ、宮原楢木是也、然間此鷹山ノ東西南北ニ塚ヲ指テ法取定、　（一一五頁）

示した箇所は一部分であるが、その内容は仏教との関係が如実である。これらの消去線は、阿蘇真楫が細川家に提出する段階ですでに書き込まれていた部分とみられ、十八世紀半ばの真楫の段階でも排仏的傾向は着実に進行していたことがわかる。それ故に、線で消されている部分は、これまで知られなかった中世阿蘇の祭礼の根幹を知る上で重要な史料であった。

また、『旧記抜書』所収の天文十四年（一五四五）二月十六日付の「下野之御狩之時狩装束之次第」（権大宮司宇治能憲／一四一～五頁）、天文十四年二月十六日付の「貪　瞋　癡　阿蘇鷹山下野之御狩之時中之馬之規式」（一四五～五〇頁）、「下野御狩法度」（一五一～二頁）、十七世紀末に作成されたと思われる「阿蘇下野狩覚（阿蘇友隆覚）」（一五五～七頁）なども、『集説秘録』には採用されていない。これも三毒（貪《どん》・瞋《しん》・癡《ち》、人の心を毒する根本的煩悩）という仏教的説明がある部分と下野狩には直接関係ない阿蘇友隆の覚であるためであろう。基本的に採否の基準は『下野狩日記』と同じとみてよいだろう。

以上のように、『下野狩日記』の成立過程、『旧記抜書』の性格を見てきた。『集説秘録』では、史料の時期が不明であったが、『集説秘録』にいたる編纂過程が見えてきたことによって、阿蘇の新しい歴史が語れるようになった。特に、『集説秘録』では落とされていた下野狩における殺生の仏法論理（方便の殺生）が明確に見える。また、中世前期の「野」（草原）利用、阿蘇の水田開発、さらに古代以前の阿蘇の世界の火と水の利用を推測できる史料が提示されたといえる。本史料の公開は、歴史学・宗教史・民俗学・人類学・国文学、私の唱える環境歴史学などの諸分野の研究進展に大いに貢献できると確信する。

（1）阿蘇品保夫・佐々木哲哉校注『神道大系神社編五十　阿蘇・英彦山』神道大系編纂会、一九八七年。
（2）阿蘇町教育委員会編『史料阿蘇第二集』一九八〇年。
（3）村崎真智子『阿蘇神社祭祀の研究』法政大学出版局、一九九三年。
（4）佐藤征子『一の宮町史　阿蘇選書⑪　神々と祭の姿』一の宮町、一九九八年。
（5）注（1）『神道大系神社編五十　阿蘇・英彦山』阿蘇品保夫氏下野狩集説秘録解題、一五頁。
（6）吉村豊雄『一の宮町史　阿蘇選書③　藩制下の村と在町』一の宮町、二〇〇一年。
（7）長陽村史編纂室編『長陽村史』長陽村、二〇〇四年、三一七頁～三一九頁。
（8）阿蘇品保夫『一の宮町史　阿蘇選書②　阿蘇社と大宮司』一の宮町、一九九九年。
（9）『八代日記』天文十五年三月二十八日条「阿蘇しも野の御狩定候へ共、四月二日ニ延び候」、同永禄四年四月十五日条「阿蘇下野御狩、今日馬揃七十騎之由申候、あそ殿これより御出候御供二百人斗、同十七日丙午ノ日成就」などと下野狩の記事が散見する。
（10）吉村豊雄注（6）著書。

阿蘇家所蔵下野狩関連史料の解題

ここに紹介する文書・記録などは、現在、阿蘇神社の宮司を務める阿蘇惟之氏が所蔵する阿蘇家文書の中にある下野狩関連の史料である。阿蘇家所蔵の下野狩関係の史料としては、すでに、阿蘇品保夫氏によって、『神道大系　神社編　阿蘇・英彦山』（神道大系編纂会、一九八七年）に紹介された『下野狩集説秘録』がある。『下野狩集説秘録』には、阿蘇大宮司家本のほかに、宮川三男氏所蔵の下田権大宮司家本（奥書「大正五年阿蘇男爵家写之、宮川宗保」）もあり、これは昭和五十五年の阿蘇町教育委員会編の『史料阿蘇第二集』に所収され紹介された。したがって、本書では、『下野狩集説秘録』についでは、阿蘇家の下野狩史料の主たる史料ではあるが、すでに紹介されていることもあり、収録しなかった。『下野狩集説秘録』と、今回紹介した『下野狩日記』上・下、『下野狩旧記抜書』の関係については、前段の永青文庫所蔵『下野狩日記』『下野狩旧記抜書』の解題に詳しく解説している。

ここに紹介した史料は以下の九点である。

1　天保十三年下田能延へ送る抜書写
2　下野御狩記録抜書写
3　下野狩御狩三物替事
4　下野之三狩書物抜書写
5　下野狩并山神祭作法写
6　下野狩根本記写
7　下野狩由来記写
8　下野狩再興願記録
9　鷹山下野御狩鹿立鹿蔵地名比定書

この九点の史料について解説を加えることにしたい。

1　天保十三年下田能延へ送る抜書写（紙数一紙）

天保十三年（一八四二）に下田能延へ送った下野狩の故実に関する記録の抜書の写であるが、送り主は阿蘇大宮司惟治と思われる。

2　下野御狩記録抜書写（継紙　紙数九紙）

これも下野狩に関する抜書であり、「承平二年（九三二）二月吉日の下野御狩秘密条々」、「寛儀〔喜〕二年（一二三〇）二月十六日の下野責籠帳」、「同日付の下野狩之日御法度」、その他の記録が写されている。最後の朱書部分には「辛丑七月朔日也」とあり、その朱書は1の史料と同筆であり、その干支から天保十二年と推定される。これも筆者は阿蘇惟治の可能性が高いと考える。『下野狩集説秘録』『下野狩旧記抜書』にもこの写が収録されている。

3　下野狩御狩三物替事（紙数一紙）

三物替に関する説明をする。これも抜書である。

4　下野之三狩書物抜書写（継紙　紙数七紙）

承応三年（一六五四）四月二十四日に書写された下野狩関係の書物の抜書をさらに書写したもの。『下野狩集説秘録』『下野狩旧記抜書』にも収録されている。

5　下野狩并山神祭作法（冊子　八丁）

前半は、下野狩に関する記録が書かれている。『下野狩旧記抜書』にも重なる部分があるが、その中に、馬場での祭礼を絵入りで解説している部分があり、これはこれまで知られていない記録である。また、後半は「矢口祭」とあり、狩場で獲物を得たとき、餅を拵え山神に供えるときの作法が絵入りで記されている。これも、これまで知られていない記録である。

6　下野狩根本記写（冊子　一五丁）

この記録は、最初に「下野狩根本記」と記され、下野狩に関する記録である。朱書で頭注を付し、解説等を加えている。この本の最後の部分には、「先君子云、此巻物此より奥は虫喰または朽損にて一切によむへからす、惜しむへし、又《もとより》何人の書たるものともわかち《考へ》、落けれとも前後の文意をもて観れハ、すへて重を下田方にま[illegible]《〔し〕○所》○たし[redacted]《かならす》、下田權大宮司の書置へしものなるへし」とある。この記述によれば、本来この本は巻物であった。ここから奥は、虫喰や朽損で一切読めず、何人の書いたものかは不明であったが、前後の意味から下田方のことが多く、下田権大宮司の書いたものではないかと推定している。このあとの記述で、「惟治」すなわち阿蘇惟治が天保三年にこれを書き写したものであることがわかる。

7　下野狩由来記写（冊子　表紙を含め七丁）

「下野狩由来記」と表題があり、内題には、「阿蘇大明神根本記之事并神主同生之記」とある。最初は、阿蘇大明神の由来とあるが、草壁の吉見の子孫が中心に記述される。また、「下野狩祭之事」、「南郷の境之事」、「下野御狩鹿立鹿蔵之事」、「下野御狩責子帳之事」、「阿蘇社家流之事」、「阿蘇下宮十二社根本記之事」などが記されている。「元和六年正月吉日書写」とあり、「下田豊前守より相伝候、下田刑部入道法名傳久」とある。このことから、この書の原本は、下田家に伝来したもので、最後の記述からすると、文化四年（一八〇七）八月二十四日に長野村に持ち伝えてきた者があってこれを書写したことがわかる。

8　下野狩再興願記録（冊子　表紙を含め三〇丁）

下野狩は天正六年（一五七八）を最後に廃絶するが、阿蘇家は、江戸時代を通じて再興の願望をもち続ける。本書には、寛政八年（一七九六）に提出された阿蘇大宮司の再興願書、文化九年（一八一二）六月と七月二十日に当時、熊本藩の奉行職にあった小山門喜（公繁）へ内々に送られた二通の阿蘇大宮司の願書、同年十一月に藩校時習館の高本紫溟教授に出された阿蘇惟馨の書状が収められている。本記録に出てくる大宮司はすべて阿蘇惟馨である。

9　鷹山下野御狩鹿立鹿蔵地名比定書（冊子　表紙を含め一五丁）

最初に「鷹山下野御狩鹿立鹿倉之事」と記され、これらの地名一覧は『下野狩集説秘録』『下野狩旧記抜書』にも収録されている。しかし、この史料では、鷹山下野の狩蔵四十八か所とその名所の地名の比定が行われている。史料の時期は不明であるが、幕末頃とみられる。

ここに提示した下野狩関連の史料は阿蘇大宮司惟馨と次の大宮司惟治の段階のものがほとんどである。惟馨・惟治・惟敦の三代の大宮司は、国学を学び、阿蘇下野狩の再興と阿蘇家興隆に努め、その史料の整理、編纂を行っている。惟馨の阿蘇家伝の編纂と阿蘇文書の書写は特筆すべき事業である。その子惟治は、尊皇派に身を投じ活動をし、真木和泉らと交友した。ここに収録した下野狩の記録は、惟治が書写したものが多い。すでに、前段の『下野狩日記』『下野狩旧記抜書』の解題でも述べたように、『下野狩集説秘録』は、『下野狩日記』と『下野狩旧記抜書』の記事を抜出し、神仏習合的、仏教的記事部分をできるだけ排除し、再編纂したものである。その製作者は惟馨の可能性も考えられるが、過激な尊王・国学思想をもった惟治とその子息惟敦の時期、幕末期に作られた可能性がより高い。

一　永青文庫所蔵下野狩関連記録

1　下野狩日記　上（二）

（表紙）

（題箋）
下野狩日記上　二

（内題）
下野御狩日記　上巻

方便殺生

一、肥後國阿蘇群〔郡〕下野之狩、日域無隠祭礼也、厥倩以方便殺生超《タリ》二菩薩萬行一二、名利《ノ》善根勝《タリ》二提婆五逆一二モ、鹿…野…苑之悪王日々狩《ル》二千鹿《ヲ》一、殃屈摩羅《アヲクツモラ》尊者日々殺《テ》二千《不知》。放下《ス》、終得《ニ》二菩提一事真甚、亦切《ル》レ猪万《ヲ》既是善悪之兩輪也、此猪〔狩カ〕神武天皇自震旦皈朝之時、始彼魚《ト》契約贄狩、鮐本

贄狩
鮐

西野原　高峯原
黄帝　蚩尤
厳島
厳塚

地［釋迦、天皇］［垂迹観音］ト定賜所之政也、一天泰平国家豊饒ノ當家繁榮之本懐也矣、代之更〔々カ〕ニ不可懈怠狩也、然者魔道恐ニ降伏自在之弓一ニ、退ニ散千里外一ニ、諸天者乗テニ再拜弊〔幣〕一ニ、影ニ向ノ一郡内西野原一、今日狩高峯原禽獣、山野猪鹿出テニ此三之馬場一ニ、仲テニ神通鏑矢一而爲成佛願ニ、逢此狩見物貴賎群集驚耳目、無余念神誓尤深、於末世若此狩怠無贄時、此明神食《ハマレ》レ捋《スイテ》ニ左膊《モヽヲ》一、衆生救苦ヲ、詑〔託〕宣嗚呼神慮新ナリ、年々奥劫、應祭献時、恃狩衆之徳、弥多帯行騰、馬上引弓、得自由藝免、明湯由基、射レ俵黄連知之、嚼レ鏃ヲ皆是弓法達者也、就中黄帝之箭射ニ蚩尤的《コマナコ》一、頗狩人鏑矢射麀鹿之群、正施和光同塵、垂迹當神鑒擁之故也、云尓已耳、［神代如此］序書、

「・」〔朱点以下同じ〕一、神武廿年乙丑正月廿日狩、同二月初贄夘日也、

「・」一、此下野御狩次第之事、可入道少ゝ首置申處也、有習多、古今下之時儀如件、

「・」一、中馬場「・」東之山岩蔵「・」打下候へハ、薦原口・薦池口中間厳墜〔塚〕、有爰テ狩祭、有数之口傳、

「・」一、厳嶋とハいつくしまと云なり、

「・」一、厳墜〔塚〕とハいつくし嶋とも云、口傳、

一、御惣官従御遣候狩祭之物之事、

「・」一、数定物也、

「・」一、御酒竹〔竹葉〕用五、「・」削物、「・」猪鹿之間〔習カ〕イテ獅子「・」別而猪本也、魚一掛鯛各吉之』〔改丁〕間〔習カ〕也、取肴ニ合

テ五献、下田方ヨリ赤飯・粢・焼魚・御酒竹用三「・」肴三「・」フチ付十二枚「・」薄折敷十二枚持られ
候「・」二騎馬上よりハ竹用二ッ、「・」御肴二有、合取合テ竹用十二「・」肴十二、「・」音鹿責〔乙ヶ瀬〕・早角〔沢津野〕請取
申候て「・」厳墜〔塚〕にて「・」狩祭仕候、「・」南郷之狩師八人定候役也、有口傳ニ
申候、

音鹿責
早角

「・」一、下野稽古ハ御狩近成候てハ無候、自然落馬候て右手ナト被付候てハ當日事闕候、人ゝ為御得心記

鬢掻馬場

「・」一、鬢捊《ヒンカキ》野馬場ニハ仲間〔馬カ〕一騎討手責子入候、通山之許ニ物越之掘有、其前を前ニ置て捜候、

「・」一、北宮大明神被敬候間物事、
阿蘇ノ御祭御初米ハ各ゝ人ゝ奉手向候、御領分同前ニ候哉、口傳、

中の馬場
恒例塚

「・」一、中の馬場、岩蔵より下候所、東に二町間程にて恒例墜〔塚〕、爰許ニ而見はからい候て阿蘇神人神ノ
御酒ヲ持てまいり候、神人之名之事秀〔委カ〕申候、

「・」一　御肴煎米大豆次郎會須神人
「・」二　御盃土器三　殊公事神仁
「・」三　御尺取役　顕教神人

年神苑

次〔四カ〕　御提重子　年神苑神仁

灰塚苑

五　酒次役　灰塚苑神人

六　御瓶子持役　不動苑神人

不動苑

「・」一、行縢認候事、無相傳候て不切候、

行縢

「・」一、熊皮ハ毛崎不切認候、

「・」一、鹿皮ハ毛崎きる事也、口傳、

「・」一、狩定物行縢ハ毛崎きりて認事也、

「・」一、行縢と云ニ二字ノならひ有口傳、
テタテカコヲト云又ヲコナイ上トヨム、習多くあり、一〻口傳云云、』《（改丁）》

「・」一、此行縢の始ハ練實《〔貫〕》ノ小袖神后《〔功〕》皇后と申神代より初る事なり、日本重寶行縢、日域ハ神國也、可
奉仰神慮仁者、依《神》徳ニ有守神ハ、依仁ノ家有貴吏各御心得可入事也、

「・」一、下野御猟古今之事を首者也、

笠掛・狗追物

「・」一、笠掛・狗追物のむかはきハ毛崎不切、はせうけもとのそきさかり、口傳、

「・」一、熊皮御行縢之打事、きとんす《（黄緞子）》・あをとんす《（青緞子）》何物にても候へからし、唐物にてうつ《（打）》へし、沓籠
より上なり、いとのぬひ《（縫い）》様、くしかミ《（櫛髪）》ひし〱ぬひ、腰際三針さし、七目の刀の本三針、
そてのした《（袖の下）》五針、そのほかハひし〱ぬひ、又そくひのかき様あり、中程五六寸斗つつる《（綴）》な
り、有口傳、

「・」一、鹿皮行騰うらうつ（裏打）事、いとのぬひ様同前ぬの（布）なり、みつ（水）色の布本也、口傳、
「・」一、鏑矢鐍様大羽と子羽とむき合て丁鐍すけやうあり、口傳、
「・」一、下野笴〔靫〕にくるりか（狦鏑）ふらの外にたの矢さすへからす、越度なり、いかさま角鏑一二の上差事あるへからす、たしなみ（嗜）なり、
「・」一、馬上の供の事、三人のほかハつれす、馬場うつり（移）なとハ多人数もくるしからすとなり、
「・」一、矢とり（取）の事、我か矢は本をさしあけて持也、人の矢とり替て』（改丁）羽の方をさし上て持者也、内者におすへへし、
「・」一、射手の領にハろくろ（轆轤）をかけ候と云ならい（習）あるへし、十度引て一度はなすへし、
「・」一、岩蔵成敗、三所一言習、内者ハ兩人別心に候事也、
「・」一、はめ矢之事、馬の耳合に持なり、有口傳、
「・」一、下田方權大宮司いか様ふかく（深沓）つたるへし、
「・」一、添馬にもいかにも〳〵よく〳〵心得たる人そひ（添）あるへし、
「・」一、馬場移りに、各矢をとりそへて弓を持、内者にもたせぬ事なり、
「・」一、三馬場に長くそく（具足）もたせぬ事也、中太刀・小太刀の外不持、馬場移り様ハくるしからす、
「・」一、篭手のを（緒）をくまぬ事也、とんほうに結ふ、有口傳、

「・」一、何のはれ（晴）の日ハさし縄（差縄）をさゝぬ事なり、定儀なり、

「・」一、下野の御狩にわさしなわ（差縄）を別而さす事也、二丈二尺のさしなわ（差縄）也、口傳也、

「・」一、ちから革（力革）をものくつ（野沓）の本ニつくりかわ（作革）にて付なり、口傳、

「・」一、馬のかミ（髪）ハゆひ（結）てもくるしからす、惣而留候か本也、

「・」一、弓手馬・妻手馬ニ「・」一二獅子はめやせす、「・」三列次列（四）まてハつるゝ（外るる）と云也、矢はめし五になり候へハ鹿伴《かつほ》と云なり、彼鹿ともなうと云なり、有口傳に、鹿伴ハあひしまゝ仕候てもとかな（科）く候、それさへむねと（宗渡）へうちむき候てまいり候しゝ（鹿）ハいぬ（射）事なり、能ゝ見分へし、』（改丁）

「・」一、馬場の名事、始のはゝをハむしろ（筵）の馬場とハ、無し路のはゝと云、又ハひんかき（鬢掻）の馬場とも云なり、

「・」一、中はゝの事、小物の馬場と云、中のはゝとも云、有口傳、

「・」一、あかみつ（赤水）の馬場之事、はて（終）のはゝと云、何も名所二有、

「・」一、馬上三騎先以小物のはゝ（馬場）へおろされ候事、御本社の御ちかひ（誓）あるやいなや、仍狩祭すきて火引ニ出し候、馬上各ゝさきに乗れ候、馬ハ本馬下田方役也、中にのられ候事ハ、其まゝ中間のむま（馬）といふ、跡の馬ハ火引の馬と云、此三騎の馬ハ上ニ色ゝ数ゝ習口傳多く有也、三騎表物、本馬下田方役、その日の御祭礼を取行上品上しやう（生）、中間の馬ハ上様の御使、中品中しやう（生）、

火引の馬
本馬
中間の馬

火引馬ハ北宮大明神御使、下品下しやう（生）をへうし（表）給ふよし聞傳した〻ならぬ御狩なり、懈怠
あるへからす候、方便の御致生候間、別而御神慮を可被仰候由、承傳候、口傳、
「・」一、此三の馬場ハ涌出上宮・田宮（西カ）・下宮の様をあらハし候所也、「・」仍三騎馬の上の習、「・」一七日
清進（精）候、兼日被仰付候、二騎馬上も一七日清進（精）候、しほ（字不知）りを取られ候、しほ井（塩井）と云ハひる
河（本ノマヽ）を云、夜取こと一切如此也、「・」魚鳥猪鹿ハくるしからす候、隠事、又ハ別火をきらハ（嫌）れ候、
此二騎に御出候方外様の人ハ御出なく候、上様の上意御神慮にも可有御叶よし承傳候、
「・」一、御狩なき日、「・」二月八日「・」三月十七日「・」同十八日、月によりてうし（丑）の日御かりあるへからす
候、いかさま風雨なと（等）又ハ火なと（等）わろく（悪）候て其余思儘御狩無御座候よし聞傳候、於末世に此
日』（改丁）御狩あるましく候、人々御心得あるへし、

しみつ結

「・」一、引目留ハ右皮にあるなり、結様はしみつ結と云、長五寸二分、

隠結

「・」一、籠手かけのを（緒）ハはきぬひ（腋縫）の左の上、かいおくひ崎五寸置て下に付なり、結様は隠結と云なり、
有口傳、
「・」一、はきぬひ（腋縫）に形つくる事、習あるなり、左の内袖ニも刑（形）を付る也、有口傳、

早角・荒瀬
鋤崎・馬足尾

「・」一、明日の御狩定候へハ上狩ある也、南郷よりハしかの音をせむると云、口傳、早角・荒瀬「・」鋤
崎・馬足尾及、山西之物の人数ハ馬山の豈鹿渡に打寄、「・」屋刑（形）を掛てゐ候、夜部（矢部）ともち（砥用）のか

り人ハ南郷人衆なみに御座候、

鷹山

「・」一、阿蘇より責籠《勢子》・狩人ハたか山《鷹山》にさしよりて霄より火を焼候へハこそ、當のむたのし丶ハ火に驚候て三の馬場へ出候、もし天気悪候へハ中宿まて所々人々被帰候、少も無油断之儀候、いく日も逗留候御かり候、有口傳候、

「・」一、所々せこ《勢子》・かり《狩》人被分候次第、少々かきおき《書置》中候、爲御心得候、

「・」一、阿蘇之責子《勢子》狩人ハ同宮座《蔵カ》の（字不知）明、たか山《鷹山》の東のはて草野之山際より谷をうち候て、ひんかき《鬢掻》の馬場及、山々を能々追候、此山中道より責籠狩人しやうふ《菖蒲》山をひやみつ《冷水》・宮原まて追候、

中道

「・」一、小國のせこ《勢子》・かり《狩》人ハ宮原よりをふち《小渕》の瀬の渡り上、中道およひうつし、是もはたを打をひ《追》候也、

鹿渡りの橋

「・」一、此中道より山西物の責子狩人、馬山ふもときハた山の山』《改丁》添を鹿渡りのはしき《橋》ハまて立候、

「・」一、はしき《橋際》ハよりともち《砥用》・中山両所・夜部《矢部》の責籠《勢子》・狩人、平山池・本亀塚豈及、無油断立追也、

「・」一、馬足尾・中道・御嶽の大道より草高野及、上野五ヶ所の狩人立候、山々谷々野々は山に堀、能々追候、何所よりも大こ《太鼓》を一つ丶打追候、有口傳、

「・」一、此狩人の中、少々南郷より分候て、御嶽の獅子、ゑほしたけ《烏帽子岳》・わうしやうたけ《往生岳》足山のし丶《鹿》を能々おハせ候へハこそ、三の馬場へ下候、なにとしても嶽のし丶下候てこそ、本足へ東へ帰候

間、獅子だり候てあし《（足）》にぶく候、左《本ノマヽ》候て、宗戸馬に鹿うちむき候てまいり候、古狄《本ノマヽ》本足へ帰
る云、本文に如此候、胥より御嶽の獅子を堅固成狩奉行を被上候て、おハせしかるへく候、
せこ《（勢子）》と云ハつゑ《（杖）》をつき追候、狩人と云ハ弓箞《本ノマヽ》をつけ犬を引キ逐候、三馬場よりにけ《（逃）》候所より如
此鹿はひとり狗にくわせ《（食）》候、是ハ狩人の役と云也、所へ南郷よりかり《（狩）》奉行一両人つゝ御遣候、
けんこ《（堅固）》にさいそく《（催促）》候、上様御了簡入事候、

引目

「・」一、引目認事、あか木也、

「・」一、志目こしらゆる事、
虚うつくるとよむなり、

鉼

「・」一、くるり《（鉼）》作事、
いかにも小はつさし入なり、

鏑

「・」一、かふら《（鏑）》ハ角にて目二なり、白木のかふらハくミ《（茱）》の木なり、角は』《（改丁）》いかにもみかき《（磨）》候、色付様は
とひし《（砥石）》にてみかき《（磨）》、次にとくさ《（砥草）》、むく《（椋）》のは《（葉）》にてみかく、そのゝちまこも《（真薦）》のあく《（灰汁）》にてみかく、
次にあふら《（油）》を付なり、大小有り、ふと《（太）》さ《〔さ脱カ〕》たまらす、目かふら《（鏑）》ハはんぶん《（半分）》なり、まつから《（松柄）》のか
たをみかき、次にめかふら《（目鏑）》のかたをみかくならい有、またハめかふらのまハりのすん《（寸）》をとり
て鳫また《（雁俣）》の手崎にくらへて作也、同矢はくたぬり《（管塗）》はきやう《（矧様）》四たん、小羽と大羽とむきあわせ

はく《（矧）》なり、いろ〳〵有口傳、
「・」一、ひき目《（蟇目）》ハ九め七めひ《（拉）》しき也、五目三目はた、誘《こしらへ》候也、同ひきめやから《（矢柄）》ハ色〻に認候也、はき《（矧）》やう《（様）》ハ三立まわりはきなり、是もくり様にかす〳〵《（数々）》有口傳、
「・」一、しめハ角か本也、木にてもする也、目ハ三ツなり、矯様《〔矧カ〕》はまハりはきなり、羽ハ三ツなり、
「・」一、くるり《（鏑）》ハ鹿角か本也、長さ大小不定ねたまき《（根太巻）》の代也、いかにも白ク候本也、なり《（鳴）》ハかむら《（鏑）》なりか本ニて候、同矢から誘之様不定はき《（矧）》様四たんにもくるしからす、
「・」一、かむら《（鏑）》にハねたまき《（根太巻）》する事也、けしやうまき《（化粧巻）》ハその篦一なり分ねたまきハ三なり、有口傳、
「・」一、ひき目ハねたまき《（根太巻）》無、けしやうまき《（化粧巻）》一寸八分、たふん矢からハ毛とろなり、
「・」一、くるり《（鏑）》にねた巻あるへからす候、けしやうまき斗也、篦一なり長さ、
「・」一、白木のかむらハ目かふらより下のかたなめ《（刀目）》とを《（通）》すなり、一〻にけ《（削）》つるなり、有口傳、』《（改丁）》
一、くるり《（鏑）》ハねたまき《（根太巻）》あるへからす、なり《（鳴）》ハかふら《（鏑）》をへう《（表）》するなり、

（挿図1）①鏑代　これハかふらかつる題なり、有口傳、②引目くる題なり、有口傳、
③蟇題　④裏ニ有、是ハ公私の本のために候、當家礼の本とハほほ《〔おカ〕》され間敷候、
⑤一、いろ《（色）》のかむらとて目の本はかり上くろく《（黒）》候も有也、
⑥かむらくる《「かな」（朱書）》「・」「・」ものなり、有口傳、

（挿図2）①一、おなしくのしる（朱書「本ノマヽ」）なり、かな（鉄）ののと（喉）のしろのかたとおなしひろさにくる（刳）なり、口傳なり、
②一、ひきめ（引目）くるかな（鉄）なり、長さ引目大小によるへし、かな（鉄）も大小いるなり、
③皆此も大小いるなり　④角かむら　⑤一、ぬ〔ねカ〕たまき三留口に有口傳、
⑥一、こうにも刀目とおしてくるしからす候、
⑦一、白の木かむら（鏑）ハ目より下けつる（削）に有口傳、
」（改丁）
（挿図3）①一、御むかはき（行縢）なり、認候様有口傳、　②一、目の刀、一、袖のひれ（鰭）
③一、くしかミ（櫛髪）　④一尺　⑤一、のと二寸　⑥一、はせうけ　⑦艸すりのひれ（鰭）
⑧ひきめと（引目留）ゝめハ、右皮にあるを云なり、
（挿図4）①こゝひろさ六尺一分尺本ノマヽ、　②こゝ五寸二分　一寸斗　③こゝ六寸二分
④長さ五寸　⑤こてのを十文字　⑥兩方ハ八寸五分　⑦兩方ハ一尺五分
⑧兩方ハ一尺二寸五分

一、大またら（斑）むかはき（行縢）と云、秋毛にほし（星）の所〻候而大星白きを云、

一、推（本ノマヽ、〔惟〕）時様御下向有て始而御馬御立草案事、壬申月六日、

一、御嶽より少〔上カ〕人様御見物ニ留主ニ御入候事、

心持ハ火なとよく候て、無越渡〔度カ〕候へとおほしめし外なく候、則、此心に余念なく候、成仏あ

惟時
御嶽

るなり、口傳、』(改丁)

(挿図5) ①裏 ②山そいの皮 ③こすけ刀 ④上下ニ四 ⑤くつこみ《沓込》 ⑥くらそいの皮
⑦八分、四分、二分、くつこみ《沓込》、くらそひ、も、そひ ⑧惣名行縢、名所ハ有口傳、
⑨一、目の刀 ⑩袖 ⑪はせうけ ⑫こゝよりミなひれ《鰭》 ⑬艸すり《摺》 ⑭こしきハ
⑮くしかみ《櫛髪》 ⑯もち月《望》はせうけより下をハみなもち月の毛と云なり

(挿図6) ①裏 ②山そひのよし半候、一せつ〔くカ〕うらそひ如此ニ ③一、きり様ハ三所三なり、
④袖ノひれ《鰭》ハたて《竪》ハみしかく、よこ《横》ハ長、又皮ニよりせすじ《背筋》ひらき御座候
⑤一、そて《袖》のひれはせうけ本のせすち《背筋》のよりすとりて、たて《竪》ハ目の刀の本のさきニたて《竪》に
くらへて切也、よこ《横》ハ七八分なかくきるなり、

狩足物

「・」一、狩足物行縢之本也、

「・」一、むかはき《行縢》の名所よく〳〵秘事あるへし、

笠掛犬追物

「・」一、笠掛犬追物之行縢本也、

(挿図7) ①上ハ名所ハ同前 ②露拂の毛 ③望月の毛 ④むかはきニうら《裏》をうつ事同前、有口傳、』(改丁)
⑤裏

八功徳水

一、此白皮ハ八功徳水池也、

一、行騰を鹿皮へうつされ候事ハ、

八幡御生れ候時、天弟やふさめ（流鏑馬）「・」のかミ（神）の引目あそはし候時より矢ふさめと云事、

「・」八幡御誕生之時天代矢武佐と申神、引目を被遊之時より、鹿皮ニ移候、其時敷皮也、光官〔先カ〕之』（改丁）

御時よりの御事也、一切如此可秘、

一、行騰を皮「・」ニ衣移候事、

一、阿蘇大宮司惟國　其實子、

一、阿蘇大宮司惟利〔本ノマヽ〕　其家子、

小次郎〻〔四〕郎也、下野狩相傳候、

「・」一、真人ト名乗を授、四ヶノ社領三社ノ大宮司ノ家風可領定玉り〔本ノマヽ〕、是下田名於末代無懈怠、大宮司

不可[illegible]〔本ノマヽ〕〔着カ〕名字有、有滯ハ大宮司家より可名字を始、不可及他家ト云云、下田永如此、

「・」一、吉見御證〔本ノマヽ〕　真人系圖之事　御尺六尺ノ余、

「・」吉幾　「・」高成　「・」高頼　「・」吉範　「・」吉累　「・」吉國　「・」吉實

「・」吉俊　「・」吉卓　「・」吉圖　「・」忠俊　「・」忠延　「・」吉兼　「・」吉明

「・」吉朝　「・」吉春　「・」友吉　「・」友道　「・」頼貞　「・」吉方　「・」吉長

「・」吉連　「・」吉遠　「・」吉近　「・」吉本　「・」吉實　「・」吉種　「・」則定

阿蘇惟国

阿蘇惟利

小次郎四郎

真人

「・」近蔑　「・」蔑直　「・」吉盛　「・」則成　「・」吉安　「・」吉守　「・」吉家　「・」吉綱
「・」惟能　「・」吉兼　「・」時能　「・」能確　「・」能忠

草部吉見

「・」一、肥⋯後國草部吉見大明神ノ治記、
「・」神武「・」廿一年甲子二月十三日彼ノ産皮御事、第一之王子神農草部吉見大明神御歳十九ニテ御宮作御産〔座カ〕、其後神記百季辛丑九月十五夘剋「・」御歳百廿七ニテ御隠御産〔座カ〕也、「・」爰有口傳可秘、
「・」吉見　「・」吉照　「・」吉高　「・」高安　「・」寺守　「・」吉次　「・」吉元〔百十一〕
「・」吉助　「・」吉助　「・」吉貞　「・」頼氏　「・」吉蔵　「・」吉秀　「・」吉信
「・」吉末　「・」吉子　「・」吉泰　「・」吉重　「・」吉艋　「・」吉昌　「・」吉和
「・」吉房　「・」吉増　「・」吉永　「・」時吉　「・」時直　「・」吉衡　「・」吉幸
「・」吉隆　「・」吉清　「・」吉興　「・」林吉　「・」吉郷　「・」吉春　「・」一泰　「・」吉見

田上家

一、大明神根本如此、御縁記則田上家ニ可心得道也、馬足尾頗田上方髪捋〔鬢搔〕御田町馬場及權大宮司方エ、早一口ニ合石本行合候ニテ御崎打定役也、左方頸〔顕カ〕〔形カ〕系圖置候也、
一、阿蘇大宮司惟時御定時儀共候、少々小次郎四郎惟次首置者也、是ハ近代事也、

十二宮神将本記

一、十二宮神将本記、阿蘇御宮立候時、此十二神、夜ハ材木を御持候よし承傳候、
「・」弥勒〔二〕「亥時」〔朱書〕　「・」勢至〔九〕「戌時」〔朱書〕　「・」阿弥陀〔七〕「酉時」〔朱書〕　宮毘羅大将軍　軍代〔伐カ〕折羅々々

』（改丁）

迷企羅大将軍　「・」一観音（朱書）「申時」　「・」六摩利支天（御垂迹）（朱書）「未」　「・」八虚空蔵（御垂迹）（朱書）「午時」

安底羅大将軍　頞儞大将軍　珊底羅大将軍

「・」三地蔵（御垂迹）（朱書）「巳時」　「・」十二文殊（朱書）「辰〻」　「・」四薬師（朱書）「卯時」　「・」十一普賢（朱書）「丑〻」　「・」十金剛午（朱書）「丑〻」

因陀羅大将軍　波夷羅大将軍　摩虚羅大将軍　真達羅大将軍　招杜羅大将

「・」五釈迦（朱書）「子時」

毘羯羅大将

真實々々秘事可秘〻惟次

「・」一、不可有此御狩日之事、

二月戊〔戌〕日　三月巳日　同黒火日・天日能〻御嫌アルヘシ、口傳、

（挿図8）①此河ハ北御門と中御門との中より流出、末ハ南郷に行なり、

②上宮と下宮の間（挿図9の①に続く）

（挿図9）①三り（里）なり、北の宮ハ三り（里）半、上宮と本堂の間のはし（橋）ハ三〔上カ〕浄橋なり、つふて（礫）石のはし（橋）ハ中浄、

三十間のはしハ下浄橋なり、爰ハもと一向に山之内ノ鳥野〔本ノマヽ〕なり、

②礫石たてゐほしのごとくなり、

③上御はし（橋）と中の御橋との間十二町なり、中の御橋と又下の御橋の間三里、なかにも拂河

との間一町、有口傳、諸國の諸人参詣の時、此河にて塩井をめし候也、

上宮・下宮

北宮・上浄橋

中浄橋・下浄橋

礫石

上御橋・中の御橋
下の御橋・払川

八功徳水

④塩河　⑤八功徳水なり、爰ニ當國義、拂河御一宮御鳥居也、

⑥一、此拂河より下以てハ下野は、、あそ堺と南郷境ニ皆悉（本ノマヽ）鹿家路なり、有口傳、』（改丁）

長谷・往生嶽

笠山・長野大道

草高野・亀塚

由の谷道

（挿図10）

①此嶺ヨリ北ハ阿そ中也、有口傳、　②長谷　③爰ハ、扶坂と云也　④（朱書）「皆塊山、往生嶽」

⑤（朱書）「笠山、皆塊山」　⑥（朱書）「塊」岩　⑦（朱書）「塊山ナリ」　⑧（朱書）「古御池」　⑨長野大道

⑩阿そより上道　⑪つゝら山　⑫（朱書）「艸高野」　⑬（朱書）「亀塚、爰モ塊原ナリ」　⑭（朱書）「平山ノ池」

⑮八板ト云　⑯由の谷道なり　⑰國中より／上ル山道*

＊「上ル山道」は挿図10に書かれる

鷹山

鬢掻馬場

（挿図11）

①（朱書）「爰モたか山ト云」　②經塚石二中より／御出候*　③東　弓手馬　④早口〔早一口カ〕、爰候也

⑤ヒンカキ馬場也　⑥射手責子入山也　⑦仲馬、添馬　⑧仲馬山合　⑨北　⑩妻手馬

⑪爰、山渡と云也　⑫三尺　⑬西　⑭南　⑮爰より南へハ南郷中長野』（改丁）

＊「御出候」は挿図10に書かれる

恒例塚・仲馬場

厳島・亀迫・遠見道

馬隠山・とゝろき道

（挿図12）

①追火　②追火　③恒例塚　④仲口（一字不知）（別紙王トアリ）　⑤一火　⑥仲馬場也　⑦口

⑧厳嶋　⑨宗渡馬、亀迫　⑩弓手馬、遠見迫　⑪妻手馬　⑫一火なり　⑬仲馬　⑭二火

⑮同　⑯同　⑰馬隠山　⑱三火　仲馬　⑲扣　⑳西　㉑追火　とゝろき迫　㉒北

㉓爰阿蘇なり　㉔こゝなんかう（南郷）なり、大道より南にハ是ヨリ下句本ノマヽおとかせ（音鹿責）・さうつ（早角）のれう（領）する山なり

宮原ノ赤水馬場
入江崎・茂迫

と、ろき原

責子入山・遠見
塚・篠原・直口

キハタ山・馬山

鹿渡橋

惟國

惟次

惟吉

惟兼

御池・礫石・上
橋・中橋・払河
・長谷・鹿渡・
湯谷

㉕東　㉖追火　㉗御入口

（挿図13）①北〔赤カ〕瀬口　②宮原ノ赤水馬場也、一火　③宮原　妻手馬　④入江崎　⑤宗渡　茂迫
⑥二火　⑦物渡り堀なり　⑧弓手馬　見ヲイリ迫トモ云也　⑨此馬渡所なり　⑩馬笠〔足カ〕尾
⑪狩人御出候　⑫仲馬　⑬添馬　⑭物越し堀也　⑮添馬　⑯仲馬　⑰と、ろき原
⑱責子入山　⑲追火　⑳西　㉑遠見塚　㉒篠原　㉓直口　獅子　㉔下所也
㉕キハタ山　馬山と云なり　㉖瀬田御林　國中殿　笠〔立カ〕野と云　㉗阿そ内河爰なり
㉘鹿渡橋こ、なり、有口傳、渡之時山御下之所　㉙笠山と云也　㉚南郷内河添也　』〔改丁〕

（挿図14）①末ハ國中へ流出ル河也、此川の惣名ヲ白川ト云也、口傳、
②大宮司惟國　有判
小次郎四郎惟次
坂梨又太郎惟吉
坂梨又四郎惟兼

一、御池・礫石間廿町、上橋と中橋十二町、中の橋・長谷間十二町、払河・長谷間二町余、礫石・鹿渡間三里ト申候へ共、一、定壱里五拾町、御嶽・湯谷間五十町、此御狩之由来、秀〔委カ〕爲可申、如此しるし申候、人々爲御心得ニ申候、一、狩塚よりヲトカセ〔音鹿責〕・早角ハ半道、馬立の尾よりハ

五町間、朝夕此は、へ行向者也、

一、行騰此二字ハ又讀アリ、天地なり、隠塚ゆきかへるあるき拂ミ子（峯）のほる《本ノマヽ》如此候間、遠近もあるきにむかはき（行騰）をおかみ（拝）て行ハちよう（重要）さひなん（災難）のかれ（逃）候、為御心得候、

御嶽笠山

一、御嶽笠山より鹿渡左右阿そ南郷境野山悉鹿候也、就中御嶽豈獅子くら（蔵）けんさひけんなく（際限無く）多く《本ノマヽ》候おり候、御狩の日能々おヲ《ハ》せ候て可然候、年々當年ハ祈《本ノマヽ》〔打カ〕様ニ人々御心得御ほんそう（奔走）可然候、此御狩少も無沙汰御方ハいかさま御神慮とゝこおりあるへからす、口傳、

一大夫
權大宮司
北宮祝

一、髪捋《ヒンカキ》馬場一火ハ阿蘇の一大夫方内者にて引候、二火ハ權大宮司内者にて引候、三火ハ北宮祝方内者にて引候、四ニ追火ハ竹原・坂下猟師案内者掛候、五ニ追火ハ狩尾案内者かけ候定役也、』（改丁）

綾藺笠

一、あやひかさ（綾藺笠）ハいかにもちひさくいろ〳〵可然候、たゝし、あそ（阿蘇）・かうさ（甲佐）・こうの浦（郡浦）・たけみや（健軍宮）の社人はかりにて候、たゝのかさ（笠）ハなく候、為御心得候、

一、追火ハ二ノは（馬場）ゝともニいぬ井（乾）の方より火焼出候、是ハわろし《本ノマヽ》、心得候て火つけ候、為心得申候、

お成

一、お成之事、仁凮（佩カ）刀・鞭・沓・纒（綾藺）笠と烏帽子・篭手・行騰・弓・笴・絃韆・矢羽筈・皴〔矢放カ〕馬と鞍・韂・鐙・轡と鞦・午縄・陲陆也、別而此理を能々御心得肝要候、就中當家之人々ハ弓馬

四ヶ御所領

の道御嗜可然候、ハ（四）ヶ御所領中・社家中ハ御幸出仕候、馬道納入候面々ハ下野毎年候間、二道

朝暮御稽古可然候、弓よく候へとも不得馬乗候へハ、獅子討取事不叶候、又達馬《ムマ》候へ共弓不叶候へハ同前候、いかさまニ弓馬二道次ニハ狩心後《本ノマヽ》レ入候、此心得の人ニこそしゝハあそハし候へ、別而當家のたしなみ（嗜）かえす〳〵重言に申置候、彼御かり（狩）まてにてとゝめ（止）申候、おの〳〵御心得、於後日も御同意千亀萬靍伐《本ノマヽ、儀か》候、　大宮司惟國

北宮御流記

一、古人被申候又北宮御流記見申候時者、御狩之事しるし可申候、子細はまの真砂よみつへし尽とも御狩の次第不可有際限之由、各被申置候、於末世ニ自然油断をもあるへく之儀、後日書也、惟時人々の御心得のために申候、

一、仲馬のもち候弓ハ笛《本ノマヽ》こしれたるへし、ひたゝれ（直垂）ハむらさき色にて候、菊とちハいろ〳〵のきぬいと《にて》も候、いかにも大ニ御付可然、

御物官

一、御物官御直垂ハ地墨刑《本ノマヽ》〔形〕大ニ、御馬鞍ハむらさき（紫）たるへし、ひんかき（鬢掻）のはゝへハいかやうにも月毛・黒毛・葦毛《本ノマヽ》に鞍如此、』〔改丁〕三ノ馬場にても間（習カ）又ハめしかへ（召替）あまた御座あるへく候間、何ハあかね（茜）のしりかい（鞦）もくるしからす候、

一、宗渡馬の人様のはきぬひ（腋縫）このミ〳〵色ハ不定候哉、

一、弓手の馬のはきぬひハきち《かカ》んひハいろうすかき（色薄柿）、

一、めて馬のはきぬひハ地ハしろく、又ミついろ、かたハおもひ〳〵心々ニ付候定候と承候、刑〔形〕ハ大

につか
三物替
篭手
御幣
隠塚
ときりの火
西野宮明神
卯の添の神
北明神

ニこのみ〳〵に候也、たゝし地ハ定事なり、有口傳、

一、につかのおきへ斷（本ノマ、）〔断カ〕まくを五帖ほど御遣候てかけさせあるへし、上さま御了簡候也、

一、三物かへ（替）と云事ハ、物をいる（射）へく候心にかけ候間、落馬候へハ、一ハ馬とりはなし、二去（本ノマ、）〔者カ〕をそんさし候、三ニ見物の方見くるしく候て、かくて鹿をいる（射）を三物賛（替カ）と云也、

一、篭手ハ則御弊（幣）にて候、帍（本ノマ、）〔帍カ〕乗弊（幣）と云儀、諸天者皆馬上之万（方カ）、以篭手・竿乗移て其主を有守護由、聞傳候、別新白篭手可爲本候、何さま如毎年新ク候する物ハ、こて（篭手）にて候由、仰言候、又何レ御祭礼のこて（篭手）も、又あやひ（綾藺）笠も、則御弊（幣）御祓なり、又下野ゝうつほ（竿）にいろ〳〵にかさる（飾）習へし、是も御つひをへうし給ふなるよし承候、若衆ハいかやうにも花やかに支渡（度）可然候、可爲肝要候、有口傳、

一、隠塚之事、〔一纚笠ハ社家斗いかにもちいさく候社人斗めし候有口傳、〕弓ト笴、つる（弦）と羽矢とやしり（鏃）、有口傳、』（改丁）

一、ときりの火ハたつミ（巽）の方より始也、口傳、

一、南郷西野宮明神ハ、下野之馬場牧野を被守候御神也、卯之添の神と奉申も同神御事也、此野に十二社の御馬を御入候事ハ、當二里中へ細ゝニ狩を仕られ候ためとなり、仍北明神卯日贄之間、卯添云也、口傳、

一、神武廿二年中正月廿日、此西野の原へ北明神与天皇彼所へ御差上王〔玉〕フ、其時、天皇ノ召ス龍馬

ハ月毛駒也、北ノ明神國造召ス駿馬、白あしけ妻馬也、此二疋を下野に牧《〔のカ〕》ニ入御座候也、此牧
も下田預給ふ家役也、

四面大菩薩

一、南郷西宮大明神秀首《〔委カ〕》候、御心得可入候、

一、此兩《〔西カ〕》野御宮ハ四面大井明神御妻神也、三社も三馬場守給ふ御神也、一社ハ上様、一《〔社脱カ〕》ハ下田、一
社ハ南郷役人中御守護御神也、大明神御約束ありて西宮上り候事、有口傳、

一、上様御供に下野狩にハ俗躰の頓世者不使候、人々爲御心得、

北宮大明神の魚

一、につかと申ハ北宮大明神の魚にて候、そのほね《（骨）》をつミ《（罪）》所と承傳候、一せつ《（説）》如此、
たゝしへち《（別）》に申儀候、惟次ふわん《本ノマヽ》御かくれ候所と申候、おろかにおほされましく候、

くにき原
入江さき

一、あそ《（阿蘇）》よりめてむま《（妻手馬）》の立所ハ、中は《（馬場）》ゝハくにき原、あかみつ《（赤水）》のはゝハ入江さきと申所なり、又何
も名所ハ二つゝあるよし承傳候、一へんにおほされましく候、爲御心得、

一、御たけ《（嶽）》より少人《〔上カ〕》さま馬御立候時、惟國同宿御供なく候、里よりの内之事なり、口傳、』《（改丁）》

一、かりまた《（雁俣）》しらみかき《（白磨）》にかむら《（鏑）》すけ《（挿）》す又、惟次

一、くるり《（鉼）》にくろ《（黒）》うちすけす、しらみかき《（白磨）》なり、

一、かふら《（鏑）》にすけ《（挿）》候かりまた《（雁俣）》ハ、目きらす、たゝくろ《（黒）》打也、有口傳、

一、かふらから《（鏑柄）》ハ目に筈さゝす、はす《（筈）》こしなり、白木の鏑にハしろみかき《（白磨）》もくるしからす、其さへ

目きらす、口傳、

一、中のは丶の仲馬、又三所の馬立所事、

東岩蔵

一、むねと馬ハは丶の東の岩蔵中程に、弓手馬ハひつし（未）の方に見、妻手馬ハゐ（亥）の方にみなし候さた（定）まり候、宗渡馬ハ東岩蔵より打おろし候てハ、おき（本ノマヽ）ハ遠クいわくし《らか》のひがしハちかくたてしかるへし、宗と馬立所中のは丶ハ亀迫と云所、弓手馬ハむまかくし（馬隠）の山の東ニ七八町斗阿（河歟）〔にカ〕しにより候て立候、めて馬ハくぬ木原に立候、爲御心得、

亀迫
馬隠山

一、中のは丶の弓手馬の仲馬ハみつたまり（水溜）と云所也、　惟秀

茂里
隠山

*一、あかミつのは丶のむねと馬の立所ハ東岩蔵より是も中程、岩蔵よりハ七八町斗おきて立候、その所ハしけさと（茂里）丶（此処落字歟セ子の入候）云處り、弓手馬ハかくれ（隠）山のあし（足）に十町おきて東に少よりてたち候、妻手むま（馬）ハ北方の岩蔵のすさきに五たん（段）斗おきて弓手むま（馬）に見合て立候、岩蔵ちかく候、爲御心得申置候、よく〳〵たしなミ（嗜）入子細多く候、口傳有り、

*（頭注）筈ハくろく／ハサミ竹の／ふし（節）ヲ落ス／ヒロサ一寸八分／何も一夕つ丶／なりに有口傳
（方形の朱線で囲む）（／で改行）
ムカハキ秋ハ／五尺五寸／ふし三、クロク／ぬる（方形の朱線で囲む）

*一、三馬場へ出候鹿に岩蔵より箭はなさすいぬ（犬）つけす法なり、狩前日より所〻へふれさせられ候、

＊(頭注) 上様と一／はさミ竹／長六尺五／寸七／つミする／クロクぬる（方形の朱線で囲む）

宮の原

一、御そは《(側)》の若衆あまた、又ハあその《(阿蘇)》社家給人たちの間に』《(改丁)》若衆に仰付候て、多人数宮の原の奥へ渡、おき《(沖)》の鹿・む田《(牟田)》の鹿ハ上候、別而鹿多ク候間、あそは《(遊)》しよきと承候、おき《(沖)》にせこ《(勢子)》・狩人すくなく候へハ、かりは《(狩場)》に鹿不出候、人々於末代可有心得候、

沖の鹿
むたの鹿

遠見迫
くに木原

一、弓手馬之事、立所中のは、は遠見迫《トヲミサコト申イワレハヲキヲ見テミツイロイテ「こ」ホシヲ宗渡馬よくしるし候也、是モヲキヲ見分テ物ヲ上候、》と申所也、めて馬立所くに木原《クニキノ木二三本候スサキ也、是モヲキヲ見分テ物ヲ上也》と申所也、有口傳、

一、仲馬の添馬二騎共に狩装束同前候、ゑほしハおり烏帽子也、

一、仲馬両人ハ立ゑほし《(烏帽子)》、仲馬竿不付、引目しめの間に一手白弊《(幣)》一本腰にさす候也、又はめ矢のためにかりまた《(雁俣)》一手内者にもたする也、六七ハつれ《(外)》候し、《(鹿)》ハ馬ちかくとおり候へハ仲馬ゐ《(射)》候わてもとかなく《(科)》候、其内の鹿ハいら《(射)》れぬ事候、六七の中獅子ハあそはしなき、上代ハ如此、仲馬も各々爲御心得候、近代折ゑほし不審候、

直口

一、直口にて獅子とかれ《(解)》候、宮蔵におうせ《(負う)》候事、こん大くうし《(権大宮司)》方役《本ノマヽ》にて牛馬を引せおうせ《(負カ)》候也、

一、忝《(カ)》此直口と申所ハし、をおろす所なり、すく《(直)》口と書候事、たとへハし、おろし候へハわう《(負う)》しか《(鹿)》ひらうち候とて、其日狩神まつり又やかて明神そなへ《(供)》上と申上候間、すくに御うけとり候哉、仍直口云也、有口傳、

物合

一、むねと《(宗徒)》馬・弓手・妻手馬、物合とて端々《本ノマヽ》馬を被誘候事也、馬まろむると云事此儀なり、おそ

くまろめ候へハ、見くるしく候、あふなく候、重而鹿のほり候時、外余氣《とよけ》早〻一ニうちもろめ〔まカ〕かんよう（肝要）に候、就中内者早くまろめ可然候、おそく（遅）候へハ』（改丁）馬より蹴、はめ矢ニ當候、但御祭礼の事候間、更ニ何事も口傳、

一、何ほと御年寄候へ共、あその一大夫、當役の方ハ宗と馬御立候、さ様候て若衆に異見仰候、物も上候へハ、物合ニこゝろかけ候て、毎度馬ともかけ合あしき（悪）事のミ候、いかさま古老中間〔申カ〕、夥馬御立候て、馬場成敗肝要候、當家之大綱此御狩不過候、御困（本ノマヽ）弥〻可然候、人〻御心得之前候、有口傳に、

一、公事公役之儀ニあらす、我一人の役と御心中あるへし、御神慮御叶子孫繁昌不可有疑候、

一、もろゆかけ（弓懸）とハ左右指盡と云也、

御隠居

一、御隠居の御ゆかけ（弓懸）ハ無夫（本ノマヽ）〔文カ〕ふすへかわ（薫革）なり、有口傳、

御曹司

一、當家御そうし（曹司）の御ゆかけは小天（本ノマヽ）〔文カ〕のふすへ革、

一、はゝ（馬場）へ出候鹿に犬つけす矢はなさす、岩蔵よりはゝ（馬場）へ矢いゝ（射）たし候方ハ、他國の人ハ無存知候て、御さしおき（指置）あるへし、御領分人ハ不限上下直ニ生涯被使候、各心得可入候、

射物鹿

一、い（射）物鹿の事、かちたち（徒立）にてハ、縦御曹子たちにても候へかし、一矢あそはし候共、馬上よりとられ候へハ、馬上の鹿にて候定儀候、頗手負候獅子を各〻馬をかけ付〱あそはし候こそ見

事にて候、さて其後矢何程ハある事候、就中上様御遊候鹿やかて〳〵射留候事、御祝言候、
にかさぬ事ニて候、口傳、

一、狩人闕候村ハ、一人のくわせん《（科銭）》に二百文つゝにて候、上様にあかり《（上）》候、』（改丁）

一、もろゆかけ《（弓懸）》ハ上様・御曹子様・御隠居上様斗也、有口傳に、

一、馬乗そろへ《（揃）》の事、はゝ《（馬場）》中へ馬取寄候てめし候事ハ上様斗、其外の人々ハ岩蔵へ馬のりよせ《（乗寄）》て乗替可然候、はゝ《（馬場）》の中にてのりかへ《（乗替）》候事、第一尾篭候、又、見物者のためにも見くるしく候、爲御心得にて候、

一、赤水の馬場の仲馬ハ物こしのほり《（越堀）》の西へ二町間置て、《本ノマヽ、》殿塚へ見合てたち《（立）》候、ちかい《（違）》申候間敷候、馬立所大迫共云也、

一、此下野はゝ《（馬場）》ちかく一里二里所にわな《（罠）》かけすくほ《（窪）》らす狩せす御法也、細々下田方より見せ候て、御成敗ハ年ことに御かり《（狩）》ちかくなり候てハ細々長野うら《（浦）》・あそくろかわうら《（阿蘇黒川浦）》・ゆのうら《（湯浦）》・かりを《本ノマヽ、（狩尾）》、又、南郷の白川よりむかへの古野ゝをやか《（焼）》せてかり《（狩）》をつね《（常）》に御させ候へハ、此三のはゝ《（馬場）》へ鹿ハあつまり《（集）》候、それさへ御狩十日斗よりこそか《（狩）》られ候、すてに毎年猪鹿の間に六五《下上》十七八十百斗とられ候間、此下野御狩は《（場）》ちかき當《（辺）》のかり御留肝要候、浄《（上カ）》代如此人々御心得あるへし、口傳、

科銭

上様

馬揃

物越堀
殿塚

長野浦
阿蘇黒川浦
湯浦
狩尾
白川

登狩

一、彼御狩之定日、兼日被仰出候間、支度結構不及申候、仍登狩いかにも早朝南郷よりもあそ《（阿蘇）》より西よりもしかるへし、さやう《（左様）》に候て所々かり《（狩）》てこそ、山々谷々の鹿ハ御はゝ《（馬場）》さまへ入候、上狩ニ山取候しゝ者何も名《〔各カ〕》御きこしめし、上狩ニ遅候へハ不可然候、人々心得入事候、

一、たゝの時ハいかほと御用段候へ共、たか《（鷹）》山・長野・おとかせうら《（音鹿責浦）》にてかり《（狩）》あるましく候、いかにも鹿をかつけ可然候、各爲心得申候、』〔改丁〕

中道

一、彼三のはゝ《（馬場）》へ中道候、其道御かり《（狩）》ちかくなり候へハ堅固ニ御とめ《（留）》あるべく候、人とほり《（通）》候へハ、しゝ外よけ候、と《〔こカ〕》ふちの瀬渡上、おとかせ《（音鹿責）》のちか道に人を御そへ候て、御留しかるへし、是ハ下田方役にて候、爲御心得申置候、可有口傳候、

千田殿・野部殿
阿蘇三宮殿

一、當家ニくたり人ハ、千田殿・野勒《本ノマヽ》《〔部カ〕》殿・野尻殿・あそ三宮殿ニて候、是ハむねと馬の人数ニ而候、

惟時

一、御支度の次第、御ゑほし《（烏帽子）》・はきぬい《（腋縫）》・小袴ハ夜中に御やと《（宿）》より持たる、馬立尾ニてハ狩将《〔装カ〕》束《〔にカ〕》まで候、一番行騰、次に御篭手、次御腰物、次御竿、次御弊《（幣）》二本・鞭、次御ゆかけ《（弓懸）》、次沓、たゝし御ゆかけハ先以もくるしからす候、此役ハ一人役也、

一、御いしやう《（衣装）》かきつくろい《（着繕）》候方ハあまた《（数多）》御そはに御座候、御こし《（腰）》物・竿、其余御支度物ハ若衆御持候、具よく候、就其、御むかはき《（行縢）》ハ中間持て役人にまいらせ候、上様の御左方へ御むかはき《（行縢）》

のくしかミ《櫛髪》を御前になしてハ持月のけ《毛》の本を右へなしてまいらする、左のかたへはし《端》をなすへからす、右の御わき《脇》ニなり候やうニ置て、沓をとり《取》候て、むかはき《行縢》のはせう毛の下方へをき《置》申候、そのゝち右の皮をおしなを《押直》して、ミきかた《右方》へおきて、むかはき《行縢》のはしのかたハ御うしろへなり候様におきてのちに沓取、又御右の方へはな《鼻》を御前にむけ《向》て置候、その已後左皮まつぬいこませ申て、又、右皮ハのちに御あしを入候、さてをは、まつ右の皮のをゆひ《結》て後ニ左の皮のを《緒》ゝゆひ《結》候、くミ《組》候て左の皮のをハはかま《袴》のことひの上より』《改丁》下ニおしなし候、みき皮のをハくミ《組》て上ニおしはさみ《押し挟》候、かすく《数々》の習あり、口傳、

成満院
阿蘇下宮供僧

一、御狩御嶽より成満院御下向候て、行法御ほんそう《奔走》候、兼又、於あそ《阿蘇》下宮供僧達六七人ハ、上様又ハ馬御立候人衆爲祈禱、大般若経御よみ候、是も定儀ニて候、但御狩御見物候方ハ同事候すかと見物候、

小国

一、めて《妻手》馬ハ阿そ小國人衆相定候、弓手馬ハ御領分人ゝ不残御出候、むねとむま立《本ノマヽ》《ゑハカ》候御着到ニてこそ召出候へ、宗戸馬直へハ御そはの人衆、あそよりハ一大夫殿・坂梨子方までにて候、妻手馬よりハ三宮方一人・下城方・関方被召出候、爲御心得如此申候、

三宮方・下城方・関方

仲王

一、仲馬二騎ハ仲王をへうし《表》候、仲王の御本地荒神地神ニて御座候由承候間、立ゑほし《烏帽子》御めし候、
有口傳ゝゝ、

一、仲字ニンヘンニ云《書カ》へし、此仲字ハ當《アタル》トヨム、何ニヨンデ也、此字、有口傳、

一、一火二火云牛火ニつゐての事、口傳、

一、あそよりの神人御酒又有《肴カ》・煎物二、御粢をおこし米の様に四方一寸二分に切て、重而十二かわらけ《(土器)》ニもち候てふちつけ《(縁付)》に御さかつき《(盃)》ニそへ上申候、上様も馬より御下人ニも馬より御下候、此こめ《(米)》まめ《(豆)》ハかみ《(紙)》袋ニ入候、上様詞をゑひし《(詠)》候て、其日の三代きよゐうにむき《(向)》て、御酒きこしめし候、御かわらけ《(土器)》三にて三こん《(献)》さしかさねて、御ひそき《(急)》候て御きこしめし候也、

一、此御狩の矢から《(柄)》ハしろ《(白)》羽か本なり、就中、こう《(たかカ)》の羽候て矯《(矧カ)》へし、

鷹山
立野・南郷・夜部・砥用

一、ひんかきのは、へハたのの《(朱書)「ツ」》時之御出、巳時むま《(午)》の時のはしまり』《(改丁)》中のは、へ御移り候、ひつし《(未)》の始あかみつ《(赤水)》の馬場へ御うつり候、二時程は終のは、へ《(馬場)》御逗留ニて候、とり《(酉)》のときに狩上候、所々人々ハ其夜ハ各々鷹山に留候て、西人数ハたて《(立)》野辺まて、落字南郷・夜部《(矢部)》・ともち《(砥用)》衆中宿まて御帰候、かへさ《(りカ)》を各いそき《(急)》候へハ不可然候、一同ハしつかに御狩肝要候、為御心得候、

一、仲馬の内者能々心得有事、遠見をあまた置候て馬立候へハ、小堀にかくれ落字を宮原さまへよこきれニ拂候様、兼日若衆ニ可被仰付事候、

火縄

一、火縄の表物之事、不動之御縄ハ七いろ《(尋カ)》三尺にて候、又、火の火さきハいかほと大候へ共、七いろ《(尋カ)》三尺のほかハ不行のよし承候也、大綱子細事、火輪火つしまき大ニあるへし、人々御心

得あるへし、

一、はるひ（腹帯）ハ二重に可然候、鞍不返候、彼腹帯之事、口傳有、就中、馬取はなしても鐙不返候、肝神（心）のかまへにし人々可有御用候也、

一、登狩之日またたて（馬立）畠にて御酒御申候事、下田方役なり、大畠とも云也、爰にて落字（馬）さのみ御めしなき事なり、明日の御たしなミ（嗜）於後日御心得候、

岩蔵成敗

一、岩蔵成敗の事、三所一言、三所と云ハ見物者の多候所ニハ馬を乗寄て、岩蔵御しつまり候へと申て、次々人々多候所ニ行、如此申、又人多候在所ニ行て落字様に申て、その後、三所及候て打帰りて子細申候と申也、一、馬出様ハまつ御前は』（改丁）しつか（静）にとゝろあし（足）より、半ほとは一足に、又、岩蔵ちかくなりてハしつか（静）にのりて、馬すへて弓の末筈を地五六寸程うち下て、我か頭も弓手のかたへさくる（探）様にして子細申候なり、さのみ物多く申候へハ聞にくゝ候、一、三所へ行間もとゝろあしなり、ならひくてん（口傳）有、一、山ハ鹿の我か野（野）ハ庭也、豈ト云字シカノハヤシト云なり、

浮嶋原

一、日本涌出地駿河國浮嶋原是也、

一、此狩ハ○「・」（神）武廿二年乙丑正月廿日始狩也、

西野原

一、肥後國阿蘇之郡下野馬場涌出ル地也、西野原云本名也、但又秘事也、

惟人

口傳ニ有、不可他見也、

一、別而宗渡馬・弓手・妻手馬被分事、惟人御代より、

一、此書親子兄弟ニモ見ヘカラス、

惟時

神記九年正月廿日贄狩也、三所定也、惟時

惟次

既不浄手にも不可所、可秘、惟次ヨリ御本なり、為後日アラワス、

惟秀

惟秀為子孫露是置也、他言不可他言、

一、神名依書像ニ如此書置候、口傳、

一、チハやふる神のちかひにもれしとて
今日の狩場の鹿のかすく〵、古哥口傳、

真人

一、真人御子孫三人御座、一仁者下田と名付、西野の宮大宮司、一仁者吉見』（改丁）

惟人

大宮司、一仁者阿蘇權大宮司被定候、又云、四ヶ社領者下田領たるへく候也、官領職は下田
可成候也、惟人真人御定候、於末世も不可相替候、就中、馬立尾ヨリ御崎打ハ田上役也、早一

權大宮司

口及被参候、其儘髪〔鬢搔〕捋野馬場落字内者被申候、又、中馬場へも權大宮司御崎に被乗候、ひんか
きのは丶よりハ御さきうちなく候、人ゝ為可御心得候、さりなから可秘候口傳、

宮蔵

一、阿蘇十二宮の御宮蔵、權大宮司薗作始而西〔納カ〕置候、元年正月廿日獅子贄納、同廿一日夘剋ニ北

宮彼贄参也、如此事候、御狩指置候、万事年明候はゝ可有ほん（奔）走候也、可秘〻〻、大宮司惟時、

延徳三年辛亥七月六日備後國住侶、、（字不知）書之

于時慶長十二年丁未三月四日丁卯

九刕肥後國阿蘇郡

村山丹波守宇治惟尚（花押）

2　下野狩日記　下（三）

（表紙）

（題箋）
下野狩日記下　三

（内題）
「・」下野狩日記　下巻

一、下野御狩次第少〻書置申也、

一、此下野御狩者、阿蘇悉湖ニテ候ヲ、神武天皇御于（宇）給候時、北宮大明神は鯰ト申魚ニテ彼湖之主ニテ

神武天皇
北宮大明神
鯰

臥給ウ、其時、神武天皇ト明神ト御約束ノ贄狩也、其外御察〔祭〕礼者、以後阿蘇田畠地相定而、御祭等モ定候也、頗傳上此御狩者就萬事始ノ御祭礼也、左而日ハ之何ニト御定給候、二月初夘ノ日ノ御祭礼ト有也、毎年二月初夘ノ日御定給候間、正月廿日ノ日ノ御狩と狩定給候也、爰数〻口傳、

鬮・託宣

一、其已後、正月中御狩候へハ天氣悪事も候、又者殘雪又ハ風定ます〔ら脱カ〕、雨も茂〳〵ふり候へハ、見物の方〳〵も滞候之間、御鬮・御詫〔託〕宣なとも候哉、其後ハ二月之下旬比より三月之始比之御狩ト被定候由候也、是ハ近代ノ事候也、御神慮も此候哉、弥〻御當家御繁昌候、此狩ハ如何ニモ可有御本奔御事也云云、抑首二古今ヲ一者也、

一、當家之美眭〔睦カ〕諸國之傳言勝二此御狩一見物有へカラスト御感之儀也、嗜弥〻可入事候也、口傳云、

健磐龍
観音
片角
大日・釈迦如来

一、神武天皇モ健磐龍明御本地觀音垂迹、北宮明神御子孫同儀也、健磐龍明大明神片角也、大日仍鹿供御被備、殊北宮明神御垂迹釈迦如来、鹿贄候吏方便ノ致生、健磐龍明故ニ鹿ヲ備供御吏一也、仍諏訪大明神モ健磐龍明御惣躰神釈迦如来、萬仏一躰一神一流与云事此儀也、口傳云、

此書當ルトヨムナリ、サテ仲王ト云儀有口傳ニ、アクマヲ守諸天ヲ其仁ヲ加護スル神也、別ニモセツスル表物アル也、

涅槃経

一、仲馬下田方家役也、狩祭之時、日神祭処、涅槃経文魚鳥禽獣作致衆生一ニ』〔改丁〕云下田方被誦候へハ社、猪鹿成仏スルトノ祭礼候間、彼諏訪ノ御縁記ヲ此書《シルシ》首置申也、下田方心得可入吏也、有口傳ニ上代如此事云云、

諏訪大明神
方便殺生
和光同塵

一、信濃国諏訪大明神祭礼ニ鹿ヲ多具、隆弁僧正欲留申、神明ハ和光善巧利物ヲ以為レ本ト、衆生済度方便慈悲ヲ以為レ始ト、佛ヨリモ尚貴、昔ヨリ徳新也、祇《タヽシ》神慮雖多逗ナリ、邪見衆生作レシ非礼一ヲ作《ツクリ》敬也、何ノ衆生カ命ヲ不惜、且ハ元理ノ費ヲ神明納受有ナラハ、誰カ仰神擁護、和光誓難レク信シ、思祈念ノ此事申止ン存ス、其夜夢ニ大明神有示現、方便殺生超《コヘ》菩薩万行ニ、愛見之慈悲ハ過ニタリ提婆五送〔逆カ〕罪一ニモ、汝智残ノ未知神慮源底ヲ、汝涅盤経ヲ不見故、如此起レ愚見ヲ、見ハ涅盤経ヲノ我未来魚鳥禽獣成テ食飢餲衆生一ニ、厥以為レス縁ト令レ成仏一トノ示現新也、隆弁僧正夢醒後、押テ感涙一ヲ本誓如是悟ル、涅盤経ヲ見ハ現文分明也、弥々信仰ノ諏訪麓結レヒ房一ヲ勤行ス、釈和光同塵結縁始八相成道ハ利物ノ終ト云、此塵ヲ大明神ノ備ニ供御一ヲ云、此塵即釈迦如来済渡〔度カ〕之全身和光方便神躰也、本地垂迹共ニ能供モ佛体所供モ佛躰也、然者魚鳥鹿ヲ備神事此心也、〻《於》末世為此狩留候する方能々此道可被心得候也、

大宮司宗延

一、神武天皇ハ月氏震旦日域無隠天王也、為後日「・」大宮司宗延「・」古今事顕也、

一、此狩懈怠之時當家不「レ」可「レ」有「レ」甚（朱書）「アツカイ」也、如何ニモ奔走肝要候、

日天子・日月・
星宿
本命星・九曜・
七曜
羅睺・三十六全
計斗・北斗・天
太丈

一、南無日天子「・」日月「・」正宿〔星〕「・」本命「・」星〔本命星〕「・」九曜「・」七曜「・」羅睺「・」計斗「・」北斗「・」太丈天「・」九万八千狩神「・」二千八百ノ狩神「・」急々如律令ト十二度可誦、

一、是ハ其日之祭文也、有口傳ニ、

一、我此道場如帝殊再弊〔幣〕再拝敬白、

一、南無日天子「・」日月「・」正宿〔星〕「・」本命「・」星〔本命星〕「・」九曜「・」七曜「・」羅睺「・」三十六全「・」計斗〔改丁〕』「・」北斗「・」天太丈「・」南无摩利支天「・」九万八千二千八百軍神「・」童子三十萬神「・」十羅刹女「・」十二神〔己〕ノ将軍「・」多門「・」持国「・」廣目「・」増長天、急々如律令「・」、日神「・」祭文也、是モ十二返誦下田方役也、亦〔有カ〕口傳ニ、

一、定置神ノ誓ノ徳ナレハ何ノ里ノ鹿渡るなり、「・」明神哥也、

一、何ノ祭処ニモ、「・」謹請「・」再弊〔幣〕「・」再拝「・」敬白、「・」高間カ原ヨリ天下御座ト「・」上ノ言ニ可奉申ト云云、有口傳、

宿曜経

一、文殊師利菩薩「・」宿曜経文、其日馬上方々モ可被誦叓候、文ニ云日有一倍力「・」宿四倍力「・」曜有八倍力「・」好時有万倍力、急々如律令、

一、此経文日哥御物官詠給也、

一、北宮大明神御哥有馬上入ナリ、

國造明神ハ普賢井十一宮、釜〔金〕疑明神ハ文殊井十二宮、

神農・儛官

一、正一位神武天皇夫天照大神ヨリ五代也、神武天皇太子 年百餘十有隠給也 第二ノ太子神農第三ノ 百二十七神百内也 太子儛官 百余三也 ニテ隠給也御座ケル、

黒(熊)・小黒(小熊)

一、彼儛官ノ御宿上ハ鷹山也、猟計して百年御送給候也、御犬ニ黒《熊》小黒《熊》トテ二御ひきもち給ふ、皮〔彼カ〕狗忝

惣官・神農吉見
傔官

音鹿責・早角ニ有犬なり、たゝならぬ犬なり、於来世可残物語、此犬ハ獅子犬也、

一、神武天皇ハ御惣官、神農吉見・傔官十二社子孫一社中也、爰ニ不可有差別、就中此下野御狩滞事あるへからす、題目有口傳、

一、御惣官はきぬい（縫腋）ハ、地くろ（黒）く刑〔形〕ハ靏ク、りたるへし、御さうし（曹司）の御わきぬい（縫腋）ハ、地黒に樀〔楢カ〕柴たるへし、

一、夏毛斗のむかはき（行縢）ハ阿蘇一大夫、又御さうし（曹司）の外不可有候、若夏毛ト秋毛トはきませ（着交）ならは、奥ハなつけ（夏毛）端ハ秋け（毛）たるへし、おく（奥）に秋毛なすそこつ（粗忽）にあるへからす候、』（改丁）

一、阿そ一大夫殿より旧冬御贈「おくり」（朱書）進上候、御返事にハ夏毛御行縢一腰・色革一枚・重物三枚、御返報ニ御惣官より御進覧候も、年新候は、早ゝ御狩奔走候へとの御趣也、又贈と云事ハ正月朝日〔朔カ〕より十五日あさ（朝）のくする子の御酒とてひやさけ（冷酒）御きこしめし候、一大夫殿より進上候、物数十二なり、色ゝ有是、又おくり物と云文字定也、おつておくす事なかれと書字也、習口傳爰候也、

一、肥州よりハ合志・くほ田（久保田）・木山・御舟かり（狩）人奔走候也、

一、木崎・田口・こくちやう・青田、惣而物〔西カ〕のかり人白河を前になして肩きしりてたち候へハこそ、おき（沖）より鹿ハのほり候也、

九品浄土

一、獺祭の時九本の御弊《〔幣〕》ある也、九品浄土を表給候由也、

につか

八功徳水

一、赤水ハにつかの水のいわれなり、此につかハふくわんの御かくれ所、又北明神魚にての時の骨をも置れ候所なるによつて、上の嶺乃三分程より八功徳水流たるなり、天仁の一年に一度つゝ御下塩井《本ノマヽ》をめすミつ《（水）》なり、上十五日ハ東に流、下十五日ハ西に流ル、ミつ《（水）》たゝならぬミつ《（水）》とそ云、一説如此、

神武天皇・神農僲官

一、神武天皇「・」神農「・」僲官「・」國ゝ「・」所ゝ「・」多あれとも、阿蘇の内四ヶ社領ニ隠居事、第一の秘事なり、他言有口傳、

牧

一、彼下野馬場へまき《（牧）》を立候之事、たとへハ此狩を爲有奔走也、鹿とむま《（馬）》と朝暮なれ《（馴）》候へハ、馬ハ鹿におとろ《（驚）》かす、鹿ハ馬におとろかぬなり、殊此下野の狩年〱野を焼せ候へハ、馬火に馴候間、別而狩候時、此馬てうほう《（調法）》なり、十二社に馬かけ候へハ、彼は一社中むま《（馬）》なり、又此下野のちかく、かり《（狩）》不仕《本ノマヽ》、しゝはなかけ《（罠）》させす、むま《（馬）》くひ《（括）》らす候ため』《（改丁）》なり、別而馬鹿そたち《（育）》ぬるなり、有口傳、

牧始

一、神亀三年ミ■《本ノマヽ》のとのとり正月十八日牧始也、己午ニ不被櫪事ハミつのとのとりのとし始而まきたて候間、ミつのとのとしハ月かし《〔毛脱カ〕》やうしたる年なり、うしのとしハ《〔まカ〕》あしけか《（葦毛）》《〔生脱カ〕》たる年なり、故ニとりみとし《〔のカ〕》馬をくひられす候、一切如此口傳、

月毛
葦毛

奥野狩
冨士野狩

笠物狩

歌

馬のたつの名所なり口傳

一、月毛か渡 あしけか渡 濁川とハ赤水馬場より南なり、いけのくほ本ノマヽ、

一、にこり河かつね原（葛根原）「・」池ノ窪《くほ》たけの馬「・」物（西カ）の馬云事、皆馬のたつなり、又北館《たち》と云ハ草高野より北馬也、

一、當家の祭礼之始此狩之外不可有候、既ニ日本之有主御奔走候奥野狩・冨士野狩も留候、一向當神御説候哉、此猟何も珎事出来相留候、其時も當神當所ひとしき奇瑞とも多く候ツるよし候なり、天下にハ肥後国阿蘇殿領内下野ヽ狩の外笠物狩諸国あるへからす候なり云云、

一、上様ハ南郷より御出候、權大宮司阿そよりまいり候、ひんかきのはヽ早吉にて二合（一口カ）の石候、そこにて上様に扇を一本權大宮司捧申、其時哥毎年定儀也、玉鉾の道も直なる祭そと神と君との名こそたかけれ、
權現の御哥〔歌〕なりと詠し申上候て扇を上候、上様も此哥をやかて一首詠し給て、又上様よりハふしまきの弓一張、扇の返報に權大宮司給候、其時上様の御哥、
大明神の御哥、
千八弥ふる神の定むる狩なれハ末の世まてもにゑハかハらしと』（改丁）あそハし候て、御弓權大宮司給候、やかてくヽひんかきのはヽへ案内者被申候、如此神秘たヽ（多々）あるへし、

一、上様御支度次第、前に秀申〔委カ〕候、ゟ（本ノマヽ）〔若カ〕様御小袴定唐物也、上代ハ御直垂上下なり、
一、千八弥経神阿蘇山の山立成「・」下野の狩を見よや諸人、是も[大明神]其余上様馬上の人々一日
詠可給之由承候、尚謌文有よし承候、先以一切如此、
一、神武天皇御大宮司殿不可有二也、
観ト一大夫一宮　旂ト二大夫二宮　光ト三大夫三宮　薬ト四大夫四宮
一、當國惣廟阿蘇大明神此惣字御惣官也、
中御門
毘日五大夫五宮　龍日六大夫六宮　多日七祝七宮　地日八祝八宮
一、惣官ト守護ト不可有二儀也、
勢日九祝九宮　虚空日十祝十宮　國相普日十一祝十一宮
一、三宮光照井〔菩薩〕守護氏神是也、北御門大明神是也、
文殊日十二祝十二宮有口傳、十二宮社家十二人不可有二、
一、上宮トアラハレケレハ、下宮有一社中、山都宇治、
一、十二宮本地字、
下宮立年帰〔延カ〕暦元年中也此下字ヲ取テ下野ニ付なり、
一、下野下云字取テ下田ト名付也、田上ト云よつて下田ト云なり、下野乃牧を預候事も下田方家役

当国惣廟
惣官守護
三宮光照菩薩
下野乃牧

なり、有習吏也、

一、髪揆〔鬢搔〕野馬場中之赤水ニ次第、ひんかき云事ハ、阿蘇より初而北野明神与神武天皇此馬場へ〔改丁〕』御出候時、ひんを御かき初支度の馬場なり、爰にて狩将〔装カ〕束有所也たるによつてひんかきの馬場と云也、

莚尾の馬場

一、依莚を敷候儀、莚尾の馬場とも云なり、

小物之馬場

一、小物之馬場の事、猟祭之時申上候、鹿猪の事ハ不及申候、いか程も此三のは〔馬場〕へ、猟神蹴出給

猟神

へ、小物うさき・狸・きつね此三の馬場蹴出給へと猟《りう》神たち走上申候とてと祭仕候間、此三のはゝへ出ぬ狀〔獣カ〕ハなきよしなり、よりて小物はゝと申なり、そうして仲〔惣〕のはゝが本名なり、如此一切口傳、

終の馬場

一、終の馬場の事、赤水のなかれ出候名なり、赤水本名なり、有口傳、

一、於末代も神代の時のことく、無懈怠御約束之儘、可有御奔走候、御當家人ゝ御心得可入事也、有口傳也、

狩祭

一、狩祭之次第少ゝ書置申候、

狩神

「・」謹上「・」再弊〔幣〕「・」再拝「・」敬白、「・」今日ノ「・」狩神達《レウシタチ》「・」タカマカ原ヨリ天下給て「・」日神「・」月神「・」方神「・」角神「・」年大明神「・」年徳神「・」御寄合候て、此三ノ馬場へ猪鹿一切狀〔獣カ〕蹴出給候へと申上候、

殊以今日ノ「・」三代玉女「・」九代玉女「・」合而九万八千ノ「・」狩神「・」高山「・」平山「・」狩神「・」峯々の狩神「・」山々くらかミ「・」谷々くらかミ「・」野々狩神「・」瀬くらかミ「・」河のくらかミ「・」在々「・」所々「・」狩神「・」三ノ馬場の狩神「・」男狩師「・」女狩師「・」太郎殿「・」大黒「・」小黒犬「・」色々物「・」祭上申候、今日ノ御狩ニ獅子多取て給候へとマツリ申候由承傳候、此外もいか程れうまつり（猟祭）候、乍去少々しるし（記）申、数々有口傳、

神祭文
心経

一、下田方役ハ、其日御祭御本社ノ御祈念日神祭文「・」心經十二巻「・」つゝ（宛）あそハし候て御手向候、「・」就中「・」在々「・」所々「・」狩神、「・」赤飯・粢・焼「・」魚「・」能々可』（改丁）被祭候由承傳候、

蘇党

一、もし下田方さし合無余儀候て、此御狩不被出候者、蔛〔蘇カ〕黨中へ可然方へ此間之事を相傳候て仲馬に可参候よし承候、

一、妻手馬ハ権大宮司方家役ニて候、仲馬斗ハ立ゑほし籠手さゝれす候、狩将束〔装〕ハ同前候、其さへ又代ハ支度もかハり候よし承候、御兩人共ニ拙躰の方仲馬ニ被参間敷候、既ニ立烏帽子をめし候上ハ御祭前候、

一、むね（宗徒）と馬「・」めて（妻手）馬「・」ゆんて（弓手）馬「・」ニ大なるかさり（飾）はさら（婆娑羅）あるましく候、ちひさく（小）花やかに可然候、それへ若衆斗走者中走ハ竿ほそく鹿子皮なと可然候、大なる志るし候へハ、しゝ（鹿）とよけ候、くセ仕候間、不可然候、殊に内者兩人之外つれさる事なり、有口傳、

物合

一、物合者御一門御親類達斗、殊ニ宗戸ニ被参候方斗物合候、それかたへ一度ニ多候へハ、見くるしく候、馬せきし一はん《（番）》二番御たらし物合あるへく候、

一、宗戸馬被参候方ゝ之次第、不同書置申候、御親類達、「・」次ニ「・」坂梨「・」小陣「・」恵良「・」西「・」南郷七人之一家、「・」高森「・」村山「・」市下「・」竹崎「・」二子名《〔石カ〕》「・」長野「・」澁河、何も南郷の御添端の若衆むねとへ被参候、「・」竹原「・」松崎・積「・」被参候、

一、所ゝより宗渡へ被参候方ゝ、阿蘇より「・」一大夫、「・」小國より「・」下城、「・」夜ア《本ノマヽ》より「・」野部方、「・」甲徒《佐カ》より「・」一大夫、「・」健軍「・」光長方「・」一大夫方、「・」こうの浦より「・」一大夫、「・」山西より「・」千田方・「・」野尻方「・」阿その「・」手野「・」三宮方、何も一名字ニ一人つゝ、其余者皆ゝ弓手馬に被参候、「・」むね《（宗徒）》と馬卅騎卌騎過候は、百騎の内六七十騎物合の方ハ、物合あるましく候、せきし人ゝ御心得之前候、有口傳候、

一、弓手馬・妻馬《〔手脱カ〕》定候人数なれとも、時に弓馬ニ達者の方とハむねと《（宗徒）》へめす事候、御用多候、岩蔵成敗又者肥州なと其余當國中ノ面ゝ見物候、彼方ゝ《本ノマヽ》へ御使なと、別而支度又きらう《本ノマヽ（器量カ）》の方入候、爲御心得申置候、

巌塚

一、こもいけ《（鷹池）》口・こも《（鷹）》原口此中間にいつくしつか《（巌塚）》あり、こゝにてれうまつり《（猟祭）》あるなり、此「・」つか《（塚）》へ人の《〔ら脱カ〕》ほぬ事なり、此つかの事なり刑《〔形カ〕》ハ杉なりのつか、「・」飯なり刑《〔形カ〕》なり、

一、始而大明神此つか（塚）にて國造大明神と物をきこしめし候つかなり、有口傳、

音鹿責
早角
荒瀬

一、下田方狩奉行、音鹿責・早角・荒瀬、此塚にて狩祭候て、其以後、上様御酒、十一騎馬上さ（酒け）、下田方、酒合て十二こん（献）きこしめして、遄而下田方馬上にて打出候、厥時、風追風答候て馬場へ出候、音鹿責今日の風ハいぬ井（乾）の風なりと三度たう（問）、下田方よひきかせなり、はへ（南）の風なり志つか（静）によき風とこたへ（答）候、三と（度）、色々習多く候、

乙姫明神

一、につかの大明神あそはし候御哥とて竹原の宮師・宣明語申候、いへのはま（飯邊浜）乙姫明神の御恵へき候よし申候、殊勝存候、

往生嶽

一、あかミツハ我かゐる前の河なれハなかれ（流）の末乃浪ハに（ニ本ノ通）らし、
一、見る人もわうしやう（往生）嶽乃立成か下野の狩に出よめなわら（ん本ノ通）へ、如此御哥候、人々御心得のために申候、あかミつ（赤水）のは、（馬場）か本名にて候、有口傳、

惟助

阿蘇大宮司宇治朝臣惟助　在判

火縄

一、火縄の長七いろ（尋カ）三しやく（尺）ほと、一尺二寸火つな（縄）二丈三尺ニ付、着縄一丈五尺付様あり、
一、手縄を鞍まへ輪にうちまハして結付てきしもさきの左本へ』（改丁）つくるなり、火縄にハ人を添候て引せ候也、能々有口傳ニ、

本馬
中の馬
火引の馬

一、此三騎ハさい所のられ候方ハ、本馬下田方役なり、中の馬ハ其儘中間馬と云、上様御使、跡火引の馬ハ、北宮明神御使、火引の馬と云なり、有口傳ニ、

中火
くに木原
馬隠し山

とかり矢山

物越しの堀

⿰矢舟鏑

一、此二騎の馬ニ御出之方卒忽ニあるましく候、上意相似候方又ハ御神慮ニも相似候するよし聞傳候、御一家の外あるましく候、蘓《(蘇カ)》黨中よりも御出候、中火の次第大刑《(形)》如此候、別而習多候也、

一、中火ハくに木原の山際より馬隠し山のにし《(西)》のはつれ《(外)》に見合て、まつたゝ人を廿人斗ふミとを《(踏み通)》らせてその跡より本馬を遣候、何もこゑ《(声)》をせす、いかにもしつか《(静)》にとをらせ通あるへく候、中間の馬上も火引の馬上も聽而《本ノマヽ》被乗候、此まかくし《(馬隠)》山と云ハたつミ《(巽)》の方ハ廣、いぬ井《(乾)》の方ハせはく《(狭)》、たとへハとかり矢の刑《(形)》なり、如此見合て行ハ中火ハちかい《(違)》候ましく候、とかり矢山と云ハ馬隠し山之事なり、口傳、

一、仲馬に兩所共ニ物越しの堀あり、仲馬乃ならひ《(習)》多候、仲馬兩人共ニ連ゝ心かけ御習あるへく候、此狩ハ九州人ゝ無是非候、諸国人ゝ来合候へハ見申候、天下無隠御かり《(狩)》の御祭礼なり、別而當家困入事候、御油断あるへからす候、各連ゝ御稽古しかるへく候、有口傳、

一、物をいて《(射)》ハつる《(弦)》を袖内になして持なり、たゝの時ハつる《(弦)》を外になす、

一、物いての《(射手)》矢こたへの事、くるり鏑《(⿰矢舟)》にならひ候ならハ仕候と申、かふらハひいつはと仕候とこたへ候、人ゝ御心得あるへく候、

一、日の矢・月の矢・角の矢・けたの矢・よき中の矢・おい様の矢に有口傳、落馬候てハ、弓を右ニ持打帰也、又態落馬有左《本ノマヽ》候也、口傳、』《(改丁)》

一、宗《（徒）》と馬御添若衆、地銅《（鏑カ）》一手さゝれ候事候也、弓手馬・妻手馬ニハ一つもさゝれ候、若衆斗志目引目本なり、子細有口傳に、

一、三ノ馬場へ用所候、名所候事、おいらの口《（りカ）》・殿つか《（塚）》・とゝろき原上下ニあり、遠見塚・馬隠山・さゝの原・くに木原・嚴塚・幸《一本ノマヽ》・こも《（薦）》原口・恆例塚・亀迫・通山・作渡、何も此所ハ御用在所なり、有口傳ニ、

一、行騰ハ、相傳なく候てハきる《（切）》事あるへからさる事なり、

一、中は《（馬場）》ゝゑ阿蘇神人御酒をもち候てまいり候、上様きこしめし候て、其以後こそ人ゝさけ《（酒）》まいらせ候、心得入事候者也、

國造大明神
左膊

一、獅子ハ幾程も被取候へかし、國造大明神へハ大鹿の左の膊一ツ贄にかけられ候、膊と云ハ跡足之事なり、其後ハ北宮祝給てくい《（食）》候也、

一、かり人・責子ハ、一町分ニ三人つゝ也、

一、上《（野脱カ）》五ケ所の狩人ハ、嶽鹿を能ゝおい《（追）》候、そのゝち百人斗れうし請取候てかりはて《（狩果）》候までつれ候ておい候、有口傳、惟國、

惟利
惟時

一、惟利《本ノマヽ》より惟時御相續ありて、始而御馬御立候、惟時御支度之次第、御はきぬい《（腋縫）》地ハくろく《（黒）》かた《（肩）》ハくゝる、御小袴ノ火とんす、御行騰熊皮、御笴熊皮、御弓白木、御指懸左右ゆかけ白革、

惟國

惟利

太郎野

御鞭竹の根、御弊（幣）五色弊（幣）串二、三尺二寸也、
沓《本ノマ、》なり、其年の日三月廿二日御狩なり、是近代之事委しるし置申候、大宮司惟國
惟利《本ノマ、》御支度むかはき奥夏毛、はし（端）ハ熊の皮、御うつほ（竿）ハ帋《本ノマ、》の皮、御弓ハくり（栗）色、うすうるし（薄漆）本
末ぬらす（塗）、藤つかハす、御ゆかけ（湯懸）もろゆかけふする革《本ノマ、》なり、有口傳、』（改丁）

一、南郷より御打出候、御弓に籠手ゆひ（結）付候、御弓はり（張）〔ヘカ〕候、御むかはき（行騰）左皮を上になして竹をハりてはさみ（挟）候、たつな（手綱）にてゆひつけ（結付）候、御うつほ（竿）ハ我と御付も候、又御中間に御もたせも候、又御内方ハ何も我とおひ候、弓もはり（張）候て、各々馬上よりもたれ候、打出をいかにも御たしな（嗜）みあるへく候、

一、私の《本ノマ、》むかはきも、我そは（側）に竹にはさみ候てもたする事也、

一、太郎野御狩いそき候へハ、所々人々明日の御かりと、所々人々心得候、

一、細々稽古日も馬さのミのられ（乗）す候、落馬なと候てハ、狩日に事闕候、馬もつかれ（疲）候、別而たし（嗜）なミ入事候、

一、仲馬ハ添二騎、弓手馬・めて馬ニ一騎つゝ、是ハ鹿ものほせられ候、又細々上様物申上候、いまハ馬かち（徒）ニて候、馬ぬるく候なとゝ申上候、殊ニせこ（勢子）入候事、ゐての（射手）責子入候事も何も仲馬の了簡まてニて候、又ハ上様よりも御尋候事、たゝ馬上より御使にて仰付候、爲御心得申候、

口傳、

一、責籠《勢子》入の山、三の馬場共ニあるなり、ひんかきの《鬢掻の馬場》は、ハとをり《通》山、中のは、ハ籠の山、
あかミつ《赤水》のは、ハかくれ《隠》山と云なり、能ゝ有口傳に、

一、於後代御惣官御請取候する御さうし《曹司》の御むかはき《行縢》ハ、奥ハ熊皮、はし《端》ハなツけ《夏毛》、御箞御身のかたハ熊皮、外方ハ鹿子皮なり、御笴の本ニ立候、ほさき《穂先》にハ色ゝのは《かカ》さりもくるしからす候、

一、此御狩の風ふき候へハ、幾日も逗留候て御狩あるなり、はゐ《南風》の風吹候事よく候、

一、ひんかき《鬢掻の馬場》のは、へは、南郷より上様もおの〳〵も、早一口二合石と云所より御おろし候なり、
くてん《口傳》にあり、

一、仲の馬場へハ、東岩・こも原口と云所よりおろされ候、有口傳、』(改丁)

一、あかミつ《赤水の馬場》のは、へ、おいりの口よりおろし候なり、くてん《口傳》あり、

一、狩行事ハ下田方家役なり、

一、妻手馬の仲馬「・」權大宮司方役なり、いかさま上代儀如此、

一、御惣官のゐほしかけ《烏帽子》ハ、あかいと《赤糸》のくミ《組》、私ハ《結カ》赤革也、

一、大星夏毛むかはき《行縢》、御一門外老者斗なり、秋毛夏毛もはきませニてあるへし、認様ニ口傳、

一、御惣官御行騰熊皮、御笴本ハ熊皮相定候、御箞なり、くてん《口傳》、

責籠入の山

早一口二合石

東岩こも原口

おいりの口

巻籠

一、御弓のにきりに巻籠申候革あり、又さくりにまき籠申候木あり、是ハ龍のこのミ給ふ草木なるよし承候、弓ゆへハ天竺にたうしゆ（藤樹）と云木あり、此木の下に龍の二ひき（匹）うちちか（打違）へ候てゐ候を見てつくり候弓白木なり、さて此木の柯七尺五寸さし候よし聞傳候によつて、龍のこのミ給草ハゑもき（蓬）、木ハ桑皮なり、又にきりハ龍の心と書、さくりとハ龍舌と書候間、依此儀如此、大綱秘事人に語此云（書カ）見せへからす候、ならひ（習）多候、有口傳に、

一、此ゑもき（蓬）ハ矢筈にも入候、一寸二分にて入候、くわの弓、ゑもき（蓬）の矢と云事、此こゝろなり、箭のあさく立候へとも、鹿やかてとられ候、於私にも如此候へく候、口傳、

直口内物

一、御狩はて（果）候へハ直口へ各被参候、こゝにて三こん（献）にて候、猪鹿内物にて一こん（献）各又有、取肴にて一こん（献）、又中村殿より仕候赤飯にて一こん（献）、下田方御役なり、所々人々の御竹用（竹葉）ハ直口ニて御まいらせ候、瓶子ハ上様三具筒一、小國・北里・下城方瓶子一具、阿蘇より一大夫方一具、たゝの人々ハ竹用（竹葉）斗にて候、若衆各々しやく（酌）御取候、宿かへ為可被帰候間御急候、尺（酌）取あまたにて』（改丁）御奔走候、為御心得申置候、

馬山

一、馬山の立く（足カ）るミかへり（車返カ）の野を、かり（狩）ちかくなり候へハ焼候也、是ハ上様御了簡の前候、口傳、

一、射手の責子入候事、御中間奉行添候て、能々被進候、宗渡馬人衆内者一人仕候、弓手馬・妻手馬ノ内者同前一人つゝ被出候也、引とをりに行候へハ、「・」獅子不出候、たかゝしゝの谷に臥、

木柴の下かくれ候ハ、能ゝ懇ニおひ《追》候へハこそ追出候へ、射手のせこ《勢子》入候時ハ、見物者も、又馬上の人も物出候すると待候處に、不出候時ハ不可然候、是又了簡入事候、口傳、

責子

一、肥州より責子まいり候、國中悉以不殘参候、合志・くほ田より二百人ま《貼紙》いをせ《らカ》候、此責子ニてかたし山・くほ田のうらの鹿を瀬田・小林・立野のせこかり人ゝより合ておい《追》候て、くるミかへり・まと石《的》・からす《烏》山の立《足カ》、よく〳〵おい候なり、為御心得申候、當國の御惣へう《宗廟》ニにて御座候間、別而菊池殿責子御奔走候なり、

大宮司惟國

一、木崎・木山・御舟・吉田・田口・こくちやう・かいとう《海東》・ちか見《近見》・まか野《曲野》、惣而国中に當家より御知行在所不殘責子まいり候、是ハ遠所よりニて候間、しきりハ不定候よし古人被申候、於後日為御心得くわしく申置候、大宮司惟國年八十九《死候 本ノ通》如此、

(挿図15) ①こしき《古式》にいかにも一文字切なり、
②うしろ《後尾》お長二尺五寸なり、廣さ六分にたゝむ《畳》なり、はし《端》のお《尾》ともゆふなり
③はせうけさき
④一、むかはき《行騰》のお《尾》のはしめ、前後を向合て付なり、かしら《首》一寸八分有口傳、ひろさ《広》六分にたゝむ《畳》なり、お《尾》のなかさ《長》一尺八寸前奥ハ結、』《改丁》

(挿図16) ①裏 ②二分たすけ刀 ③二分 ④八分中をハ女むすひ五前共ニくつこミ《沓込》中一尺五寸

⑤切所又かくし刀二あり　⑥くしかミ（櫛髪）より四寸五分なり

⑦一、頓合ニ三たい玉女方ニ御向て御支度人ハかならす鹿あそはし候よし及承候、

⑧奥の紘〔結カ〕　⑨くしかミひろ（広）さ四寸高さ三寸八分也　⑩のせ〔とカ〕一尺二寸　⑪もち月のけ

⑫ノト（喉）八寸ニモスルナリ　⑬袖のひれ（鰭）、端紘〔結カ〕　⑭腰際と一文字ニきる也、爰斗云也

⑮はせうけ爰斗云　⑯草すりのひれ（鰭）

（挿図17）

①裏　②かくし刀五分二あり中ぬい（縫）のいと（糸）なり、上下つるもちのを也、　③も、そいと云

④くらそいと云なり　⑤三折三所ニ有口傳あり　⑥くつこミ（沓込）ひろさ五寸弐分

⑦山そいの皮と云　⑧たすけ刀　⑨たすけ刀、うらそいと云

⑩一、頓合時ニ上様御支方〔度カ〕候也、明日とら（寅）の時ニあたらす候へく候、今日のとんかう（頓合）の時ニ御支度候て、やかていしやう（衣装）を御ぬき（脱）あるへく候、一こん（献）御めしあるへく候、

⑪悉皆相續アルニヨンテ熊皮はしなり、隠居・上様之御行騰なり

⑫奥夏毛是も毛崎ハ如熊皮也、不切認へし、有口傳ニ

（挿図18）

①奥熊皮端ハ夏毛、有口傳　②於後代ニ之〔者カ〕、如此可認、有口傳

③御そうし（曹司）の御むかはき（行騰）奥を御たのミ候する故ニ、熊皮を奥ニなすなり

④一、　笠掛・犬追物むかはき本也、名所ハ同前也　⑤のと（喉）せ（狭）はくそき下也

⑥草すりけ《摺毛》斗露拂と云也

（挿図19）①裏　②も、そい　③くらそい　④三折三所　⑤内、内　⑥内　⑦たすけ刀

⑧一、角鏑ニしらみかき《白磨》すけ《挿》す、いの目《猪の目》きらす《切》くろうち《黒打》也、

⑨一、かふら《鏑》にハねたまき《根太巻》あるなり、三巻口傳、かふら《鏑》にしらミかき《白磨》、けすこいの目《猪の目》すけす、

⑩一、白木のかふら《鏑》にもい《猪》の目切候、かりまた《雁俣》すけす、くろうち也、矢しりハ同前候、しらミかきくるしからす、目きらす《切》候、

⑪本是ハ色のかふら《鏑》と云也、　⑫かふら《鏑》もむ《揉》きり《錐》なり　』（改丁）

（挿図20）①くるり《⿰犭冊》　②一、しらミかき《白磨》の外ニくるり《⿰犭冊》ニたゝの矢さすへからす、けしやうまき《化粧巻》なり

③しらミかきほん《本》なり、い《猪》の目二ツ可切、

④一、色の鏑とて一方黒ぬり、一方ハ白星候もあり、くるしからす、

⑤しめくる代なり、有口傳　⑥一、何様し目ひろの間、一さしあるへく候、

⑦一、馬上ニハこれなく候ハヽ、ちとう一つ、御さし可然候、五目七目の引目くる《剞》題也、有口傳、

（挿図21）①一、仲馬のさし候引目、かりたて《狩立》、物引目題これ也、定儀也、三目本なり、

②引目の本也、目三五七九、有口傳、犬引目也、狩立物引目也、

③はしぬい（端縫）二分、こゝひろ（広）さ六（四）寸、二分わり手にて、④こゝのひろさ五寸二分同、
⑤こゝのひろさ五寸二分同手にて、
⑥ちかくしのきぬの長さ七寸二分、又よこ九寸二分なり、
⑦長さ五二寸ぬしの手にて十文字ニ又手のかう（甲）のかた（形）ハひあふき（檜扇）なり、
⑧ゆかけ（弓懸）のを（尾）より上一寸八分なり、

一、籠手お（緒）の長さ三尺五寸八寸なり、廣さ七分赤革黒皮本也、口傳あり、』（改丁）

一、狩立物之行騰阿蘇家か本なり、日本に究所神代狩此下野也、於末世自然モ不可有怠狩也、

笠懸・狗追物

一、笠懸・狗追物之行騰、「・」惟時様御上落有而、御下向時御下候本也、毛崎不切候ハ、シヤウチモトノリキサカリ候、露拂ノ本廣也、

惟時

一、下野御狩之事、於舊例者、如何程も有奔走、當家初之御贄狩候間、神秘事多候、是も近代「・」惟時御上落（洛）之間、何事も所ゝ相滞率尓候處、惟時有「二」（朱書）直ニ御忠節「一」（朱書）御下候刻、御綸旨「・」御教書ヲ御給御下候て、如前ゝ何事も御定候、就中所ゝ御祭礼沙汰成赦（敗カ）（本ノマヽ）なとも御必定候、殊下野御狩之事、所ゝ老者・代官・役人召寄、数日以御談合御狩如神代時の定給候也、於末世「・」惟時御定之外、何事も法度不可有御座候哉、頗下野御狩責籠・狩人在ゝ所ゝ取分法度之事、於後日可爲本哉、兼又惟時様御下候て、始而御馬御立候、三月廿二日御狩祭礼にて候、其日御

狩猪鹿之間九十三、此中猪ハ十七、亦馬上獅子廿一、阿蘇宮蔵細〔納〕候、社人・祝・神人・沙汰

供僧
太豆腐

之物百余人の神人ゑ《本ノマヽ》、鹿被分候也、供僧《本ノマヽ》十五人者太豆腐を分也、権大宮司役也、阿蘇地下給人、陣ゑ《本ノマヽ》参候方ハ獅子を被食候、権大宮司障及候也、此書可秘候、

又五ヶ条之事首置

宇治朝臣惟國
是ハ古近代之事惟次

一、神代之事も其躰不残筆跡斗也、

歌道

一、廿六人之明名も哥道之古も残筆斗也、

元弘・正平

一、元弘之古も正平之事も語てそ残なり、

一、此下野狩事手刑〔形〕筆盡残候云者也、其外眼前、

鳥跡

一、佛之代之事も鳥跡ニてそ知者なれ、

此五ヶ條を能々可有安知云云、大宮司宇治朝臣惟時

無酒殀

一、夫阿蘇者天竺語漢土翻无酒殀者、則天照大神之六代孫子神武天皇第二之王子、忝モ十一面観世音菩薩御反身、唐土東士〔土カ〕并大宗国之大光王花亭ニテ御誕生、三身相應ノ御現身、忝モ肥陽州一宮座シ玉フ遊《本ノマヽ》健磐龍明大明神ト顕座ス、御太子童神ト奉申、氏姓ヲ定阿蘇大宮司ト云、惟人名ク、大宮司根本系圖之事、彼惟人爲ニハ神武天皇ノ孫也、又吉見大明神為ニモ御孫也、當家ハ下野御狩之外御大事不可有御座候、

大光王

惟人

神武天皇
吉見大明神

一、阿蘇大宮司根本系圖ノ事、阿蘇大明神者神武天皇、惟人御たけ七尺三寸、百十六なり、

成菊〔兼カ〕二実子　高正三実子　友則御長六尺二分 四 八十一　頼高五

忠行六 九十一　遠朝《アキラ》七　宗延八　頼元《モト》九　惟遠御長六尺二分 十　惟助百 本ノマヽ、十一（大元御長九尺二分鹿角ニテ十二活重六サイヲ○御打）

惟通十二　則貞十三　是貞十四　惟俊十五　惟永十六　惟延十七

惟次十八　惟泰十九　惟景廿 十六　惟義廿一　惟國廿二 九十　惟利廿三 八十七

惟時御子還任 廿四　惟直十八　惟成　筑前ノ多ゝ良濱ニテ家の人卅九人打死ス、

一　惟澄八十　惟村七十五　惟郷御長六尺二分 八十八　惟忠七十七　惟為　惟忠還住

惟歳　惟家　惟忠又還住　三度大宮司殿　惟忠也、

惟憲又云、惟村将軍方之大宮司殿、爰ヨリ御弓矢之儀取分眼前也　惟氏〔武カ〕ハ宮方大宮司殿不忠方也、

一、惟氏〔武カ〕蟟《ミナ》〔蜷カ〕内ニテ打死ス　惟氏〔武カ〕五十三　惟政実子　惟通実子　惟兼実子 七十二

此次代不相續也、爰ニ口傳

一、此書上代之事無是非候、

近代上代之事を書添申候、

惟時　在判

』（改丁）

各〻不可有御不審者也、

惟國　在判

惟利　在判

小次郎四郎
惟次　在判

坂梨
惟秀　在判

同
惟光　在判

同
惟照　在判

同
惟吉　在判

一、惟人御かんきん所、御所よりたつミ（巽）の方へ御にかひ候也、上十五日ハ悉皆御精進にて天下又ハ家御祈禱有なり、其の賀例を御ひき候て、末世までも當家を御計乃御方ハ、いかさま上十五日御しやうしん（精進）あるへし、別而下野狩ちかくなり候ハヽ、御清〔精〕進あるへき御事也、始中終御當家ハ御身をそヽろに御もちあるましく候、

山崎の水

一、南郷にて當御曹子御うまれ候ハヽ、山崎の水をうふミつ（産水）に御めしあるへし、山崎にハ引山の東の方くわんおん（観音）の御座所の上ニて候、

御宮水

一、野部にて御誕生候ハヽ、男ならハ御宮水を御めしあるへく候よし定儀なり、

靍原の水

一、阿そハ御名字の地《ち》也、阿そにて御誕生候時の○《うふ》ミつハ、靍原の水なり、正月朔日の御はらはん

ハ、阿蘇よりうへく候、權大宮司方役なり、可有御奔走御事也、

引目役

一、當御曹司さま御誕生之時、引目役ハ、竹崎・松崎・山崎、此三人、如何様一人被仰付候定儀候也、有口傳、

惟國　在判
惟利　在判
惟次　在判
後ハ三河守

登狩

一、登狩日、駒立畠にて着到、御付候事者筆兩人也、上様より此兩人者ハ御上下扇御遣候〔改丁〕』定儀候也、いかさま引出物あるへき御事也、各〻御心得之前候、

南郷祇園宣明
西野宮祝・三祝
火引

一、中之馬場猟祭之前ニハ、南郷祇園宣明・西野宮祝・三祝参てノントヲ〔祝詞〕申候、御弊〔幣〕持候て猟神中下、其次ニ狩祭申、此御弊〔幣〕中馬場火引候時ハ、下田方被持候、其以後上様仲のは、へ御出候へハ、宗渡所にて此御弊〔幣〕を捧候、公方様御めし候時、御哥あそはし候、其巳後此御弊〔幣〕ハ馬隠山の東タツミノ角ニ大木ある也、其所へ火引の縄之殘たると取合ておさめ〔納〕候也、御弊〔幣〕御請取候時、

上様之御詠給御哥天皇哥

まほるへき神の恵の深かけれはすへの世まてもたのむ此弊〔幣〕、と三度被遊候て、軈而下田方へ御遣候、其時下田方心中斗に詠シ給哥〔欤〕権現御哥天地乃神の誓のまゝならはよろつとしまて施しそする此狩、と三度詠し給て、御弊〔幣〕御請取之納也、悉皆下田方役多候、此御狩懸〔本ノマヽ〕〔立カ〕行事大役なり云云、

一、隠秘沙汰之事集御狩ニ也、
一、於末世ニ若此狩有滞事ハ、當家大宮司可有滞云云、
一、頽家道時、可輟此狩、又北明神御誓可専事也、

西野原

一、阿弥陀在所ハ、西方浄土仏土衆生所也、又云阿蘇阿此心字也、亦云下野原馬場を西野原と云、是も弥陀浄土也、剰此御狩馬上方〻ハ忝モ諸井也、見物之貴賤男女悉皆可有成仏、就中此日馬上にて獅子射候へハ諸人見物者無余念被思候、聽（本ノマヽ）而成仏不可有疑候也、就中鏑矢ニテ獅子可被射事可爲肝要候、此鏑之音ハ寂滅爲樂理鳴由傳聞、別而鏑矢を竿に二三指可然候、如何様一ハ可指候也、

弥陀浄土成仏鏑矢

遠嶋

一、寧白木之鏑矢猪鹿之箭云なり、殊ニ以此矢いはつし（射外）候て、尚も（改丁）』能〻候、縦ハ遠嶋行候、見物之方〻承候て、馬上の嗜爰候て可然候、射馳ぬ事なとゝ申子細、努〻あるへからす候、十度矢をはなち（放）候てこそ一度あたるへく候、はつれ候事、十度も一完〔宛カ〕ニて候、さてこそ稽古しかるへく候、悉有口傳、
一、御惣官乃御馬屋ニハ白月毛・黒あしけ・黒馬いか様御立、殊ニ下野御狩御めし候するためなり、爲御心得候、

宮原

一、赤水之馬場ノ奥宮原にハ、いかさま白まく（幕）を十帖程引せあるへく候、是ハ上様之御了簡之前候

也、

一、籠手かけ兼てむすふ、うら革ハ別なり、

（挿図22）①こて（籠手）かけのをなり

（挿図23）①籠手おなり　②とんほう結様口傳、五尺二寸　③上様
④役人兩人と申候、一人ハ下田方也、一人ハ堅もり方　⑤籠手のを
⑥結様口傳私なり、おの長三尺八寸とんはう

經坊	社家中
家續	今村

経坊
一、天皇天姫之御子
姫君三人合五人也、

今村八郎次郎
一、今村八郎次郎鏑認進上申候を、頼朝ニ御進上のかふら調候由、如『（改丁）此引目留かうらにて別革なり、口傳、

一、社家中より御申候事、権大宮司申上候事、家の役也、次かはぬし（虫食）よりて立、

一、皮いかに大候とも、七尾よこ手、のと（喉）ハ一尺二寸、主の手にくしかミ（櫛髪）廣四寸たかさ三寸八分なり、

行縢
一、行縢事、一ノ刀のと（喉）也、二ノ刀くしかみ（櫛髪）、三ノ刀はせうけ本也、早晩もしたため（認）候へ、其日の三〔上カ〕たい玉めの方へ向てきるへし、其時誦文口傳御謌前候、又ハ迷故三界ノ文可誦、有口傳、

摩利支天

猟師責子

一、摩利支天真言可誦三反口傳、ヲンマリシ天（虫食）ワカ、

一、如此むかはき定候へ共、又當事皮事闕候時ハ、いか様にも可認候、無行騰候する方ハ直ニ生涯候間、其時ハ何ともくるしからす候、但二三年になり候ハすゝけ《煤》候て見くるしく候、爲御心得候也、

一、猟師、南郷八人、阿蘇より十二仁、廿人にて、百仁死《充》、近年二千人責子ト承候、當事ハ如何様二千余人無候てハ、射目立所可闕候、人々御心得（虫食）前候、為口傳、

一、とゝろきさこ・同原にせこ《責子》よく〳〵入候て、おハせ《追》られ候へし、

一、用段《（朱書）「差合」》ニ乗候馬、ナミ《並》月の内に御はゝ《馬場》へのる事あるへからす候、祝神祇候上ハ人々の御心得の前候、いかに事かけ候とも此馬不可乗候、

（挿図24）①籠手結の糸の大夥にてつけし見よく候、』（改丁）

一、朱子段子のはきぬい《腋縫》御めしなき事ニて候、それハうちかけ《打掛》ニて候こそ候へ、たゝしかたをつけ候てハくるしからす候て、たゝ大なるかたつけて態はきぬい・こはかま《小袴》ハしかるへく候、後ニ直口にてはれニて候、爲御心得也、

一、矢はき《矧》候糸ハ、いかにも御そめ《染》可然候、矢から《柄》ハ白箆か本なり、かふらから《鏑柄》ハくたぬりにて候定事にて候、爲御心得申候、

箞

一、箞のほさき《穂先》にちいさく花やかにかさる《飾》へく候、或ハおひ《帯》をハにしき《錦》、其外色〻可然候、是則
御弊《幣》なるへしと云云、

矪

一、くるり《矪》のすかり《筈》候矢ハ、㐅《立》《四》にもくるしからす候、いかさま虚は、御すけあるへし、自然狩《狩場》は
ニて外人之若衆へ御遣候事もあるへしく候、いかにも矢から《柄》しつ《垂》して御もちあるへく候、く
ろうちハ鏑尻の外あるましく候、為御心得申候、　惟國

一、くろうちハ一い《猪》の目なり、

一、くるり《矪》ハかふら《鏑》の代なり、
二重目のかりまた《雁俣》さゝさる事也、
くるり《矪》に目なけれハなり、
しらみかき《白磨》目二なり、かち《鍛冶》にもよく〱おすへてつくらせ可然候、毎度二重目の矢しり御さ
しなく候方ハ無勿躰存候、

儛官

一、儛官子孫従社家人〻別ニあらす、　惟國
今村同前候也、

今村方

一、かふら《鏑》認候様ハ、今村方家役也、於後代可然候、人〻御たつねあるへく候、

矢村祝

一、矢村祝方鏑誘同前候、箭から《柄》調候事可殘候、』《改丁》

一、行縢認候子細ハ、阿蘇の一社中ゟ如何様可残候、就中下田方へ委御たつねあるへく候、

一、頓合時　犬《きの、》巳　猿《乙》かの、　馬《ひの、》かのの　厂《丁》壬　虎《つちの、》亥

一、下野矢からこしらへ（誘）候事ハ、いかさま吉田存知あるへく候、御尋可然候、彼家に可残候也、

北宮祝
地引・実次郎
手野の風追の宣明
国造の祝
惟次

一、此御贄かけ候役ハ北宮祝役也、御宮蔵〇（虫食）手野迄ハ沙（汰カ）伏者地引・実《ミの》次郎両人鹿をもたせてまいり候、又御出仕候、一社不殘候、一大夫・二大夫斗ハそくたふて、その余ハおりゐほし上下ニて候、御神楽一斗二升ニて候、此御酒御惣官より直ニまいり候、御酒料鳥目一貫文、兼日より御遣候、北宮祝所へ御酒用意候、又、二石、おろし物權大宮司方よりも、又御酒、又みこ（巫女）・せんミやう（宣明）のこらすまいり候、神楽ハ、ての（手野）、風追の宣明舞申候、一番ニて候、又その間に國造の祝と北宮祝としゝ（鹿）かけ（掛）候木本と御戸の前と行すりかゑて十二度行候、主兩人して六度つゝなり、是を禰り男と書（云カ）なり、又當社家奉行も出仕候、當時此役を、惟時公方様より承候間、見申通申置候、北（小）次良二郎惟次爲後日委申候、各ゝ此條ゝゟ入候也、

遠嶋の獅子

一、此御狩之遠嶋の獅子渡て御狩り相候て爲成仏願候由聞傳候、誠にさ様の儀候哉、古人被置申候とをりは、此方の山野乃鹿ハくひ（首）長、足小、地たかく、毛しら毛にて候、尻足別ニ小長候、殊ニ上ハ毛なかくかた（肩）大ニ跡かれにして、男鹿ハ角大ニ候よし被語候、又ゐ（猪）之しゝハ地高く、長小、つめ（爪）なかく候よし、各被申候、嶋獅子ハくひみしかく（首短く）、け見しかく（毛短く）、かたほそく（肩細）尻大にし

て地ちかく、つめ《(爪)》みしかくして、くろきよし、古人被申候、海』《(改丁)》ミつ《(水)》のしハらゆきをのむによりて、あち《(味)》もへち《(別)》のよし承及候、殊に角小きよし承候、又猪ハ乂《(四)》足の間、いか様一向候、別而つめまろくして、あし大にしてなりあり候よし被申候、か様の鹿とも《(共)》とられ候、さるより御神の御方便、人〻御察へし、如此申事尾籠千万候へとも、爲後代申候、自然於末世に此御かり《(狩)》おろそかにとも候する哉、無勿躰候、爲御心得申候、

一、めて《(妻手)》馬の仲馬、もし權大宮司方さし合候は、いかさま一社中に一人此役つとめられ候へき方ニ仰付候へく候、兼日より可被仰候、一七日しやうしん《(精進)》候間、如此候、

一、仲馬しやう《(上カ)》代ハ立ゑほし《(烏帽子)》候、近代おりゑほし《(折烏帽子)》めし候、不審候、爲御心得候、

神功皇后
夷蘭国

一、神宮《(功)》皇后御時夷蘭國を對治候、
八幡大井御腹蔵にて御座候、御腹大候とてねりぬき《(練貫)》色のきり物を左右ニ御當候也、厥時より行騰と云事始御事なり、日域重寶ムカハキナリ、一説如此人〻御心得申候、

秦ノ始皇

一、秦ノ始皇於漢陽宮鐵築地ヲ四千余丈築候、如此大事多候よし、今の世までも承傳候、況日本無隠御狩ニて兩事候、無勿躰候、涯分《(本ノマヽ)》御奔走あるへく候、

一、かり人の狩と書字ころすとよむ儀によりて、れうかミまつりと云字かくなり、口傳、

一、中のはゝ《(馬場)》の一火、あかミつ《(赤水)》のはゝの一火、岩蔵焼ぬ間ハ、各の馬おろさぬ事なり、爲御心得申

』（改丁）

候、

妻手馬
宗度
弓手馬

一、おきより物のほり候へハ、多分妻手馬と宗度の間にのほり候へハ、弓手馬ハ余所と御覧し候、無勿躰候、鹿死〔充〕候ハ如鳥（本ノマヽ）候、はやき物ニて候、弓手馬も山際乃まゝ次々に鳥の羽をくミたる様馬を并てめし候へハ、いか様おいらの口より帰候しゝ（鹿）ハ弓手馬ニ行合候、爲御心得申置候、

一、弓手馬と宗渡馬のニ〔間脱カ〕しゝ登候へハ、是も妻てむまよりよそと御覧候、無勿躰候、各々御心得候て、御そへ候へく候、いか様馬上鹿おくあそはしあるへく候、御油断之處ニて思食儘御座候、御心得候、

一、鹿に向て二三き（騎）西に打向、御うち相候て、しゝをそハになし、御のほせあるへく候、

一、はゝ（馬場）へ出候犬、若衆あそハし候へと仰あらハ、いかさま引目地鏑にてあそハしあるへく候、かり又（狩俣）にて被ゐ（射）候事そこつ（粗忽）に候、又よき犬はあたらね（本ノマヽ）〔ぬカ〕候へく候、是も御法度にハ、はゝ中出候狗ハゐころし（射殺）候へとこそ承及候、乍去御心得たるへく候哉、

一、人々心得宣候へ、残候女童・家子・親類なとも、此はゝ（馬場）へ一人はゝ（馬場）へ馬立候へハ、無越度候て鹿あそハし候へかしと思によつてしやうふつ（成仏）うたかい（疑）あるましく候、

音鹿責

一、おとかせ（音鹿責）をしかの音をせむる村（本ノマヽ）と書候事、是又神の御ちかい（誓）あり、ありかたく候、不断狩道を不知候てハ、下野狩の御用にもたつへからす候間、朝暮鹿に心をかけ候、祢〔弥カ〕々如此云也、

又わたくしに鹿を取候へ共、神の御狩之祭言を少々しり候て代々狩祭仕候間、鹿成仏する事疑あるへからす候、則取候鹿も彼差別あるへからす候、如此承及候分、於後日御心得、』（改丁）

塩井

一、御狩の時文ナリ塩井ト云日中之事也、

垢

一、垢ト云ハ夜之事也、一説如此、

一、塩井ハ神供スル儀なり、此文ニ云、

天清浄・地清浄・神清浄・佛々々・自身清浄ト掛也、

一、垢之文云

佛水・法水・僧水・卉（菩薩）水・自身水ト、何も三返死（充）可誦又云添哥也、

一、ハサラタト〔梵字〕字ノ水ノ流ヲハ汲テ、自身ニアヒラウンケン三度可詠、馬上方ハ何も一七日隠事を清（精）進ナリ、如此文哥を誦一七日塩井をめさるへく候、

早角

一、さうつのとも角早村と書事、是又有心子細候、御鹿ハ春になり候へハ、早角をおとし（落）候事、主のためにも心安よし（本ノマヽ）仏説候、是も神の御付候名村と聞傳候、いか様音鹿責・早角ハ下野の御馬場の主なり、なにとなくおほされ候事、無勿躰候、人々爲御心得中候、

一、阿蘇案内者、猟師二人、（黒河別指・狩尾別指）なり、

一、兩人のへんさし（弁指カ）、則荒瀬・おとかせ（音鹿責）・さうつの（早角）・阿そ二人、何も神御付候名なり、れうかミ（猟神）

までも有口傳、代々別人彼村弁指不可狩候、よ（世）のつね（常）のとか（科）わさしおか（差し置か）れ候なり、口傳、

弁指

一、鏑矢を御さしなく候ハ、、しらミかきの矢尻にかの角にてくるり（鈅）をつくりて御すけ（挿）しかるへく候、就中かふらを一二いかさま御さしあるへく候、同前候へとも鏑にて獅子あそはし候、其射主も鹿も成佛するとの御詫〔託〕宣難有御誓にて候、馬上の方ハ爲御心得候』（改丁）口傳、

惟國

白木の鏑

一、白木のかふら（鏑）にて鹿をゐはつ（射外）さぬ事ニてハなく候、たゝたしなミまてにて候、

一、白木の鏑にて遠物をゐはつ（射外）し候へ共、おと（音）たかくなり候へハ、はつ（外）れ候へとも見事ニて候、殊に焼野に立候へハ、花のちる（散）様ニはれ候、一入見事候、又古人の申され候ハ、とてもの事ニしゝをゐて彼かふら（鏑）をそんさし度由申候、又ある方ニハ一役に鳴候間、二役にてハせすともと申され候、人々も御見この兩説候、有口傳、

一、いかさま妻手馬ニ召候仁ハ、垢取《あかこり》あるへく候、尾隠のきぬひろく候て、尾の（一字虫食）を隠見よく候なり、

一、御箞のかま戸ハ、上様のハ一尺、深さ五寸五分、是ハ縦ハかふらを十斗御さし候するために候、有口傳、

私の笴

一、私の笴ハつゝ（筒）ハ本はんふん（半分）に二寸下て作、御まと（的）ハ八寸弐分、深さ六（四）寸五分、其主の手候は、

矢つかも定候、如此事也、不可有油断候、

物合

一、物合の手縄ハくつわ《轡》の水つき《付》の本へくりよせて、兩方とうふん《等分》ニして中程を鞍の前わ《輪》の本へ革にてつけへし有口傳、大宮司　惟國

一、矢をはなしてハ、まついそき《急々》〳〵鞍のまへわ《前輪》を可取候、さて其後身をおさめ候て手縄を取、馬をするへし、たつしや《達者》の上にてハとかく不入候、まつ一説如此、能々被心得候、

一、支度仕調て馬に乗候時、かねて心え候へとも、時により候て、くせし』《改丁》候馬、行騰を兩方おし折て、ふと《太》のおひ《帯》にて、こし《腰》にゆいつけ《結付》て馬にのりて、のちに馬の上よりならハかしてとくへし、爲御心得候、

一、烏帽子ハいか様、物合を御好候する方ハ、へち《別》に一かしら《首》御もたせあるへく候、爲我爲傍背、有口傳ニ、

科神

一、其日のとか《科》神に向て支度候へハ必々落馬候、次ニハしゝ《鹿》いす、いかさま妨候よし承候、その日候いに當候方に向て支度あるましく候、就中馬さしむけ《指向》ぬ事なり、内者何もおすゆる事なり、

御曹司

一、當御さうし《曹司》の御支度の役人、御行騰ハ御中間名事物御前ちかく持てまいり候、白毛右になし、くらミを左ニなして、我か前なして上申請取候て、御前にもちてまいりて、左皮を上成候て、くしかミ《櫛髪》の本を上様の右ニ成て、行騰の左皮のはしの方を我前ニなして置候てたちて、又沓

を取て白毛さきに沓のはな《（鼻）》を御前乃方になして置候て、其巳後左皮御ひたり《（左）》になをし、同右皮を御ミき《（右）》置て、次ニくつ《（沓）》を取て御右方へなしてそのゝち《（後）》くつ《（沓）》ハ左をまつ《（先）》め《（召）》させて、後ニ右をはか《（履）》せ申へし、大綱のやく《（役）》なり、兼日いかにも稽古あるへし、人前の役なり、御油断あるましく候、就中くつ《（沓）》ハゆひ《（結）》にかけてもつ事も一説候也、人ゝ見申やく《（役）》なり、如此申候へとも、能ゝ有口傳ニ、

御隠居
上様

一、御隠居・上様御行騰置様同前なり、口傳同事也、

一、御惣官御行騰ハ置様共ニかハるなり、能ゝ可有口傳候、

一、ね・むま・とり《う》《本ノマヽ》ハ三とか《（科）》神、

一、うし・ひつし・たつ・いぬ七とか《（科）》神、

一、とら・さる・ミ・いハ、十三とか《（科）》神、此方ニ向て支度せす、』（改丁）

下田方

阿蘇一大夫方
中司方

一、正月十一日御吉書定、其日驪《本ノ通》而下野御狩各支度候へ、定日ハ追而可被仰出候と被遊、下田方へ御遣候、諸御領中へ御遣候、阿蘇一大夫方ニ御云可通社家中へ、又給人中可通、中司方へ御遣候、所ゝへ如此候、此御書當家静候御本快之道候也、万吉千秋万歳候、有口傳　大宮司惟國、

一、先年ハ狩人数千人、責子人数二千人たるよし承及候、近年二千五百人為、何と滞候哉、如此承

傳候、

責子
狩人

一、所ゝより責子・狩人のまいり候、狩人三千五百人入候由聞傳候、阿そより三百五十人、小國より二百五十人、南郷より百人、上五ヶ所より百人、夜部より二百人、砥用・牛山（中カ）より三百人、又山西物ゝ所ゝ方ゝより一千五百人まいり候、責籠・狩人取合て三千五百人を猟獅贄、阿蘇又南郷より合候て廿人れうし（猟師）として狩人責子請取て方ゝ所ゝゑ分候て追候由、承傳候、如此云々、

駒競

一、登狩の日、阿そ人衆ハ各ゝ早朝打出候、くろかハ（黒川）の坂下にて各ゝ駒くら（競）へ候なり、こゝにても御酒きこしめし各ハ竹用（竹葉）一つ、候、ともちより（砥用）、せきはん（赤飯）の飯ハ蔵原方役なり、奔走あるへし、

今村亀さ衛門

一、御惣官鏑ハ今村亀さ衛門、毎度調上申候、彼方宗渡馬被乗候、其各事を相續方斗也、

一、上様之矢から（柄）ハ吉田調申候、定儀候なり、

一、いかに上意相済候とも、他國他家物此は、ゝ（馬場）へたゝにても候へかし、馬のらせ（乗）ましく候、御家人御内人斗たるへし、爲御心得候、

責子・狩人

一、上代ハ責子・狩人数千人候よし承傳候、猟師阿蘇ニ十二人、南郷八人、合て廿人之由承候、所ゝ方ゝへ案内者して行候也、御心得申候、』（改丁）

猟師

一、物ゝ達子共、御嶽御置候咒《本ノマヽ》〔兜カ〕にて御立候人ハ、かけもといにてゆいかミ《結髪》にして御さけ候、ゑほしハめさす候、かり支度ハ同前候、むねと馬に御座候なり、近年しるし御虫食し候、是も上代の事も如此候、

惟時
惟次
惟利

一、此書惟時様御代、所ゝ人ゝ御談合候てい目わけられ候、北〔此カ〕惟次申置候、又行騰の本ハ惟國ニ御申候て、惟利・惟時御代事を書置候、是も惟次頻に申候て書置候、又我ゝ爲後代書置申候、口傳如此、

一、神の御酒神人持候てまいり候、いり《煎》米同大豆ハ、又粢をおこし米と云も、其日天氣を能ゝ御てらし《照》候へと、いり《煎》か《乾》ハら氣候心也、天気能候へハ、内外何物もかハら氣候間、此御肴天氣を祝ゆへ《故》なり、又此かま《釜》へ其日一日水入へからす候、御狩にて候てうすミつニ入候、阿そ三大宮司肴如此、口傳候、

一、御惣官之外、白木の弓持へからす候、わたくしの弓ハふしまき《藤巻》、藤有口傳、まきくりいろ《栗色》、本末ぬり候弓なり、

一、おいらの口《りカ》とハ、御入乃口と書也、あかミつ《赤水》のはゝ《馬場》へハこゝより御出候、

中王口

一、中のはゝへハ、中王口より御出候、定所也、

二合の石

一、二合の石と云ハ、ひんかき《鬢掻》のはゝ《馬場》の打下候坂口なり、此石ハ小くろ《本ノ通 熊》・大黒《同 熊》か隠所しるしの石

なり、いかさま此名をおりかミ（本ノマヽ）給へし、有口傳、
一、今年新候へハ、正月十一日吉書御事ハ下野候、爲御狩所へ御状可遣ためなり候、同廿日狩なる故也、

吉書

一、吉書文言之事、大吉書三ヶ年并助言、

定事

一、可為専乞（御カ）神事祭礼日佛所等事、』（改丁）
一、下野御狩如旧例可有奔走、次所々沙汰停止之事、
一、東作西納二用寂中事并百姓福災之事、正月十一日

宇治朝臣忠行

宇治朝臣　忠行在判

宇治朝臣惟遠

宇治朝臣　惟遠在判

一、代々の吉書如此、肥州へも御状遣候、やかて所々へも御狩之事を仰定處口傳アリ、
一、馬上之方ハ何も弓手馬・妻手馬ハ同ミせの沓なるへし、赤革・朱子段子・革きやはん（脚絆）・はゝき（脛巾）あてす（当）候、一切如此法度にて候、

下野狩

一、一社中ハ就中年少より馬道けいこ（稽古）しかるへく候、一とせ（年）にはれ乃日たひ〳〵（度々）候也、第一下野狩、第二御国會、第三八月放生會、其外騎添（競）馬十有烈とて馬上之事入候、十二社祝方之馬、

御国会
放生会

則神の御馬ニあるへからす、いかにも能馬をたしなミ(嗜)あるへし、

競馬

一、騎(競)添馬ハ一大夫殿より六大夫殿及なり、神ハ三のくるしミ(苦)と御うけ候、其やすめに被乗候、二騎つゝニて折目三度也、五度きそひ(競)馬なり、拾有烈をのり候事も同前候なり候、くてんにあり、

天岩戸
天賀久山

一、日本に鹿狩と云事も神代より始事也、むり(無理)のつゐゑ(費)をなさしかため候の方便なり、為陽陰也、昔天照大神天岩戸籠給候、日本普闇なるによりて神ニ数日神楽そうし(奏)給候へとも、更ゝ無其甲斐《カイ》候処、天賀久山に鹿多候、則尺(釈)迦如来方便のけしん(化身)なりとて、神ゝ狩りをして、鹿を一取ていけ(生)なから左の肩をぬき(抜)てはわかの木にて焼て占をして此神に談合候、忝此鹿焼にほひ(匂)いきやうくんして岩戸の内ニ入候哉、少岩戸動候、神之心を盡候て申出候、大神岩戸より出給、目出面白歓喜と云言ハ、其時神にの給ふ言なり、是も釈迦』(改丁)如来・天照大神説事日の本事也、忝此賀久山ハよろこひ久山、むかしハ云大神岩戸より御出給候て後、かんはしき(香)久きあまの山と書也、神此はわかの木ハ榊の事を云へり、仲代の占とも云、亀のこう(甲)とも云、此鹿の肩の占事也、

香久山

一、香久山の榊柴か下ニ占とけて肩ぬく鹿ハ妻恋なせそ、就中此哥を下田方れう(猟)祭時詠し給へハ、鹿別不動候、下野の三の馬場斗に居候よし(由)なり、有口傳候、御狩之儀式如此云々、

高久四面大菩薩

一、高久四面大井（菩薩）を西御宮に御くわんしやう（勧請）御申候事も、神武天皇御やくそく（約束）のゆへなり、習有口傳也、

一、西宮大井ハ、天皇の御妻なり、權大宮司支度於末世不可賛候、在口傳候八人の頭なり、有口傳候ゆへたとへある事なり、

一、下田方支度於末世不可賛候、

儛官
経坊

一、儛官御大子天王《アマワウ》・天姫《アマヒメ》也、經坊御子《やと》也、爰ニ相傳する事多あり、

一、權大宮司催役候登狩之日、蔵原郷より仕立奔走候、

駒立畠

一、駒立畠ニテ下田方肴、御いり（煎）米・いり（煎）大豆なり、此かま（釜）も御肴次第同前候、

一、その日てり（照）候て天氣よく候へハ、何物もかハき（乾）候、雨ふり候へハ、何物もしめり（湿）候、此心なり、又御さかな（肴）いり（煎）候かま（釜）も其日ハ水不入候、少事も御神慮御うたかい（疑）あるましく候、　惟國

田上方

一、南郷より上様御打出候、御先打田上方なり、又馬立の尾より髪拵〔鬢掻〕馬場へハ田上方なり、たた』（改丁）し、自然彼方さし合候へハ七人一家より被仕候て御先打あるへし、

一、腹妻《はらめハ》、男八月まて、又ふくハ十月まてと承候、

一、毎度御弓失候へハ、此御狩相滞事候、自然於末世も旁々御わすれ候事多候間、如此申置候、

天火日

一、天火日御かり（狩）あるましく候、御かり（狩）ニ月三月中にあるへし、四月入候て當家ニ大事出来候、

惟時

一、所々へ年新候て、正月六日の日、行騰かりとて別狩候、是則御贄かりと二あるへからす候、

一、昔頼朝治世之御時、富士野の御狩候也、曽我依致湲《本ノマ、》〔緩カ〕怠儀、其時斗彼狩候なり、

一、當神の御説候哉、年々御座候者、日本御有主召候狩ニて御候間、さ様の儀ともニて候哉、是さへ當家下野御狩弥々貴存候、人々も如此候、

行騰狩
御贄狩
富士野の狩

大宮司惟時

一、《下野狩之儀御尋ニて候》頼朝公方様より、當家狩立物御行騰御尋候、四國伊予迄御使御下向候、其時下田家左衛門大夫方御行騰之御本認て進上候、當家亀鏡、但進《本ノマ、》如此、其時鳫俣百・鏑二手、朱子段子拾端、御使ニ當家より御渡候由承及候、鏑一手云ハ六ナリ、二手ハ十二ナリ、

一、頼朝公方様よりハ、御太刀當家に御給候、金作吉光と名作、

狩立物御行騰

一、下野の御狩御稽古事、

四丁〔个カ〕の宮社領にて御けいこ〔稽古〕候、阿そ〔蘇〕にてハ南原、小國《人》ハ宮原、南郷人ハ高森原・へほの木原・積原、又先年高森原ニてハきつね〔狐〕かり候由、惟國之御代まてニて候、又甲佐・かたしたの物ニハ、うちこしの原ニて御けこ〔い脱カ〕候、年明候へハ所々人々先《本ノマ、》こん合にて御かり〔狩稽古〕』〔改丁〕けいこニて候、毎日御祭礼ニて候、時日當家御繁栄候、

下野の御狩御稽古

一、けいこ（稽古）ハ犬を一疋つゝひかせれ（ら脱カ）、御本社の御祭礼を二月三月御取行御奔走千秋万歳候、

大宮司惟時

惟次

一、惟次之事、

九州肥後國阿蘇郡

村山丹波守宇治惟尚（花押）

于時慶長十二年丁未三月四日丁卯具書之

3　下野狩旧記抜書（一）

（表紙）

（題箋）下野狩日記抜書　一

（扉）下野狩日記雑録　全

（内題）下野御狩旧記抜書

健磐龍命

西野

鷹山

阿蘇鷹山下野贄狩之事

一、在昔《ムカシ》　健磐龍命遊二猟《シ玉イ》于西野原一《ニ》（一ニ鷹山下野原ト云）、以《テ》二所《ノ》レ獲之猪鹿諸鳥一《ヲ》、供二祖《シ玉ヒ》神一《ニ》、遂《ニ》使二此《ノ玉フ》禮一《ヲ》、遺二諸《ノコサコレヲ》後昆一《ニ》、是《ヲ》以毎年春月狩二下野三馬場一、大宮司・神官・權官及攝社末社之社司等著二烏帽子・狩衣・鹿皮熊皮縢一、腰二揩《ニ》弊〔幣〕帛一《ヲ》、手持二白木弓・白羽鏑一、馬上以為レ狩、乃以《チテ》二其所獲之猪鹿諸鳥一《ヲ》、供《ス》二本殿及北宮一、

一、右之御狩天下泰平・國家豊饒・氏子繁榮・邪氣降伏・諸神納受之祭祀也、依之日域無隱祭祀也、

一、御狩者始正月廿日定日也、雖然ト正月中者餘寒モ強、天氣悪敷、御狩難懃候ニ付、依御詫〔託〕宣二月初夘日ト定ル、其後又二月下旬三月上旬之間執行之、

一、右之御狩者阿蘇宮御祭礼之始也、其外之祭祀等、後世阿蘇田畠相定而相極ル也、阿蘇第一之大祭也、

一、鷹山（一名高山又高峯原ト云）、右者垂玉ヨリ湯谷之間山之総名ヲ指而鷹山ト云、

阿蘇鷹山二月初夘御祭贄狩蔵各間《タル》制禁之條ゝ

一、神之御狩蔵之内ニ而不可狩仕事、

一、鷹山ニ入而材木不可取事、一、下野馬場ニ入テ薪取ヘカラサル叓、

』（改丁）

一、下野御狩前七日後七日取候猪鹿者、御贄ニ可須事、

一、下野馬場御狩内ニ火ヲ不可入事、

年禰神社
鹿渡橋

一　年祢神社御祭礼ニ付節者勿論阿蘇宮造営鹿渡橋掛候節者各別之儀、其外平日者堅不可執事、
（於鷹山材木不取、阿蘇宮造営并神木を取候節御嵩ノ神殿）（七月七夕〔日〕ヨリ九月九日マテ霜宮篭薪を執事）

右之條〻、若於違犯之族、《有トハ》侍者所領改易、下臈者及其沙汰妻子召捕可令住所追出者也、

鷹山下野

○鷹山下野御狩蔵四方之境法度之事

一、鷹山子〔ネ〕チ木ヨリヒヤ水ノ鬢抓《ヒンカキ》大道木引地・一ノ河ノ下作渡・宮原・小渕マテ権大宮司支配〻ノ所也、小渕ヨリ馬水・ヒワタカ山・籠二山・烏帽子形・子〔ネ〕チ木マテハ下田支配所也、

右之法度を破狼藉之者、如何成雖爲権門高家神社仏寺之領内之者、其身搦捕可爲在所追放、若当時不随下知者於有之者、直ニ其身可處死罪可行、仍而制禁之趣如件、

（六十一代朱雀天皇）
承平二年壬辰二月吉日　　阿蘇大宮司頼高　判

権太〔大〕宮司殿

下田殿

真人

一、真人ノ子孫三人アリ、一人者南郷西宮下田権大宮司、一人者吉見社権大宮司、一人者阿蘇草部権大宮司之祖也、

○鷹山下野御狩鹿立鹿蔵之事

一、東之鹿立

落水《オチミツ》　嵩《タケ》之畑《ハタ》　草高野

小石畳《タヽミ》　遣《ヤリ》戸石　花山

捻《ネチ》木　上米塚　下米塚

一、南之鹿立

寳《ホウ》鹿内　小倉山　高野

鈴畑　白水　葛根《カツネガ》原

城《ジヤ》之尾　八蔵之尾櫓歟

一、西之鹿立

鳥山　楢原　堂床

赤瀬戸之脇（別書ニ赤瀬トアリ、　車帰之脇　馬水《マミツ》

蔵サメ　長羽山　袋鹿蔵

水口　宮野原　菅《スゲ》原

馬隠山《マカクシ》タツ巳ノ方ヒロク イヌイノ方セバク トカリ矢ノ形ナリ 仍テトカリ矢山共云　弦巻《ツルマキ》山　山渋《シブ》

』（改丁）

柳原　直口《スククチ》此処ニテシ、ヲトカレ候　馬打立

馬立尾　篠ヶ原　太郎野

一、北之鹿立

尾上　入野　楢原

平良石《ヒライシ》　上樂《ラク》道　下樂道

菖蒲山　冷《ヒヤ》水　前村

クワイツラ

（百七天正　百八文禄慶長　百九代後水尾院）以上四十八鹿蔵也、

元和六年正月吉日　下田豊前守

下田刑部

」（改丁）

一、下野三之馬場之事（小西（物カ）ノバヾ共云仲ノバヾガ本名也、事始ノ馬場也、ムシロノバ、共云、）

鬢抓《ヒンカキ》之馬場　中之馬場　赤水之馬場（ハテノ馬場ト云、何モ名所ニ有）（一説ニ赤水馬場を除ケ駒立馬場を加フ、）

○下野名所

一、恒例塚　岩蔵（但狩見物之者居所歟）　木引地

恒例塚
岩蔵
宮原

一ノ河　下作渡　宮原 赤水馬場ノ奥トアリ

小渕　ヒワタカ山ノ籠　籠二ッ山ノ口

烏帽子形

一、鷹山之東冷水鬢抓〔鬢掻〕大道ヨリ木引地ヲ一ノ河

一、中馬場東之山岩蔵打下リ候へハ、鷹原口・鷹池口中間巌塚有、爰ニテ狩祭有、

一、鬢抓馬場ニハ仲馬一騎射手責子入候、通山之許ニ物越之堀付、其堀ヲ前ニ完〔見カ〕テ捜候、

一、中之馬場岩蔵ヨリ下リ候所東ニ二町間程ニテ恒例塚、爰許ニテ見ハカライ候而、阿蘇神人御酒持テ参候、

一、ヲフチ《小渕》ノ瀬ノ渡リ上リ中道

中道　馬山　キハタ山

山添　鹿渡　平山

池本　亀塚　岦及

馬立尾 前ニアリ

一、阿蘇責子・狩人、鷹山ニサシヨリ霄ヨリ火ヲ焼候得ハコソ、南〔当カ〕ムタノシ、ハ火ニヲトロキ（驚）候テ三ノバヾニ出候、

御嵩

一、此狩人ノ中少〻南郷ヨリワケ（分）候テ、御嵩ノシ、エボシタケ（烏帽子岳）。ワウシヤウ（往生）キシマヤマ也（杵島山）』（改丁）嵩足山ノシ、ヲ能〻ヲワセ候ヘハ、三ノバ（馬場）、ニ下り候、中様堅固ナル狩奉行ヲ霄ヨリ御嵩ニ登セヲワセ可然〳〵

一、頬田額カ　三方　田町馬場
荷塚赤水ニアル歟、　中河　歴木《クヌキ》原《ハラ》一説クニキ
入江崎　亀迫　水タマリ
シケサト　カクレ山

一、ヲキノ鹿　牟田ノ鹿

遠見迫

一、弓手馬ノ立所中ノバヾワ遠見迫ト申所也、トヲミサコト申イワレハヲキヲ見テ水色イテ物ノホシヲ宗渡馬ヨクシルシ候也、

歴木原

妻手馬立所歴木原と申所也、クヌキ二三本候スサキ也、コレモヲキヲ見分テ物ヲ上ルナリ、

物越之堀

一、赤水之馬場之仲馬ハ物越之堀之西ヘ二町間置候而、殿塚ヘ見合而立候、遠申間敷候、馬立候所大迫共云所也、

罠・窪

一、此下野バヾ近ク一里二里ノ所ニワナ（罠）カケダク（ズカ）（窪）ホ堀ラス、狩セヌ御法也、細〻下田方ヨリ見セ候而御成敗候、年毎ニ御狩近ク成而ハ、細〻長野裏・阿蘇黒川裏・湯之浦・狩尾、又南郷白川ヨリムカフノ古野ヲヤカセ（焼）候テ、狩ヲツネニ御させ候ヘハ、此三ノバヾヘ鹿ハアツマリ（集）候、夫サヘ御狩十日斗ヨリコソカラレ（狩）候、スデニ毎年猪鹿之間ニ五六十七八十百斗トラレ候間、此野御

狩バ《（場）》チカキ所ノ狩御留肝要ニ候、只ノ時ハ如何程御用タリ共、鷹山・長野・音鹿責裏ニ而狩
有敷《間》候、いかにも鹿ヲ御射ケ《（テカ）》可然候、

中道

一、彼三之馬場江中道候、夫ヲ御狩近ク成候而者、堅固ニ御留可有候、人通候得はシ、外ニヨケ申
候、戸渕《小歟》之瀬ノ渡上リ音鹿責之近道ニ人ヲ御添候而、御留可然候、是ハ下田方家役にて候、』《（改丁）》

中宿

一、鬂抓《（鬢搔）》之馬場江者、辰ノ時御出、巳ノ午ノ時ノ始中ノ馬場ヘ御移候、二時程ハ終ノバヾヘ御逗留候而、
酉ノ時ニ狩上候、所々ノ人々ワ、其夜ハ各々鷹山ニ留候而、西人数ハタテ《（立）》野邊まて、南郷・矢
部・トモチ《（砥用）》衆中宿マテ御帰候、カヘサヲ《リ歟本ノマヽ》各御急キ候ヘハ不可然候、一日ハシツカ《（静）》ニ御狩肝要
ニ候、

登狩

一、登狩之日、駒立畠ニテ御酒御申候事、下田方役也、大畠トモ云也、

豈

一、豈ト云字シカノハヤシト云也、
一、宗渡馬《役付騎馬之事》・弓手馬・妻手馬・仲馬・添馬・火引馬・袖馬、

荒瀬
音鹿責
早角

一、荒瀬《此塚ニ而狩祭候也》・音鹿責・早角・阿蘇、何も神之御定候名也、《音鹿責・早角ハ口傳アリ、》
一、音鹿責・早角ハ新彦神《吉見神ノ弟也》《（七宮也）》之使犬大熊小熊居所也、此二霊鶴原爲末社ト、記ニ神農トアルハ吉見神、

儛ノ官
神農吉見
惣官

儛ノ官トアルハ新彦神之事歟、同記神農吉見・儛官一社中之祖トアリ、又、神武天皇ハ御惣
官トアリ、惣官ハ太宮司也、

一、馬之立名所

月毛ガ渡　芦毛ガ渡　渇川《ニゴリ》トハ赤水馬場ヨリ南ナリ

一、タケノ馬　西ノ馬　北館ト云ハ草高野ゟ北馬也、

物越之堀

一、仲馬ニ兩所共ニ物越之堀アリ、

○三之馬場江用所候名所候

御入ノ口
ヲイラノ口

御入ノ口ト云儀也、赤水バヾヘハコ、ヨリ御出候、

一、ヲイラノ口《クチ》　殿塚　ト、ロキ原上下ニアリ　遠見塚

馬隠山　篠の原　歴木《クヌキ》原

厳塚《イツクシ》　薦《コモ》原口　恒例塚

亀迫　茂迫　通山

』（改丁）

作渡　一幸

何茂此所者御用有所也、

一、太郎野　池ノクボ

責子入ノ山

一、責子入ノ山、三ノ馬場共ニ有也、鬂抓〔鬢掻〕ノ馬場ハ通山、仲ノ馬場ハ籠ノ山、赤水ノ馬場ハ隠山ト云也、

一、此御狩之目〔日カ〕風吹候へハ、幾日も逗留候而御狩有也、ハヱノ風吹候事能候、

早一口二合ノ石

一、鬂抓馬場江者南郷ゟ上様モ各モ早一口二合ノ石ト云所ゟ御ヲロシ候也、（二合ノ石ト云ハ、鬂抓ノ馬場ノ打下リ候坂口也、此石ハ大熊小熊カ隠所シルシノ石也、）

東岩・鷹原口　一、中ノ馬場《中王口より御出候》ニハ東岩・鷹原口ト云所ヨリヲロサレ候、

ヲイラ口　一、赤水馬場江ハヲイラ口ゟヲロシ候也、

一、馬山ノ立《馬タテノ山ニテハナキカ》〔足カ〕　クルミカヘリノ野　烏山

登狩　駒立畠　一、登狩ノ日、駒立畠ニテ着到付候事、

山野ノ鹿　一、此方ノ山野ノ鹿ハ、クビ（首）長ク、足小ク、地高ク、毛長ク、カタ（肩）大ニ跡カレ、男鹿角大ニ候、又、
猪ハ地高ク長ク、小ツメ長ク候

島鹿　一、嶋鹿ハ、クビ（首）ミジカク、毛ミジカク（短）、カタ（肩）ホソク、尻大ニ地高ク、ツメ（爪）ミシカク（短）シテクロキ（黒）
ヨシ、男鹿ハ角小也、又、猪ハ四足ノアイタ（間）イカ様白ク、ツメ（爪）マロク、足大ニシテ成合候、

一、狩人数千人、責子二千人、一説ニ惣人数三千五百人ト云、

頼朝　一、下野狩ノギ為御尋、頼朝ゟ伊豫迄使下向、其時下田家左衛門太夫ゟ行縢ノ本認進上、又、厂〔雁〕俣
百・鏑二手但一手六十二手八百二十也・シユスドンス（朱子緞子）』（改丁）十端、御使ニ相渡ス由、頼朝ゟハ金作之吉光之太刀給
由、

指出

一、下野阿蘇山下　阿蘇宮御狩場阿蘇宮御祭礼御狩場也　高山同一名鷹山又峯原氏云宮川氏如此候へ二月田作御神事之節木神具取申候所　楢尾同日本記又者阿蘇宮縁起ニ茂有之、九百七十丈ノ大木ノ跡

坂梨手永内 檜山 阿蘇大明神御祭具取候所

内牧手永内常鶴沼 （クヾムタ 俗ニ又、千町牟田ト云） 同断

同 かまむた 両所也 同断

同 明神山

坂梨手永内 壱チ木

阿蘇宮地 西照山寺禅寺 比叡山末寺

坂梨手永四分一村大宮司知行所 観音堂

同宮地村大宮司知行所 天狗堂

右者古今私共支配仕所ニ而御座候、以上、

正徳二年七月廿七日

阿蘇宮中司役 宮川長之丞

同宮社家頭一大夫 宮川掃部

同宮権大宮司 草部左京

右之通ニ付仕出印候、

阿蘇宮内権太輔殿

竹内吉兵衛殿

田邊平助殿

（この後九行分程空白、改丁）』

贄ニ可奉懸、然間、此贄狩ニ命ヲ捨テ贄ト成覧スル猪鹿ハ、生帰ン時ハ必當社之神官之中可生、我等カ眷属ト成ラン事不可有疑ト誓御坐ス、サテコソ四ヶ之社頭之内郡浦ノ御社ヨリ春冬両度ニ六十六嗖之真口ノ魚納ル事同前也、方便之敍生ハ菩薩ノ万行ニ勝タリ、再拝〻〻敬白、

方便之殺生

○一、御供粢・御酒・海之魚・河之魚悉取調勤仕奉テ、是奉讀祭間ニ乗馬ヲハ馬隠山ニ置、惣而此猟祭ヲスル先ニ馬ニ不限、犬ナトモ不可置、

猟祭

○一、猟祭ノ時之衣裳之事、ハタ（肌）ニモ上ニモ新物ヲ着ル、折烏帽子ニ白キ直垂ヲ着ル、白弊（幣）ニ楢柴ヲ取添テ持ツ、弊（幣）串三尺二寸、弊（幣）之紙ハ四サカタ（リ）ニ撥ク、祭上テ後、弊（幣）ト楢柴ハ一之河ニ奉納、猟祭之御供粢・御酒・魚ハ下田方ノ役、猟祭ハ權大宮司ノ役、

○一、中馬之事、弓手馬之中馬ハ下田方役、妻手馬之中馬ハ權大宮司役、猟祭ハ其日ノ刁（寅）之時、中火ハ下田方之役、中火之規式仰、有別紙、

恒例塚

一、大宮司殿之下野之於馬場ニ大明神ニ御酒奉御奉向規式之叓、恒例塚ヨリ神人新検校御酒持テ参ル時、下馬メサレテ御土器ニ御酒ヲ先~~十二度御請、十二宮十二社ニ御来向御座ス~~、次ニ四度御請、手野（此所二字程不知）大明ニ奉向御坐、~~ネ~~（先）十二度御請、本宮十二社ニ奉向御座、其後、其盃之御酒ヲ大宮司殿被聞食候、厥后中馬之方へツカハサル、『（改丁）』尤此時神供祠詞、

一、~~大宮司殿御酒御奉向候時之文~~、是ヨリ先キ紙切レ不知、

狩装束

○一、下野之御狩之時狩装束之次第、

○一、先烏帽子ヲ着テ、次ニハキヌイ（腋縫）・袴ヲ着テヒホ（紐）ヲツカ（使）フ、次沓・行縢ヲ持テ指寄時、先左皮ヲ帯テ、次ニ右皮ヲ帯テ右皮ノ緒ヲ結テ、次左皮ノ緒ヲ結フ、次沓ヲハク、次ヒホ（紐）ヲ解テ、右ノ

ヒホ（紐）ヲハ前ノ腰ニ挾ミ、右ノヒホ（紐）ヲハ後ノ腰ニハサミ、其後右ノ肩ヲ抜テ、ハキヌイ（腋縫）袖ヲ後ノ腰ニハサム、其後籠手ヲ指、其後箞ヲ負、弓ハ馬ノ上ニテ取、

籠手
行縢
弓ノ持様

一、籠手・行縢ノ緒ノ留様、右口傳別帋、

一、馬ノ上ノ弓ノ持様、

一、先馬ヲ乗出ス時、弓ヲ外様ニ三度拂ウ様ニシテ、其後箭ヲハケ〔カ 肮カ〕テ鹿ヲ相取テ射ルヘシ、

一、主人ニ参會ノ弓ノ持様、主人ニ参會之時ハ主人ヲ我右ニナシテ、弓ヲ前輪ニ横様ニ成テ歩セ寄テ御礼ヲ可レ申、但其時之様ニヨルヘシ、其後弓ヲ取直シテ馬ヲハヤ（速）メテ行ヘシ、

一、中《アタリ》持之弓之持様、鹿ヲ射当テ打帰ル時ハ、弓ヲ引立、本ハズ（筈）ヲ鐙ノシタサキニ立テ、絃ヲ内ニ成テ、ウラハス（筈）ハ天ヲ指、サテ如何ニモ馬ヲ静ニ可打帰、但其時ノ様ニ寄ヘシ、

一、迯《ハツレ》持之弓之持様、鹿ヲ射迯テ打帰ル時ハ、弓ヲ取直シテ絃ヲ下ニ成テ、本ハス（筈）ヲハ高ク成テ、ウラ筈ニテ地ヲ指、サテ如何ニモ馬ヲ足早ニ乗ヘシ、

一、矢ヲハナ（放）タスシテ打帰ル時之弓ノ持様、矢ヲ指迯ノ内者ニモタセテ、弓ヲハ弦ヲ外ニ成テ、捧ヨリ上五寸計アケ（上）テ持ツ、如何ニモ弓ヲ同分ニ持テ馬ヲ早ク乗ヘシ、

一、人ヲ呼ル時之弓之持様、弓ノ絃ヲ下ニ成テ同分ニ持テ、ナニガシ（某）ト呼ルヘシ、

一、答持之弓ノ持様、弓ノ弦ヲ外ニ成テ一文字ニ持テ可答、

大宮司

一、落馬ヲシテ打帰ル時之様、其馬ニテモアレ、又、別ノ馬ニテモアレ、乗ナヲリテ弓ヲハ内者ニ持テ、如何ニモ馬静ニ乗出ス、サテ馬立所近ク成ハ、懸足ニ可乗、但シ落馬ノ様ニヨルヘシ、

○、馬場之供之事、三人タルヘシ、但用所アラハ、岩藏マテハアマタ（数多）クルシカラス、

○、馬場ニ追出ヘキ鹿ヲカチ（徒）立ノ者射ヘキ為ニ鹿ヲ迯ス事、其科重、仍於侍者、所領ヲ没収ノ可遠流是ヨリ先キ紙切レ不知ニテ瞋恚之焔ヲ躰トス、第三鹿車者、鹿ハ光照菩薩之化身ニテ愚（不知）（痴）之心ヲ躰トス、人間ニハ此三ノ障ニヨッテ難「（不知）成仏（不知）、サレハ仏法ニモ先此三之車ヲ先トシテ衆生ヲ利益シ玉（不知）門アリ、サレハ此贄狩ハ今生ニテハ預ニ神感一、後生ニテハ成佛之遂ニケ素懐ヲ一、九品ノ蓮臺ニ引隔セン事不可有疑、此三物替ト云事可秘々々』（改丁）

○、大宮司殿之行騰之認様次第、

熊ノ皮之行騰ヲ能々認テ、地紫之練貫又ハ絹ニテモアレ、裏ニウツ、縫ヤウ（様）紅之糸ニテトンハウニ縫ナリ、同緑（縁カ）金櫛髪ヨリヒレ（鰭）ノマワリ野摺マテ緑金アリ、同緒ハ紫革一寸六分ニ切リテ八分ニタ、（畳）ミテ付ヘシ、長有口傳別紙、同沓込之緒紫革、同引目留之緒二寸ニ切テ一寸ニタ、（畳）ミテ可付、結様有口伝別帋、

○、御箞之腰革紫革、縁《ふち》革赤シ、同緒紫革、結様、藤ヲ以テ如常、箞之木皮熊皮也、

○、弓ハ白木ニ流鏑《ヒ、カ》、藤同本末ニキヨシヤウ藤アリ、

御曹司

一、射《イ》矢ハ白磨ノ鳫〔雁〕俣、柄ハ白篦、羽ハ鴾《ヤマトリ》羽ハキ、糸ハ紅、

一、御烏帽子懸ノ革一寸二分ニ切テ六分ニ疊ムナリ、

一、御腋縫・袴ハ地文楢柴、同細革六分ニ切テ三分ニ疊也、

一、惣官職ヲ可キ被レ續御曹司ノ行騰、櫛髪ヨリ前ハ鹿皮ノ夏毛、櫛髪ヨリ後ハ熊皮ヲハキ合せ、裏ハ紅ノ練貫絹ノ間ニテ打ヘシ、緒ハ赤革、広長サ上ニ同、

一、箞ハ腰革黒、シホ皮ハ夏毛ノ皮也、

大殿

一、惣官職ヲ御上表之後、大殿之御行騰、櫛髪ヨリ前ハ熊皮、櫛髪ヨリ後ハ夏毛ノ鹿皮、裏ハ紅ノ練貫絹ノ間ニテ打ヘシ、緒ハ赤革、広サ長サ上同、

贄狩蔵

一、阿蘇鷹山二月初卯春神主御祭贄狩蔵タル間』(改丁)制禁成敗之條々、

一、神之御狩蔵之内ニテ狩不可仕事、

一、鷹山ニ入テ材木不可取事、

一、下野馬場ニ入テ薪不可取事、

一、下野御狩前七日後七日取候スル鹿ハ御贄ニ可順吏、

一、下野馬場御狩内ニ火ヲ不可入事、

鹿渡橋
御嶽本堂
下宮

一、於鷹山ニ材木可取者、鹿渡橋渡・御嶽本堂・下宮御造営、此時不可成敗ス、若此條々背候ス

ル時者、侍者所領改易スヘシ、下﨟ハ直致其沙汰、妻子召取、可遠流也、

○一、鷹山下野御狩蔵東西南北之法度之事、

一、鷹山子チ（捻）木ヨリヒヤ水ノヒン撥《カキ》大道・木引地・一ノ河ノ下作度〔渡カ〕・宮原・小渕マテ権大宮司成敗ノ所也、小渕ヨリ馬水ヒワタカ山ノ籠二山・烏帽子形・子チ（捻）木マテハ下田成敗也、

一、法度ヲ破狼《ロウ》藉之者、如何ナル権門高家神社仏事《寺》ノ領内ノ者ナリ共、其身搦《カ》取、在所ヲ追捕シテ、向後口カタ（固）メヲシテ遠流スヘシ、若当時成敗ニ不随立合スル者アラハ、直其身死罪可行、何禁制之趣如件、為後代之如此状認候畢、

承平二年壬辰二月吉日

阿蘇大宮司頼高　在判

権太〔大〕宮司殿

下田殿

一、下野之御狩之責籠・狩人之立所之叓、

鷹山之東ヒヤ水ノヒンカキ大道ヨリ木引地ヲ一ノ河ノ下作渡マテハ南坂梨七十町・同散切分大山五町・浄土寺五町、合而八十町ヨリ八十人、北坂梨三十町ヨリ三十人、合テ百十人立申

責籠
狩人

候、宮原ヨリ小渕マテ小国二百四十町ヨリ二百四十人、小渕ヨリ馬水マテ山西ノ狩人立申候、
馬水ヨリヒワタカ山ノ籠二ツ山ノ口・烏帽子形・子チ木ヨリ（烏帽子形）ヒヤ水マテハ（南郷同上五ヶ所矢部の狩人立申候子チ木）赤丹田二十町ヨリ
二十人、松木・松崎・牛嶺合而五町ヨリ五人、大豆札六町七反・三窪三町三段、合而十町ヨリ
十人、野中・大門十五町ヨリ十五人、阿蘇品三十町ヨリ卅人、久家四町・廣石四町合而八町
ヨリ八人、熊崎三十町ヨリ卅人、手野兩郷二十町ヨリ廿人、狩集五町・尾小森《籠》五町、合而十町
ヨリ十人、兩神護寺ヨリ六人、井手本主方・アイハ方・同コウツノ郷、合而六十町ヨリ六十
人、小野田三町三段・下山田三町三反・上井手三町三段、合而十町ヨリ十人、綾野・小籠十
五町ヨリ十五人、上竹原四十町之内黒河五町之者ハ、射目手引ノ案内者ヲ仕、其余三十五町
ヨリ卅五人、湯浦三十町ヨリ三十人、小里三十町ヨリ三十人、（○西津尾籠五町小原ノ郷五町合十町ヨリ十人）彼所ゝヨリ合而三百五十人、

楽所鼓

同楽所八人相添而鼓打テ鹿ヲ追、何モ霄ヨリ登狩ニ参候テ、手』（改丁）引射目ノ案内者ニ着テ立目
〱ニセキ寄、火ヲ焼、聲ヲ立、鹿ヲ馬場江追出、若此責籠・狩人ノ立目ヨリ鹿ヲ逃ス事ア
ラハ、其身ヲ搦取、向後之口堅ヲシテ可許、若又此所ゝヨリ責籠・狩人不参在所アラハ、其
領主可レ極生涯ヲ、所領ヲ改易可給他人ニ、若又領主ノ催役ニシタカハス懈怠之輩者、一人ニ
一貫文之科銭タルヘシ、此科銭者、造営物ニ可レ定、

登狩

○一、蔵原・下竹原彼兩所ヨリヒヤ水ニヲイテ登狩之時、阿蘇權太宮司之屋形ヲ作、同鍋・竈・

桶・杓雑用之料ニヒヤ水マテ持来ル、同乗馬ノ糟《ヒ》〔糠〕草粥同加用相添是ヲ勤ス、若依天気御狩延時者、逗留ノ間、彼加用同逗留ス、

一、狩尾・的石ノ者、畫物櫃〔櫃カ〕一持来ル、此條々不可有懈怠者也、

一、下野御狩ニ可馬被立精之事、〔改之〕

服

重服者、一廻不過内ニ不可立候、三月服者、三月之内ニ不可立、懐妊ハ帯シテ後可凶生《ウミ》ナカシハ百日タルヘシ、子ソタツ産ハ七十五日過ハ可立、肉食ハ御酒奉向候て後ハ不苦候、御祭礼之依為贄狩精改如斯、

○一、鷹山下野御狩不可有懈怠事、

此御贄狩絶ハ当社之神官可絶、神官絶ハ惣官可断、惣官断ハ大明神之御威盡ヘシ、大明神之御威盡給ハ世ハ滅スヘシ、然間此御贄狩努々懈怠不法之儀ヲナスヘカラス、可信々々、

○一、下野之於馬場ニ百日精〔齊〕進之御酒恒例塚ヨリ馬場ニ』（改丁）持参ル役人之事、

新検校

○一、神人新検校御酌之役、

小宮司

○一、神人小宮司　御盃之役、

次郎貫主

○一、神人次郎貫主御肴之役、

歳神薗

○一、神人歳神薗次御酒之役、

敷頭

灰塚薗

○一、神人敷頭《フトウ》瓶子之役、

○一、神人灰塚薗瓶子之役、両人ニテ一具、

○一、御肴ハイ（煎）リ米イリ大豆帋袋一、

御酒瓶子一具権大宮司役ニ付テ奉勤仕所也

○一、鷹山下野御狩蔵之内、権大宮司成敗堺之吏、子チ（捻）木ヨリヒヤ水大道マテハ泉ノ使仕候者一人、検校相添候テ山守仕、ヒヤ水ヨリ木引地・一ノ河ノ下作渡・宮原・小渕マテ陣ノ村八ヶ所ノ使仕者一人、小宮司相添山守仕、

鷹山

槻木

檜木

樫木

一、於鷹山槻木・檜木・樫木此三本ハ別而鷹山ノ地主吉松ノ大明神御惜御座ス、其故ハ樫木ハ大明神天竺ヨリ御帰朝之時持来給、是ハ毎年歳祢大明神五穀ノ祭ヲ執行給時、女躰ノ宮鷹山子安河ヨリ奉迎、彼御神五穀ヲ産広メ給フ、其時御持ノ柴是也、槻木ハ御嵩（嶽）本堂・下宮・社頭鹿渡橋造営ノタメ、檜木ハ天竺ヨリ御嶽ニ投玉フ、其ヲ記ニ霊池ヲ永御座候、同吉松ノ明神鷹山ニ種植玉フ、宮原檜木是也、然間此鷹山ノ東西南北ニ塚ヲ指テ法取定、（改丁）』

○一、鷹山ノ木ヲ切吏、七月七夕（日）ヨリ九月九日マテ、霜御定（宮カ）籠ノ薪ニ是ヲユルス、

○一、竹原ノ内黒川之者五人案内者、下野御狩之時射目手引ヲ仕候間、落木斗ハ是ユルス、但、槻木・檜木・樫木此三木色ハユルサス、中ニモ樫木ハ――此間十四五字不知 二月田作御祭之節用給ふ木常切事堅可禁、

若此背条〻ヲ、法度ヲ破、狼藉ノ者、侍ハ所領ヲ改易シ、下﨟ハ在所ヲ追捕シ、其身ヲ搦取ヘシ、ユル（忽）カセノ不可有成敗任先規者也、

神馬　鴇毛　鹿毛　月毛

一、二字不知牧之神馬ヲ放御座ス事

権現ト神農・僻官ノ御寵〔寵〕愛ノ神馬ナリ、権現ハ鴇毛不知龍ヲ放玉フ、神農ハ鹿毛成ル龍ヲ放玉イ、僻官ハ栗毛ナル龍ヲ放玉フ、此中ニ鴇毛ハ殊ニ勝タリ、然間、月毛ノ龍ハ鷹山ノ地主吉松ニ給畢、依此儀ニ月毛ノ駒ハ几眼ニハ拝見セス、

卯添

化生之御神也、卯添ハ本地不動明王化身普賢井ノ垂迹也、

一、巳酉丑三ヶ年ニ一度駒ヲ息事、口伝別紙ニアリ、肥後國為メ可登之役ト御馬用途廿四貫、同引注連之用途六貫文納之ヲ

手野大明神

°一、片角〔手野〕大明神之冬神主ノ祭礼十一月中卯ニ奉疋御馬、小里三十町・湯浦三十町、彼両所ヨリ一年替ニ毎年奉疋神馬也、同御贄〔神供〕之鹿ハ小里内牧之狩蔵ヨリ参ル、同魚ハ『（改丁）

郡浦

郡浦ヨリ納ル、御祭礼ノ法頭夜宿直ハ諸神祝役、火迎御祭礼ハ冬神主之頭人役、同ノ晴ノ御祭ハ北御宮祝役、御祭礼之規式別紙ニ在リ、不可有懈怠、可信〻〻、

火迎御祭礼

飯邊ノ濱ノ明神

一、飯邊ノ濱ノ明神ト奉申ハ、舞官ノ御吏也、大明神阿蘇ノ水海ヲ干給時、権現ニ被是ヨリ先キ紙切不知稲ノ下ニ隠置給フ、其故ニこそ彼所を羽衣塚ト申也、

羽衣塚

山部経末

一、免田八町八段、一祝山部経末自代定置御祭礼之規式ヲ成給フ、

一、○十二月之朔弊（幣）一斗二升死（充）、同御供七社（十二社）仁二升歳御供ニ備奉ル、毎月初夘御神楽八升ツヽ、備奉ル、
○三月三日・五月五日・七月七日・九月九日・十一月中夘・師走初夘此六ヶ度ノ御祭御供甘酒、
○何モ七社（十二）ノ御供、同分ニ奉備ヘ、役田ニ付テ御祭一年ニ三十一度、南坂梨臨時之祭一度、以上
三十二ヶ度之御祭也、軄本山部一説（祝カ）御祭法頭之役、於末代不可有懈怠、靍原七社則是也、

靍原七社

一、湯浦狩尾田地開始テ土貢之年貢、毎年不闕遂結解靍原七社也、御眼同御寶物同御社造立、毎
月式日御祭析・御供・御甘酒奉勤仕、　山部ノ一祝　此先紙切レ不知

金凝職之勘料

°一、金凝軄之勘析七十五貫并号押上ト、一大夫七貫五百、二大夫五貫五百、三大夫三貫五百、四
大夫二貫五百、五大夫一貫五百、従六大夫至十祝者七百五十死（充）、国造祝ハ五百五十文、如此
足ヲ定置事、為末世末代社之修理造営并内殿ノ』（改丁）御寶物并御具足、其外於社頭損失物之類、
以此足連ゝ為可改替也、経歳之子孫不可之（有カ）不法懈怠之義、此先切不知

一、肥後國御㝡（上納）花米阿蘇御社ニ奉納所ゝ之分、此先紙切不知
一所山鹿　一所雄鳥　一所求麻郡　一所天草已上四ヶ所
此㝡花米之足ハ惣官神官権官出仕之衣裳析、

最花米

°一、権大宮司請取申分

踏歌

一所玉名　一所挾間《ハサマ》　一所高瀬　一所井倉　一所木葉已上五ヶ所是レ八田作ノ御祭䉼、
一所高路　一所大野　一所ウスマナ　一所南関　一所北関、
已上五ヶ所、是ハ正月十三日踏哥之御祭䉼、
一、一所山北、一所稲作《イナサ》、一所和田、一所土橋、一所小田、一所江田、一所白石、已上七ヶ所、是ハ權大宮司衣裳䉼、
一、春神主之御祭ニ付而、神人檢校役之分
一所八代同郡之内、小熊野以此（二字不知ホン）米本宮十二社御供御甘酒奉備、同宮人江二升盛之饗一膳死（充）、
清酒之料出仕之方ハ廻廊之御座敷ニテ三ゝ九度如恒例、
一、冬神主之御祭之時、神官権官宮會御祭ヲ勤申候、
○一、御嵩ニ上ル寂花米之分一所甲斐等、一所南小河、一所北小河、彼三ヶ所ノ寂花米ヲモッテ、御供御甘酒奉備、同宮人二升盛之饗膳死、清酒金臥一升死下行、出仕之方ハ回廊之御座敷ニテ三ゝ九度如恒例、
一所菊池郡　一所合志郡、是ハ阿蘇山衆徒出仕之衣裳䉼、一所山本庄寂花米ハ従七月七日九月九日至籠之雑用䉼、竹原霜之御宮祝役、

霜之御宮

一、二月初午ニ本宮之御祭禮、竹原霜之御宮之祝役、
御供甘酒如例式、同宮人之出仕之坐、御酒三々九度、同饗膳二升盛無出仕方《本ノママ》ニハ御酒饗膳下行、
一、執寂花米隣之事、七尺五寸之以御鉾届家ヲ可免、不届家ヲハ可取、若有異儀之者、立御鉾可振神』（改丁）鉾、
○一、為國衙役、自守護所号御馬用途足二十四貫文酉丑年三ヶ年ニ一度配納之彼用途二十四貫文之

本宮十二社
北之御宮四社
鶴原・中王両社
矢村宮

事、惟人之子孫阿蘇之大宮司惣官職ニ補任之人請取之、本宮十二社・北之御宮四社・鶴原中王両社・諸神宮・矢村宮、彼二十一社燈爐ヲ可改替、

〇一、阿蘇二字不知ノ大宮司出仕之時装束次第、

一、冠キ錦直垂紋鶴圓同指貫青地鶴圓大口巻精好、（エホシハ折エホシ）（束帯等つくを帯カ上 ハカマクワニアラレ 有文ノカシムりきヨタ テヒシノ文色赤又ハ フセンレウ丸 文）

持物笏、又者檜扇裓布《シタフツ》〔絨カ〕沓、（エホシハ折 カリキヌアや 文不定 フツ文 シヤ サシヌキ地 ノアヤ文白 此紋 フセン レウノ丸）

山部経末

一、一祝山部経末装束

冠ニ直垂《ナヲシ》青地ニ鶴圓同指貫黄色同紋ハ鶴圓大口美精好、

同絨布・沓・持物檜扇、到末代一・二祝之装束ハ可為如此、

一、従三祝至金凝之祝立烏帽子白キ狩衣無紋、指貫青色紋菊、大口美精好、沓・絨布・持物檜扇、

一、權大宮司草部草五能治之装束、

冠ニ直垂《ナヲシ》青地鶴圓指貫黄色同紋鶴圓大口美精好、同持物檜扇・沓・裓布、

山部経次

一、山部經次　北宮祝出仕装束之次第、

冠直垂《ナヲシ》青地鶴圓指貫黄色同紋鶴圓大口美精好、持物檜扇・沓・裓布、

笠忠本

一、天宮祝笠忠本出仕装束之次第、

冠直垂《ナヲシ》青地鶴圓指貫黄色同紋鶴圓大口美精好、』（改丁）持物檜扇・沓・裓布、

一、歳祢預之祝・諸神之祱〔祝〕・修理之檢校・義〔擬カ〕大宮司・權喜〔本ノマヽ〕〔擬カ〕大宮司者、立烏帽子ニ白狩衣（無紋）、指貫青地紋菊、大口巻精好、持物檜扇・沓・絨布、

一、隨四節、改内衣、下着ヲ可信〔新カ〕ス、出仕之時七ヶ目、励精〔齊〕進ヲ社壇ニ、令参宮、御供御甘酒ヲ可奉備、聊不可致聊〔陵〕夷、守此旨末代尓可相續者也、

神記百二十一年（甲子）八月十日　此ヨリ先キ紙數十枚しり切レ不知、

毎年式日之事、御事之時者、不及申、毎月爲朔弊〔幣〕ノ、晦日コトニ御宮之御宝前之通之芒〔芥カ〕ヲ可掃、他、夘日之御神樂之時之爲ニ、兼テ寅ノ日同可掃地、

。一、御殿之上ニ木葉木枝ナト尽時ハ、御宮ノ副祝御殿之上ニハ不登シテ、柄振板ナル物ヲ長サ〔竿〕ヲツイテハラウヘシ、御殿ノ御後モ同、

経坊

一、社頭ニ牛馬ヲ不可放入事、北ハ經坊ノ食堂ノ乾《イヌイ》ノ角ヨリ堀ノ後ヲ東ニトヲシテ井垣マテ、牛馬ハ埒《ラチ》マテ、南ハ宮ノソイ榎杉ヲ植籠テ内ニツケテ、戸一廣サ八尺片尺ニスヘシ、社内ニ牛馬ヲ放

庄屋

入ハ權門高家ヲ不惶、其日之宮番ニアタラン人、是ヲ取テ庄屋ニイサセテマイラスヘシ、

宮番

一、御神事之非日ニ時、馬場ヲ北南不下馬吏、　此次ニ一ヶ條有リ、墨付キ不知、

一、經坊之末田衆并宮番之殿〔宿直〕爲之人、折々依懈怠闕間、御宝前之梅、礫ニテ打ニヨツテ御宮ノ上『（改丁）ニ右〔石カ〕アカル条、　是ゟ下不知、

°一、太夫ヨリ初而権官ニ到マテ結番ヲ以、昼ハ二度夜ハ二度検見之使ヲマイラスヘシ、番衆ノ有無ヲシランタメ也、若不参之人アラハ、人別ニ砂二駄ハキ（弁）マエ可申、御宮ノウシロ竹林ヲ南ヘトヲシテ、高サ四五尺若ハ二三尺生付ツヘカラン木ヲ人別ニ二本ツヽ、次木ニ植可申木ハ柳・桜・杉・槻木之間成ヘシ、西ノ岸ノハタ（端）コト（殊）ニ柳ヨロシカルヘシ、加様ニ定ヲカ（置）レ候ヘ共、舊キ例ニ木ヲ尤植ヌ人ハカレラニカキラス植テマイラセ可日（本ノマヽ）出、

柳・桜
杉・槻木

°一、廻廊并拝殿之苍〔芥カ〕ヲ可拂事、

毎月式日之御神事之時者、敷頭之役トシテ可払、其外宮番之者毎日ニ可朝清《キヨ》メ、右此条〻加催役、或狼藉之事アラン時ハ制使〔止〕ヲ加、或ハ庄屋ニ可申状如件、

文永十年四月日御宮長札之面注文如件、

勝善寺殿自筆被書置候間、御社頭之重宝也、於社頭者經坊出書候畢（本ノマヽ）、

勝善寺殿

°一、阿蘇大明神之御服寸尺之事、

°一、御宮之分、是ハ錦御直垂之御長ノ尺四尺、御袖ノ尺四尺二寸、

°一、御袴本ノトハ御長三尺ニ、面ハ綾、裏ハ紅梅ノ絹、

二御宮之御分

御絹之御長四尺二寸、御袖ハ四尺、御袴ハ精好ヲ赤ク染申、御長五尺、』（改丁）

御斗帳之分

長サ五尺三寸ニ四はたはり、是レハ一社之分、是ハ根本之御戸之寸尺ニテ御座候、

肥後國阿蘇社正平十五年（庚子）三月十三日子日子時廻録之時、自御社奉取出（此所墨付不知）――御神躰御寶物注文等事、

○一、十二宮御神躰同大明神之御判――（墨付不知）

犬三疋内、赤鐘（銅）二疋、虎犬一疋――（墨付不知）

一、金銅御鷹一翼　一　御幸時御鷹一翼

一、御腰物七柄　一　御太刀六枝

一、三御宮御太刀ハ炎上早、

一、一御宮御（墨付不知）――御箭、（御具足其数在、）

一、女躰宮御手箱五

一、御鉼（鏡）三躰（虎三面 但水引ハ取添、）――（墨付不知）

一、大机十一（塗）金物在之　一、中机（已上）五十膳

一、神御幕一帖　一、鳩尺二翼

○○○一、延度夢想張犬一疋　一、一御宮錦同御簾

女躰宮

一、二宮錦同御簾　一、十社錦同御簾ハ焼候旱、

一、師子頭二面子共其具足在之、　一、挠〔挽カ〕犬四疋雖取出多分折損候畢、

（改丁）』

一、しやう三かけ《グワン》これハひさう也、　——墨付不知

一、諸神御宮御神躰二十一躰　一、疊御坐十一帖上莚小疊

——墨付不知

一、焼候物注文事

——墨付不知

一、御輿四張　一、花頭器十二膳

一、御虎鞍十二口皆具共炎上旱、　一、田楽鼓一懸是レハ高良鼓也、

一、丹例面二根本面ハ肥後國日置宮今ハ在之、阿蘇御社寶之間如本可被本社返付者也、御幸并神御前拂也、

右大概注文如件

正平十五年庚子三月十三日子日子時下宮御廻録之時御宝物取出申人々注文之事、一中川之三位公供僧出雲公同孫九郎入道・大貳公、是ハ殊致忠節者也、有舍供僧小納言房父子三人形部 墨付不知 以上十人、

一、同寶物注文

一、小盆十　金寶蔵花瓶一對　沆御枕二　沆御手洗二　沆文臺一　風鈴一双　炭取二銀一紫銅一
靏頸二南杖
屛風二双唐一双琢付　五明百本　金銚子鍉一双
湯桶一双唐　南杖三十　御服三十重
日御袴一双　小御衣三十重　折帋三万疋
御右兼二肩付　麝香臍一盆、五十地金襴十段
応永十五年戊子霜月念二日
一、阿蘇御社立時、棟上之御祝之馬、太刀ヲ引役人草部、芹口役、御祝物悉皆惣官御役也、
于時長享三年己酉八月廿七日書写畢、　阿蘇大宮司宇治能續
』（改丁）
於當社爲重宝間寫置者也、雖然假名真名取成書文字誤可在之候、後見之方可被加置筆候、（この後この丁の表は九行分空白、裏は白紙）

覚

一、肥後國之一宮阿蘇宮者、
健磐龍命
阿蘇都比咩命

健磐龍命
阿蘇都比咩命

國造束〔速カ〕瓶玉命

右三座也、

一、健磐龍命者、
神日本磐余彦尊《神武天皇也》弟〔第〕二之御子神八井耳命之弟〔第〕六之御子也、

一、阿蘇都比咩命者、國龍明神之御娘ニ而、健磐龍命之御妃也、

一、國造速瓶玉命者、健磐龍命之御子也、

一、健磐龍命従山城國宇治郷神武天皇七十六年二月朔日到玉フ阿蘇ニ、

一、阿蘇宮殿者、人皇七代孝霊天皇九年六月廿六日造立、

一、中右《左歟》右三座之外ニ九坐之御神ヲ祭、加ヘテ當時十二座也、

一、大宮司者、胤胤　健磐龍命
國造速瓶玉命之御子彦御子明ゟ當時迄七十余代相續スル也、

一、社人四十余人者、阿蘇五十二座ノ内三ノ宮國龍明神并ニ九之宮若彦明神、右二神之神孫也、』〔改丁〕

一、神者中古迄者、肥後一國・サツマ一國・日向一國右三ヶ國之外ニ、豊前ニ後・筑前・筑後・肥
前之内云々一郡三郡達《本ノマヽ》、時之天子将軍家ゟ御寄附之綸旨并ニ御書今ニ数多有之也、

一、阿蘇宮者、兩部習合之神社ニ而者無御座候事、

一、阿蘇山者、阿蘇宮十二座ノ内ニ而
健磐龍命
阿蘇都比咩命
彦御子明神
右之三座ヲ人皇七十三代堀川院御宇永長元年三月十五日、大宮司宇治惟行奉リ勧請、阿蘇宮
社家之内笠忠久ヲ以爲ス阿蘇山ノ祝ト、其後人皇七

（この後三行分程空白、改丁）』

宇治惟行
笠忠久

惟豊　永禄弐年十一月七日
惟将　天正十一年十一月二日
惟種　同十二年八月十三日
惟光　天正十年生ル 文禄二年八月十八日 六歳之夏領地ニ離十二歳被害〔長脱カ〕
清正取立八慶六年、

太守様江上ル扣、
下野狩
在昔《ムカシ》、

健磐龍命従ニ宮居一西南之方遊ニ獵《シ玉ヒ》于下野一、以ニ所レ獲之猪鹿諸鳥一供ニ祖神一、遂三使此禮遺《シメ玉フ》ニ諸後昆一、是以毎年春月狩ニ下野三馬場一（鬘抓駒立中ノ馬場）、大宮司・神官・權官・社人著ニ烏帽子・狩衣・鹿皮縢・熊縢《皮》一、腰ニ揩《サシ》ニ弊〔幣〕帛一、手ニ持ニ白木弓・白羽鏑ヲ一、馬上以爲レ狩、及《本ノマヽ》チ以ニ其所獲之猪鹿諸鳥ヲ一、供ニ本殿及ヒ北宮一、至ニ于天正七年一此禮廢《スタル》、狩之故實者別巻ニ委ク記之、

（この後十行分程空白、改丁）

』

下米塚　櫓

一、南之鹿立者

寶鹿内《ホウガ》　小倉山　高野

鈴はた（畠）　白水　かづね（葛根）原

城《ジヤ》の尾　八蔵の尾（秋元矢蔵歟）　長屋ふ

一、西ノ鹿立者

烏山　楢原　堂床

赤瀬戸の脇（一ニ赤瀬とアリ）　車帰の脇　馬水

蔵さめ　長羽《ハ》山　袋鹿蔵

水口　宮野原　菅《スケ》原

馬隠山　紘巻《ツルマキ》山　山しふ（渋）
柳原　直ノ口　馬打上
馬立尾　さゝ（笹ケ）が原　太郎野
一、北ノ鹿立者
尾上　八野　楢原
平良石《ヒライシ》　上楽《ラク》道　下楽道
菖蒲山　ひや（冷）水　まへむら（前村）
くわいつら
以上四十八鹿蔵也、
元和六年正月吉日　下田豊前守
下田形〔刑〕部
」（改丁）
一、ヒンカキ　大道　木引地
一ノ河　下佐渡　宮原
小渕

以上權太宮司支配《成敗》之所也、

一、小渕ヨリ馬水ヒワタカ山ノ籠ニッ山ノ口ゑほし形子チ木マテ

下田成敗所也

（付箋）[ ]「一、鷹山之東」（付箋の下の文字）

一、鷹山之東

ヒヤ水ノヒンカキ大道ヨリ木引地ヲ一ノ河

一、中馬場東之山岩蔵打下候へハ、薦原口・薦池口中間厳遂〔塚〕有、爰ニテ狩祭有、

一、厳嶋とハいつくしまと書也、一、厳塚とハゐつくし嶋とも書也、

一、鬢捊野馬場ニハ（事始のばゞ也、ムシロノハ、共云）仲馬一騎射手責子入候、通山之許ニ物越之堀有、其（私云堀歟）前ヲ前ニ懸て捜候、

一、中ノ馬場岩蔵より下候所東ニ二町間程にて恒例塚、爰許にて見（ハカライ本ノマ、）諏〔いカ〕行て阿蘇神人ノ御酒ヲ持て

参候、神人之名之事秀〔委カ〕中候、

鬢搔馬場

中ノ馬場

一、赤水の馬場、はて〔終〕のばゞと云、何も名所ニ有、

赤水の馬場

一、宮原をふちの瀬の渡リ上中道及たかし、

一、中道　馬山　きハた山

山添　鹿渡

一、平山　池本　亀塚

』（改丁）

豈及

一、馬足尾　　中道　　御嵩の大道

草高野　　及三野〔上カ〕以上五ヶ所

狩人立候山ニ谷候野たて山小堀能々追候也

一、阿蘇責籠狩人たか山にさしより霄ゟ火を焼候へは、南乃〔当カ〕むたのし丶ハ火に驚候て三のは丶〔馬場〕江

出候、

一、此狩人の中にも南郷ゟわけ〔分〕候て、御嵩〔嶽〕のし丶ゑほしたけ〔烏帽子岳〕わうしやう〔往生〕嵩足山のし丶を能々おはせ候へハこそ、三のは丶へ下候、中略〔路カ〕以南を狩奉行を霄ゟ御嵩ニ登せおハせ可然候、

真人

一、吉見《下田》御證　　真人系圖

吉幾　　高成　　高頼

吉範　　吉累　　吉國

吉実　　吉卓　　吉圖

忠俊　　忠延　　吉兼

吉明　　吉朝　　吉春

友吉　　友道　　頼貞

吉方　　吉長　　吉連

吉遠　吉近　吉本
吉實　吉種　則定
近茂　茂直　吉咸
則戊〔成カ〕　吉安　吉守
吉家　吉綱　惟能
吉兼　時能　能確
能忠

一、草部吉見

吉見　吉照　吉高
高安　寺〔吉歟〕守　吉次
吉元　吉助　吉貞
頼氏　吉蔵　吉秀
吉信　吉末　吉子
吉泰　吉重　吉艦〔艫カ〕
吉昌　吉和　吉房

」（改丁）

吉増　吉永　時吉
時直　吉胤　吉幸
吉隆　吉信　吉興
林吉　吉御（郷カ）　吉春

田上

一忝（泰カ）　田上ゟ来ル射記もアリ、可見合ス也、

一、馬足尾　頗田　三方　髪拵〔鬢搔〕野　田町馬場

一、につか　中河　くにき原　あか水のはゝ

入江崎　東の岩蔵　宗渡馬　亀迫

馬隠　くぬ木原　水たまり　しけさと

かくれ山

一、おきの鹿　む田の鹿

一、弓手馬ノ事、立所中のはゝは遠見迫と申所也、めて馬立所くに木原と申所也、（トヲミサコト申イハレハヲキヲ見テミツイロイテ物ノホシヲ宗渡《ムネト》馬ヨクしるし候也、是レもヲキヲ見分テ物ヲ上候、クニキノ木二〔はカ〕三本候スサキ也、是モヲキヲ見分テ物ヲ上也、）

直口

一、直口《スクノクチ》（私所の名也）にてしゝとかれ候、宮蔵におらせ候事、（改丁）』

一、湍之馬を誘候事也、

一、赤水の馬場の仲馬ハ（所の名か）物こしのほり（堀）の西へ二町間置候て、殿塚へ見合てたち候、ちかい申まし

く候、馬立所大迫共云所也、

罠
窪
長野浦阿蘇黒川
浦
湯の浦・狩尾
南郷白川

一、此下野は丶《(馬場)》ちかく一里二里の所にわな《(罠)》かけすくほ《(窪)》ほらす狩せす御法也、細々下田方より見せ候て御成敗候事、ことに御かり《(狩)》ちかく《(近)》なり候てハ細々長野うら《(浦)》・阿蘇くろ《(黒)》川うら《(浦)》・ゆのうら《(湯の浦)》・かり《(狩)》尾又南郷白川よりむかへの古野々をやかせ《(焼)》候て、かり《(狩)》をつねに御させ候へハ、此三のは丶《(馬場)》へ鹿ハあつまり候、それさへ御狩十日計りよりこそかられ候、すてに毎年猪鹿の間に五六十・七八十・百計とられ候間、此野御狩はちかき當《所か》のかり御留肝要ニ候、

一、たゝの時ハいか程御用段候へ共、たか《(鷹)》山・長野・おとかせうら《(音鹿責浦)〔辺カ〕》にてかり《(狩)》あるましく候、いかにも鹿を御つけ可然候、

中道
音鹿責の近道

一、彼三の馬場へ中道候、其《ソレ》を御かりちかくなり候へは、堅固に御留あるへく候、人とをり《(通)》候へは、しゝ《(鹿)》外によけ申候、とふちの瀬渡上おとかせ《(音鹿責)》のちか道に人を御そへ候て御留しかるへく候、是ハ下田方役にて候、

中宿

一、ひんかきのは丶《(鬢掻の馬場)》へハ辰の時御出、巳ノ時午ノ時ノ始中のは丶《(馬場)》へ御移り、未ノ時の始あか水のは丶《(馬場)》へ御うつり候、二時程ハ終のは丶へ御逗留候て、酉の時に狩上候、所々ノ人々ハ其夜ハ各々鷹山に留候て、西人数ハた(字不知)野辺まて、南郷・矢部・ともち《(砥用)》衆中宿まて御帰候、かへさ《(りカ)》を各々御いそき《(急)》候得共不可然候、一日ハしつか《(静)》に御狩肝要ニ候、』《(改丁)》

一、登狩之日、まこたて（駒立）畠にて御酒御申候事下田方役なり、大畠とも言なり、

岩蔵

一、岩蔵《私曰》といふハ、見物人の居候所を言と見えたり、

一、豈と云字シカノハヤシト云ナリ、

○一、此《不審》狩神武二十二乙丑正月廿日始狩なり、神記九年正月廿日贄狩也、

下野西野原

一、下野ハ西野原と言ヵ本名也、

宗渡馬　弓手馬　妻手馬　仲馬　添馬

真人子孫

一、真人御子孫三人御座候、一人ハ下田ト名付、西野ノ大宮司、一人ハ吉見大宮司、一人ハ阿蘇権大宮司と定、

馬立尾

一、下野狩ハ二月初卯ノ日之正月廿日之御狩を狩定為方也、其後、二月下旬ゟ三月始頃ニ定也、

大黒・小黒

一、音鹿責・早角、大黒・小黒と言犬石之所ニアル由、

神農儛官

天武第二神農第三ノ王子儛官の犬也、
神武天皇ハ御惣官、
神農吉見、
儛官十二社子孫一社中、

一、赤水につか、

一、馬のたつの名所なり、月毛か渡、あし毛か渡、渇川とハ赤水馬場より南なり、

池ノクホ、

（改丁）』（次の一丁白紙）

一、にこり川《（渇川）》・かつねカ原《（葛根）》・池のくほ《（窪）》・たけ《（嶽）》の馬・西の馬北館と言ハ、草高野より北馬也、

一、當家祭之始也、　仲馬、

一、三のはゝ《（馬場）》小物のはゝとも云、仲のはゝか本名也、

一、下田方狩奉行、音鹿責・早角・荒瀬此塚にて狩祭り候る、

一、こもいけ《（薦池）》口・こも《（薦）》原口、此中間にいつくしつか《（厳塚）》アリ、こゝにれう《（猟）》祭アリ、

馬隠山

一、馬隠山　タツミ《（巽）》ノ方ヒとリ《〔ロクカ〕》、イヌイ《（乾）》ノ方セハ《（狭）》クトアリ、矢ノ形ナリ、仍テ分リ矢山《〔トカカ〕》トモ云

物越しの堀

一、仲馬ニ両所共ニ物越しの堀あり、

一、三ノ馬場へ用所候名所候、おいらの口　殿つか

ととろき原上下ニアリ　遠見塚　馬隠山

さゝ《（笹）》の原　くに木原　厳塚　こも《（薦）》原口

恒例塚　亀迫　茂迫　通山

作渡　一幸

何も此所ハ御用在所なり、

一、太郎野、

一、責籠入の山三の馬場共ニある也、ひんかき《鬢掻》のは《馬場》ゝハとおり《通》山、中のは《馬場》ゝハ籠の山、あかみつ《赤水》のは《馬場》ゝハかくれ《隠》山と云也、

一、此御狩の日、風吹候へは、幾日も逗留候而、御狩有也、はえの風吹候事よく候、』（改丁）

一、ひんかきのはゝへハ南郷ゟ上様も各も、早一口・二合石と云所ゟ御おろし候也、

一、中の馬場へハ東岩こも《薦》原口ト云所ゟおろされ候、

一、あか水のはゝへハおいら口《御入口》ゟおろし候なり、

一、直口、馬山の立くる《〔足カ〕》ミかへりの野、烏山、

一、駒立畠《登狩日》にて着到付候事、

一、赤水馬場ノ奥宮原、

一、此方の山野鹿ハ、くひ《首》長ク、足小、地高ク、毛長ク、カタ《肩》大ニ跡かれ、男鹿ハ角大ニ候、又猪ハ地高ク長小つめ《爪》なかく候、嶋しゝハ、くひ《首》みしか《短》く、けミ《毛》しか《短》く、かた《肩》ほそ《細》く、尻大ニ、地たか《高》く、つめ《爪》みしか《短》くして、

責籠入の山
早一口・二合石
こも原口
おいら口
直口
駒立畠
宮原

くろ（黒）きよし、

一、又、猪ハ四足の間、いかさま白クつめ（爪）まろく足大ニしてなりあい候、

一、音鹿《荒瀬》責・早角《サウツノ》・あそ何も神の御付候名也、

一、狩人数千人、責子二千人、又三千五百人とも云、

おいら口

一、おいら口とハ御入の口と云也、あか水のはゝへハとゝ（こカ）ゟ御出候、

二合の石

一、二合の石と云ハひんかき（鬢掻）のはゝの打下候坂口なり、此石《ハ》小熊《くろ》大《熊》くろか隠所しるしの石也、

（この後五行分ほど空白、改丁）

（次の一丁白紙、改丁）』

中王口

一、中のはゝへハ中王口ゟ御出候、

下野之三狩書物抜書

一、狩場一番ひんかき（鬢掻）と申所にて候、二番中の馬場と申所ニて候、三番赤水の馬場と申所にて候、

目見

一、ひんかきの馬場ニ而侍共何も目見仕候、中の馬場ニ而まつり事きやうきたゝしく候、赤水の馬場にては殊之外猪ニ取レ申候由ニて候、何之馬場ニ而も狩は御座候、

一、ひんかきの馬場ニ而目見を請候様子、かむらや（鏑矢）一すち（筋）持参仕ひろう（披露）人に渡出、座にかしこまり謹て御礼申上候、但壱人死仕（充）舞候は次第〳〵にのき（退）申候、

狩装束

一、大宮司狩しやうそく（装束）、

一、かふり《冠》・かり《狩》衣、地黒紋所鶴、但ゑほし《烏帽子》を着仕事も御坐候、左をり《折》の立ゑほし《烏帽子》にて候、
一、小袴くれなゐいろ《紅色》のねりぬき《練貫》、
一、ゆかけ《弓懸》白かわ《革》、
一、むかはき《行騰》くま《熊》の皮、
一、白かわのくつ《沓》、
一、五色の御へい《幣》こし《腰》にさす、
一、白木《野一本》の弓、
一、うつほ《笇》くま《熊》の皮、
一、馬つきけ《月毛》あし《足》毛黒の馬のあいだ馬取すおうはかま《蘇芳袴》、
一、中太刀はく《佩》、
一、大太刀は持する、』（改丁）
ひんかきの馬場にて大宮司礼をうけ候時はこし《輿》に乗被請候、赤水の馬場にては馬に乗候事、
さい〳〵《細々》有之由一本、
一、馬印は金のたかのは《鷹の羽》風車、
一、長刀りき《力》者持、

大宮司馬

一、からかさ《（傘）》白袋ニ入、ゑほし《（烏帽子）》上下の者持、大宮司馬上の時は笠も指申候、

一、大宮司馬こし《（輿）》のまハり、歩立の侍折ゑほし上下ニ而小太刀をはき《（佩）》、百五六十もつくはい居申候、此内家中之子共も召連申候由《一本方ゝ》、

一、はた《（旗）》本の後に弓鑓けいこ《（警固）》仕大分御座候、

宗徒馬

一、むねと《（宗徒馬）》備《〔満カ〕》と申《（馬）》備《〔満カ〕》は大宮司一門衆、何も馬上にて折ゑほし《（烏帽子）》・上下色はおもい〳〵、中太刀をはき《（佩）》白き弓こて《（籠手）》をさし弓を持、うつほ《（笮）》をつくる小指物おもい〳〵、人数五六十ほと充御座候、左右にわかりて立、あき毛の鹿のむかばき《（行騰）》、

弓手馬

一、弓手備《〔満カ〕》の侍馬上をりゑほし・上下ニて候、ひわ《（枇杷）》色薄柿の弓紋所は色々、白木弓こて《（籠手）》をさし、太刀をはき《（佩）》、小指物をさし弓をもつなり、むかはき《（行騰）》をはき《（帯）》、人数百人餘、

妻手馬

一、めて《（妻手馬）》備《〔満カ〕》の侍、馬上上下の色水色又は白の間紋所地かたは思い〳〵、餘は有同人数百人餘り、』《（改丁）》

一、仲の馬弐騎是は狩奉行ニて候、立ゑほし上下紋所なら芝《（楯）》を付ヶ、色は何にてもしろき《（白）》御へい《（幣）》をこし《（腰）》にさし、ふかくつ《（深沓）》はく、むかばき《（行騰）》・弓・こて《（籠手）》・小さし物はさゝす、弓は、まへまきしめ一て《（手）》取そへ下に物を馬のきわ《脇一本ニ》に召連候、

一、狩場に出る侍、供の者、馬の口取弐人、矢取壱人、太刀持の為に壱人、四人の外かたくつれ《（連）》さる事、

一、中の馬場にて御酒・かわらけ（土器）・肴持出る役人・神人六人なり、おりゐほし・かき（柿）の上下着する、御酒はへいし（瓶子）一對肴（也一本）おり、

一、セこ・猟師共ニ人数弐千四五百はかならす出し候よし、猟師は弓を持犬をひかせて出る、此人数岩倉ニ而ふみとむる、馬場ニハ壱人も出不申（候一本）、（馬場に出ル（者しし（一本（鹿））に犬を付さる事、

一、家中の侍の下々ぞうひやう（雑兵）・のりかへ（乗替）の馬・ながぐそく（長具足）何も岩倉に召置候、

一、見物のものは男女によらす岩倉にい（居）申候事、

一、狩物に長くそく（具足）もたせまして（く候歟）中太刀・小太刀はくるしからす、

一、狩物にもち出る矢くるりかむら（鏑）（矢四目一本 此字一本無之）しめ、此外もつましく候、

一、惣人数狩出る（持歟一本）、うつほ色々花やかに仕候、大宮司壱人くま（熊）の皮なり、

一、惣の弓くり色とうまき本末黒ぬり白木は大宮司のもたす（外一本）、』（改丁）

一、惣人数そろい（揃）候へ而、狩奉行みはからい（見計）火かけさせ候、おりゐほし白しやうそく（装束）仕候もの、大せい（勢）にて火つけてまわる、但たいまつ（松明）にて付なり、

一、右の狩の時分二月の末三月の始の事なり、

一、いつれも矢の羽白、

承応三年午ノ四月廿四日写置也、』（この後五行分程空白、裏白紙、改丁）

下野之御狩之時狩装束之次第

行騰

一、大宮司殿之御行騰之認様次第、熊皮之行騰ヲ能々認テ、地紫之子リヌキ《（練貫）》又ハ絹ニテモアレ、裏ニウツヌイヤウ《（縫様）》、紅ノ糸ニテトンホウニヌウ《（縫）》也、同クヘリ《（縁）》カ子クシカミ《（櫛髪）》ヨリヒレ《（鰭）》ノマワリメ野スル《（摺）》マテヘリ《（縁）》カ子アリ、同ク緒ハ紫革一寸六分ニ切テ八分ニタミテ《（畳）》付ヘシ、長サ有口伝別紙ニ、同沓込之緒紫革、同引目留之緒二寸ニ切テ一寸ニタ、ミテ可付結様、有口傳別紙、

篭

一、御篭之腰革紫革、ヘリ《（縁）》革赤シ、同緒紫革、結様ウ藤ヲ以テ如常、篭之穂皮熊皮也、

一、御烏帽子懸之革一寸二分ニ切テ六分ニタ、ム《（畳）》也、

一、御脇織之紐革六分ニ切テ三分ニタ、ム也、

一、御物官職ヲ可被續御曹司之御行騰、櫛髪ヨリ前者鹿皮之夏毛、櫛髪ヨリ後ハ熊皮ヲワリ合、裏ハ紅之子リヌキ《（練貫）》絹ノ際ニテウツヘシ、緒は赤革廣サ長サ同前、

一、御笂《おウツホ》ハ腰革ハ黒シ、ホカハ夏毛ノ皮也、

一、惣官職ヲ御上表之後大殿之御行騰、櫛髪ヨリ前ハ熊皮、クシカミ《（櫛髪）》ヨリ後ハ夏毛之鹿之皮、裏ハ紅ノ子リヌキ絹ノ際ニテウツヘシ、緒ハ赤革、廣サ長サ同前、

一、先烏帽子ヲ着シテ次ニハキヌイ《（脓縫）》袴ヲ着シテ紐ヲツカウ、次沓行騰ヲ持テサシ寄ル時、先左皮ヲハキテ《（着）》、次ニ右皮ヲハキテ、』《（改丁）》右皮ノ緒ヲ結テ、次ニ左皮ノ緒ヲ結フ、次ニ沓ヲハク、次ニヒモ《（紐）》ヲトキ《（解）》テ右ノヒモ

ヲハ前ノ腰ニハサミ《(挿)》、左ノ紐ヲハ後ノ腰ニハサム、其後、左ノカタ《(肩)》ヲヌキテ、ワキヌイ《(腋縫)》ノ袖ヲ後ノ腰ニハサム、其後篭手ヲサス、其後箞ヲ付、弓ハ馬ノ上ニテ取申也、

一、籠手行騰ノ緒之トメ《(留)》ヤウ、有口傳、

弓ノ持様

一、馬之上之弓ノ持様、

一、先馬ヲ乗出ノ時ハ、弓ヲ外様ニ三度拂フヤウニシテ、其後箭ヲハケテ鹿ヲ相取テ射ヘシ、

一、主人ニ参會ノ時之弓之持様、主人参會時ハ主人ヲ我左成シ申テ、弓ヲ前輪ニヨコサマニ成テ、歩マセ寄テ御礼ヲ申スヘシ、但其時ノ様ニヨルヘシ、其後弓ヲ取ナヲシテ馬ヲハヤメ《(早)》テ行ヘシ、

一、あたり《(当)》もちの弓の持様、鹿ヲ射当テ打帰ル時ハ、弓ヲひつ立テ本はす《(筈)》ヲあふみ《(鐙)》ノしたさきに立テ、つる《(弦)》を内に成てうらはす《(裏筈)》ハ天ヲさす、さて如何にも馬を静に打帰ルヘシ、但シ其時の様によるへし、

一、はつれ《(外)》持之弓の持様、鹿を射はつ《(外)》して打帰ル時ハ弓を取なをしてつる《(弦)》を下に成てはす《(筈)》をハ高ク成てうらはす《(裏筈)》にて地をさす、さて如何にも馬を足早ク乗へし、

一、矢を射はなたすして打帰ル時の弓の持ヤウ《(様)》、矢をさしはつ《(外)》して内ノ者にもたせて弓をハつる《(絃)》を外に成て、にきり《(握)》より分に持て馬を早ク乗へし《上五寸斗リアケテ持、イカニモ弓ヲ打、》、』（改丁）

一、人を呼ル時の弓のもち様、弓の絃ヲ下ニ成て等分に持て何かし《(某)》と呼ルへし、

一、落馬をして打かへる時之様、其馬にてもあれ、又、へち（別）の馬にてもあれ、くらなをり（鞍直）して弓をは内者にもたせていかにも馬を静に乗出す、さて馬立所近クならハ、かけ足ニ乗ヘシ、但落馬ノ様によるへし、

一、馬場之供之叓、三人たるへし、但用所あらハ岩蔵まてはあまた（数多）くるしからす、

一、馬場におひ（追）出すへき鹿をかち（徒）立の者射るへきために鹿を逃す事、其科おもし（重）、仍於侍は所領をもつしゆ（没収）して遠流すへし、

岩倉

一、岩倉ハ如何にもしつまり（静）て見物スヘシ、或ハ人々の内者、或ハ見物乃者とも馬場にいたす（出）へからす、若岩倉動乱せん時はむねと（宗徒）馬の中より一騎被遣て成敗有へし、其故は馬場に鹿出されハけふ（興）なし、興なけれハ人の心ウかす（浮）、人の心うかされ（浮）はあくねんまうねん（悪念妄念）を着す、興あれは他念をうしなひ（失）一心に此鹿に心を入レ、見るうちに悪心を捨てまうねん（妄念）なし、こゝをもつて方便の殺生ハ菩薩之万行にも勝たりといふ、此鹿ハ法報應之三身・空解中之三躰・貪瞋痴之三毒ヲ皆具足せり、此鹿を見る人必可成佛、

方便の殺生

菩薩之万行
法報応之三身
空解中之三躰
貪瞋痴之三毒

片角大明神

一、此贄狩之根本を奉尋者、片角大明神ハ龍宮之地主國造大明』（改丁）神ニテ御座ス、阿蘇大明神者神武天皇之王子本地十一面ニテ御座ス、是皆過去之約束ニテ肥後國阿蘇之嶺ニ霊池をしめ御座ス叓、衆生利益之ためなり、有縁元（无カ）縁之衆生を値遇結縁にいれんためなり、

霊池

一、阿蘇之海をほ《（干）》して平地と成て田薗ヲひらき人民をはこくむ《（育むカ）》叓、偏に片角大明神之恵也、又、阿蘇大明神ト現シ本地すいしやく《（垂迹）》の威光を顕す事、是國造大明神之きゑん《（機縁）》乃所也、されは此恩ヲほう《（報）》せんかために贄狩ヲ起シ御坐ス所也、忝モ魚の躰ヲ現シ、此水海の底のうろくつ《（洞窟）》を食として住給ふ処に、水海を乾テ食をとめ《（止）》命ヲたつ《（断）》事ふかうひれい《（不孝非礼）》乃科也、猜《（倩カ）》是を思フに其科おもし、されはうろくつ《（洞窟）》の食を表て贄狩をなす、これはうへん《（方便）》のわさ《（態）》也、同二月初卯之日阿蘇の主と成給ふ日なれは、此贄狩二月卯也、

三物替

一、三物替ト云叓、此鹿を相取時の心ハ、如何成悪心まう《（妄）》念も不曇一心に鹿に心を懸ル時ハ、貪瞋痴之三毒も忌レ、此三ハ仁間之さわり《（障）》也、一日一夜の間、此貪瞋痴之三毒をはなれ《（離）》ぬる事、偏に佛意神慮にいたるを秘シテ三物替といふ叓、貪瞋痴三解脱ニアリ、第一法報應之三身之如来にちかつき、第二空解中之三躰をうけ、第三貪瞋痴之三毒をはなれ佛意神慮ニいたる、是皆方便之態也、

三之車

一、佛法に三之車といふ叓各たとへ《（譬）》あり、羊車・牛車・鹿車是也、』（改丁）

羊車

第一やうしや《（羊車）》といふハ、ひつし《（羊）》ハ虚空蔵菩薩之變身にて貪欲の心を躰とす、

牛車

第二こしや《（牛車）》ハ、牛ハ大日如来之化身にて瞋恚のほのう《（炎）》を躰とす、

鹿車

第三ろくしや《（鹿車）》は、鹿ハ光照菩薩之化身ニテ愚痴之心を躰とす、仁間ニハ此三之さわり《（障）》によつて

難遂成佛、されハ仏法にも先此三之車を先として、衆生を利益し給ふしきもん《（式文）》あり、されは此贄狩ハ今生にてハ預神感、後生ニテハ成佛之そくわい《（素懐）》をとけ、九品のれんたい《（蓮台）》にゐんせう《（引接）》せん事、うたかひ《（疑）》有へからす、此三物替トいふ事、可秘〻〻、

宇治能憲

于時天文十二〔四〕年乙巳二月十六日

権大宮司
宇治能憲（花押）

（この後五行分程空白、改丁）』

進上

貪《トン》瞋《シン》癡《チ》

阿蘇鷹山下野之御狩之時中之馬之規式之事

一、折烏帽子ニ地文ナラ柴《（楢）》ノ直垂ヲ着シ、深沓ヲハキ、ウツホ《（笮）》ヲツケ、弓ハ馬ノ上ニテ取ル、

吉松ノ明神
卯添ノ明神

一、中ノ馬ノ人躰ハ鷹山ノ地主吉松ノ明神・夘添ノ明神彼二社ノ御名代也、左有程ニ先馬場ニ打向テトナウ《（唱）》文アリ、

願遇《グワング》諸猪鹿《チヨロク》　値遇《チグ》大明神

願遇諸猪鹿　値遇観世音

是ヲ三返ツヽトナウ《唱》、其後鹿ヲ馬場ニヲイ出ス時哥有、

千葉破神乃ちかひにもれしとてけふのかりはに鹿渡るなりと讀て鹿をおふへし、

一、大宮司殿之鹿をあひとり《相取》御馬をめさ《召》るゝ時哥あり、

千葉破神乃ちかひにもにもるゝなよけふのかりはの鹿のかす〳〵とあそはして御馬をめさるへし、

一、大宮司殿ハ大明神の御名代にて御座ス也、

一、大明神此贄狩を起給時、鷹山ノ吉松ニ吏ノ次第ヲ尋給ふ、吉松コタヘ《答》テ曰ク、此山ト申ハ天神七代ノ當初ヨリ今人の代にいたるまて結縁ノゐんゑん《因縁》あり、衆生さいと《済度》のために國土を作り三界をゆきやう《遊行》す、今こゝにて君にあひ《遇》たてまつる《奉》事しかしなから過去乃しゆくゑん《宿縁》なり、此贄狩をおこし給ハん事衆生りやく《利益》の方便、又忝も國造大明神ハ龍宮の地主にて御座す、いまこゝにてハ魚の躰ヲ現シテ阿蘇の海に』（改丁）すミ《住》給ふといへとも水海をほとなくほし《干》給へハ、うを《魚》の躰をてんし《転》て手野かたすミ《片角》に御座ス、されは此明神のうろくつ《洞窟》乃食を表してこゝをかりは《狩場》として贄狩をこし《起》まします事まこと《誠》に神妙也、こ乃國造ノ明神ハ殊利益はうへん《方便》其ち《実》ゝおゝし、此の贄狩をおこしたまはゝ衆生利益済度結縁となるへしと吉松申給ふ、其時大明神かさねてのたまハく、我ハ是報身ノ如来阿弥陀乃化身也、なんち《汝》ハ応身釈迦如来の化身

也、爰法身之如来ハ大日也、秘密の御座にさしたまへり、此贄狩をおこして衆生ヲ結縁せん事せんさいなり、いさこゝにてなんち（汝）鹿をおふへし、我こゝにて鹿をとゝめて贄に備たてまつらん、いささかハ哥をよまんとの給ひて、

千葉破神乃ちかひにもるゝなよけふの狩はの鹿の数〳〵

吉松乃返哥にいわく、

千葉破神乃ちかひにもれしとてけふの狩はに鹿渡るなり

かくのことくして世をへ（経）給ふ程に、其後惟人・成兼御代ト成て狩装束をとゝのへ祭礼の規式をなし給へり、大宮司殿の末孫として此贄狩を不可有懈怠、并下田ノ能成之末孫并権大宮司草五能治之末孫、此贄狩の祭礼懈怠不法之儀をなすへからす、

一、此贄○狩をとけん（遂）時、必猟祭之時祭文を読奉るへし、たまのつねに思ふへからす、可秘〻〻、』（改丁）

肥後國阿蘇正一位健盤竜《ケンバンリウ》命大明神・北御宮國造大明神備御座ス《ソナヘマシマス》、御贄鷹《ニエタカ》山下野之御狩蔵之贄狩之時猟祭《リウマツリ》之吏

一、帰命《キミヤウ》阿蘇大明神　　利益《リヤク》衆生大慈悲《ジヒ》
本躰《ホンタイ》観音十一面　　和光同塵随類《クハクワウドヲヂンズイルイ》身
願遇《グ》諸衆生　　値遇《チグ》大明神

惟人
成兼
下田能成
権大宮司能治

願遇諸衆生　値遇観世音
願遇諸猪鹿《チヨロク》　値遇大明神
願遇諸猪鹿　値遇観世音

何モ三返ツ、唱奉ルヘシ、

一、此山之山神護法吉松登ル、早馬五万八千下ル、早馬五〔万脱カ〕八千、今日之指神・今日之科神・○（今日）之（玉女・當年ノ八将神・今日之）○六カウ神、丹田之父・丹田之母・狩蔵之父・狩蔵之母、山之殺生神・海之殺生神・川之殺生神、木のもと・草の本ことに伏侍る猪鹿けた（獣）物を今日之狩場之責籠・狩人之矢崎にあてゝたひ給へ、忝も大明神誓テ曰ク、二月初夘日阿蘇之主となる日なれは、此恩ヲほう（報）したてま（奉）つらんかために手野片角大明神と奉仰、末世末代及、二月初夘、十一月中夘春冬両神主贄奉備へシ、若此贄懈怠之時ハ、我左のもゝをそき贄にかけ奉ルヘシ、然間此贄狩に命を捨て贄と成らんする猪鹿ハ生をかへん時ハ、當社ノ神官之中に生るへし、我か眷属となさん事うたかひ（疑）有へからすと誓御座ス、さてこそ四ヶ之社頭之内郡浦ノ御社ヨリ春冬両度に六十六唯〔隻カ〕之真口』（改丁）之魚納ル叓同前也、方便之殺生者菩薩之万行ニ勝タリ、再拝〻〻敬白

一、御供粢・御酒・海之魚・河之魚悉取調勤仕奉テ、是を讀奉る祭あひたに乗馬ヲハ馬隠山に置、惣而此猟祭をするさきに馬に限ス犬なと置へからす、

猟祭

一、猟祭之いしやう（衣装）の事、はたに（肌）も上にも新キ物を着ル白キ弊〔幣〕になら（楢）柴を取添テもつ幣串三尺二寸、幣之紙ハ四さかりにかく、祭あけて後、幣と楢柴ハ一の川に納奉る、猟祭御供粢・御酒・魚ハ下田方ノ役、猟祭ハ権大宮司之役、

中之馬

一、中之馬の事、弓手馬の中馬ハ下田下田（マヽ）方ノ役、馬手馬の中ノ馬ハ権大宮司之役、猟祭ハ其日ノ刁〔寅〕ノ時也、中火者下田方之役、

一、大宮司殿之下野之於馬場大明神ニ御酒御ホカイ（祝）候規式之吏、恒例塚ヨリ神人御酒ヲ持テ参ル時、下馬めされ候て御土器に御酒ヲ先三度御請候而、上宮三社ニ御ホカイ候、次ニ四度御請候而、平野片角大明神ニ御ホカイ候、次ニ三四十二度御請候而、下宮十二社ニ御ホカイ候、其後其盃ノ御酒ヲ大宮司殿被聞食候、其後中之馬ノ方江ツカハサル、

一、大宮司殿御奉向候時之文、

皈命阿蘇大明神　利益衆生大慈悲
本躰観音十一面　和光同塵随類身』（改丁）
願遇諸衆生　値遇大明神
願遇諸衆生　値遇観世音

願遇諸猪鹿　　値遇大明神
願遇諸猪鹿　　値遇観世音

三反ツ、

一、千葉破神乃めくミのふかけれは八百万代に宇治子さかへん

此哥《（歌）》を三返被遊候、

ぐそく《（具足）》じんづうりき《（神通力）》

くわうしやう《（光照）》はうべん《（方便）》

いせつしやうけちえん《（結縁）》

いとしゆしやう《（衆生）》こ

是ヲ御唱ニテ候、

天文十四年乙巳二月十六日　　権大宮司
宇治能憲（花押）

元亀二年辛未四月吉日　　西法左衛門尉
宇治惟久（花押）（この後四行分程空白、改丁）』

宇治能憲
宇治惟久

下野御狩法度之事

一、於馬場内者、餘多被烈事不可然、矢取一人、太刀持一人、馬口捕兩人外無用候、就中長具足不可持事、

一、於馬場物登候時、一度被乗馬候事如何候、一番詰二番詰次第被見合可然候、次及矢可嗜叓、物合従被馬遅圓叓不可然候

惟乗

一、馬場移之時、従往馬、蹤惟乗、乗馬之処、○従其跡無四度斗被乗懸候事如何候、馬打静各可被嗜事、

岩倉

一、見物従主之仁内者以下、従馬場漏候鹿不追帰打捕候事不可然候、其上自岩倉馬場江討出矢候事、如何と此謂堅固に可申聞事、

一、於馬場内者其外以同道往還事不可然候、殊雉兎雖馬場出候、出合不可追候、楚忽不可放犬事、

一、馬上之内於岩倉射矢前後之沙汰不可然候、能々有嗜度事、

登狩

一、登狩之時、各不被罷越、従用作畠多分に宿江被帰候曲事候、是又不可有無沙汰候、次赤水馬場猟揚候而岩倉偃〔遷カ〕息候、内ゝ先皈宅候、如何候事、

右、條ゝ背法度之儀輩者、一廉可申出者也、仍記録如件、

文亀四年甲子閏三月廿二日

惟益
氏家人
家人

彼法度状之事、惟乗御代村山美濃守當役之時書出者也、其後村上形〔刑カ〕部大輔書写也、於子孫不』（改丁）
可背此旨者也、

永正十五年戊寅三月廿八日

惟益（花押）

村山丹波守氏家人（この後七行分程空白、裏白紙、改丁）』

下野御狩装束之事

上下・烏帽子者宿より

一番　行縢　二番　籠手　三番　箞

四番　刀　五番　指懸　六番　沓

七番　鞭　八番　馬　九番　弓

以上

ウラニ
村山丹波守家人（この丁の裏白紙、改丁）』

下野御狩鹿立鹿蔵之叓

鹿立

東ノ鹿立《カダチ》は、落水・嵩《タケ》のはた（畠）・草高野・小石たゝミ（畳）・やり（遣）戸石・花山・ねち（捻）木・上米塚・下米塚、

南ノ鹿立は、寶鹿《ホウガ》内・小倉山・高野・鈴はた（畠）・白水・かつね原・城野《ジヤノ》尾・八蔵の尾・長やふ、

西ノ鹿立は、烏《カラス》山・楢原・堂床・あかせと（赤瀬戸）の脇・車帰リの脇・馬水・蔵さめ・長羽《ハ》山・袋鹿《カ》蔵《クラ》・水口・宮野原・菅原・馬隠山・絃巻《ツルマキ》山・山しふ（渋）・柳原・直ノ口・馬打上・馬立尾・さゝが原・太郎野、

北ノ鹿立ハ、上尾・入野・なら（楢）原・平郎石《ヒライシ》・上楽《ラク》道《下カク道》（ラカ）・菖蒲山・ひや（冷）水・まへむら（前村）・くわいつら、以上四十八鹿蔵也、

四十八鹿蔵

責子帳

一、下野御狩責子帳之叓、

鳥子四町四十人　布田《フタ》弐町弐十人
小森弐町二拾人　下田四町四十人
長野同　二十人　久木野弐畁（町）廿人
中村同　二十人　積《ツモリ》　弐町　廿人
白川同　二十人　竹崎同　二十人
二子石同二十人　市下六町六十人

高森四町四十人　村山弐町二十人

色見《シキミ》弐町　廿人　早楢弐町二十人

草部同　廿人　野尾同　二十人

柏　四町四十人　大野四町四十人

惣合五百四十人也、

（改丁）』

矢部千四貫ヨリ五貫分壱町に引て弐百壱人の責子也、

元和六年正月吉日

下田豊前守

下田形〔刑カ〕部傳久

下田太郎七殿

同　野兵衛殿

（この丁の裏白紙、改丁）』

下野狩祭之叓

抑此狩場ニ落クル獅子チク（畜）類鳥類ニイタルマテ、佛果ノ

哥

千和やふる神乃めくミにもれしとてけふのかり場の鹿の数〱

ちハやふる鳥類ちくるひにいたるまてけふのれう場の鳥の数〱

有請水放古宿人中同種佛果三返《ウシヨウスイホウコシヤクニンチウトウシユブツクワ》

下田吉治

下田　権大宮司　惣五郎吉治

下田吉成

同　惣四郎吉成

〔改丁〕」

（この丁の裏白紙、改丁）」

阿蘇下野狩覚

神八井耳命

一、下野狩と申候者、阿蘇大神健磐龍命《タケイワタツノミコト》神武天皇ノ御子ノ神八井耳命《カミヤイミヽノミコト》ノ御子也、肥後國ヲ神武天皇ヨリ健磐龍命ニ就被進候、山城國宇治郷ヨリ阿蘇に御下被成、肥後國ヲ一圓ニ被成御領知候、神武七十年中ニ阿蘇ニ御下り被成宮居候、其時右ノ宮居ヨリ西南ノ方ニ下野ト申候而、阿蘇山下ニ御座候地ニ毎歳被成遊猟、諸神祖神ニ猪鹿鳥魚ヲ被備之候、健磐龍命任御遺命ニ天正六年迄ハ為勤行候得共、季〔秀〕吉代ニ無法ニ神領御取上候ニ付、無人ニテハ御狩難調止申候得共、夫ヨリ於ニ今、

秀吉

阿蘇山学頭坊
鹿渡橋
湯ノ谷湯小屋

鬢抓馬場

駒立ノ馬場

中ノ馬場

猪鹿魚鳥ヲ阿蘇宮ニモ奉備申候、御狩之節ハ大宮司下知トノ荘人并阿蘇山学頭坊衆徒行者ニモ相應ノ役儀申付爲勤申候、其内ニ鹿渡《スガルノ》橋并湯ノ谷ノ湯小屋ハ衆徒ニ申付仕セ申ニ付、今以正月衆徒年始之吉書ニモ其趣書添申儀ニハ御座候得共、右ノ橋并小屋ヲ衆徒ヨリ与配仕筈ニ而無御座候、右之外ハ事多略仕候、

下野三ツノ馬場ト申候者、

一、鬢抓《ビンカキノ》馬場　圖ニハ一幅ニ仕候、

右之所ニ而ハ、大宮司ヲ始末〻迄相應ノ装束ヲ仕、諸神祖神ヲ奉勧請勤祭申候、

一、駒立《コマタテ》ノ馬場　圖一幅ニ仕候、

右之所ニ而ハ、大宮司ヲ始末〻迄狩装束ヲ仕、駒ヲ立双ヘ申儀ニ御座候、

一、中ノ馬場　圖一幅ニ仕候、

右之所ニ而ハ、猪鹿畜鳥ヲモ三千人ノ勢子共追出取申儀ニ而御座候、黒装束ハ大宮司、坊主ノ長刀ヲ持動キ申ハ大宮司召連候坊官ニ而御座候、狩衣ヲ着御幣ヲ持申候ハ、狩奉行下田權大宮司ニテ御坐候、矢ヲ大宮司ヨリ遣シ申様子モ御坐候、

以上、

（改丁）』

（この丁の裏白紙、改丁）』

阿蘇宮内權太輔

阿蘇宮舊記并下野御狩記録之内抜書

西野原

一、西野原（鷹山下野原ト云高山又高峯原トモ云）

鷹山ト云者垂玉ヨリ湯谷迄之間山之総名ヲ云、

一、下野三之馬場（小物之馬場モ云）

鬢抓《ビンカキ》之馬場（事始之馬場也ムシロノバ、トモ云）中之馬場（駒立ト云歟）赤水之馬場（終《ヲハリ》之馬場トモ云）

阿蘇鷹山下野御祭禮贄狩蔵制禁之條々并四方之境法度之事、

一、神之御狩蔵之内ニ而不可狩仕事、

一、鷹山ニ入材木不可剪採事、

一、下野馬場ニ入而薪不可采事、

一、下野御狩前七日後七日之間取候猪鹿者、御贄ニ可順事、

一、下野馬場御狩前不可火ヲ入事、

北宮
年禰神社
霜宮籠屋

一、於鷹山材木伐採《トリ》候儀者、阿蘇宮北宮造営并年祢神社御祭禮之神木ヲ採候節、七月七日ヨリ九月九日マテ霜宮籠屋薪ヲ采《トリ》候節之儀者、各別ニ候、此外ノ用事ニハ材木堅不可伐採事、

一、鷹山捻木《子ヂ》ヨリ冷水鬢抓大道・木引地・一之川・下作渡・宮原・小渕迄草部權大宮司支配之所也、小渕ヨリ馬水・ひわたか山二ツ山・烏帽子形・捻木迄者下田權大宮司支配之所也、右之條々及違犯者於有之者、《雖爲》如何成權門高家神社佛寺領内之者、侍者令所領改易、軽輩者其身及妻子ヲ搦捕可令在所追放、若當時不隨下知者於有之者、速可』(改丁)行死罪者也、仍下知如件、

承平二年壬辰二月吉日

阿蘇大宮司賴高　判

草部權大宮司殿

下田權大宮司殿

鷹山下野御狩鹿立鹿蔵之事

一、東之鹿立

落《ヲチ》水　嵩《タケ》之畠《ハタ》　草高野　小石畳

遣戸《ヤリト》石　花山　捻木　上米塚

下米塚

一、南之鹿立

寶鹿内　小倉山　高野　鈴畠《ス、ハタ》
白水　葛根原《カツ子》　城之尾《ジヤ》　櫓之尾
一、西之鹿立
烏山　楢原　堂床《トウトコ》　（赤瀬戸之脇（別書ニ赤瀬トアリ、）
車帰之脇　馬水《マミツ》　蔵さめ　長羽山
袋鹿蔵　水口　宮原（赤水馬場之奥）　菅原
馬隠山《マカクシ》　弦巻山　山渋《シブ》　柳原
直之口（此所ニテシトカレ候、）　馬打上　馬立尾　篠ヶ原《サ、ガ》
太郎野
』（改丁）
一、北之鹿立
尾上　入野　楢原　平良石《ヒライシ》
上楽道　下楽道　菖蒲山　冷水《ヒヤミツ》
前村　くわいつら
以上四十八鹿蔵也、
承平二年（壬辰）二月吉日

下野御狩名所

下田豊前守
下田形〔刑〕部

○恒例《カウレイ》塚（神人酒持参ノ所、
岩蔵（見物人ノ居所、
木引地

一之川
○下作渡《ツクリワタシ》
小渕

比和多賀山
二ツ山
烏帽子形

○薦《コモ》原
薦池口
巌《イツクシ》塚（狩祭ノ場所、

○通山鬂抓バヾノ責子入ル山也、
物越之堀渡馬坂渡
馬山馬立山歟、

喜端山　黄檗
山渋
鹿渡

平山
池本
亀塚

○亀迫
○豈及《キキウ》
○頗田《ハタ》

三方
田町馬場
荷塚

中川　垂
○歴木《クヌキ》原（クニキハラトモアリ、
入江崎　鍛練《タンレン》

中道　怒
水溜
○茂《シケ》迫

隠山（赤水バヾノ責子入山也、
○殿塚大迫共云、
○遠見迫（ヲキヲ見ル所也、

駒立畠大畠ト云狩ノ日着到付ル所也、

芦毛ゲ渡

○おいらの口（御入ノ口ト云儀赤水バゞ此所ヨリ御出也、）

籠の山（中ノバゞノ責子ノ入山也、）

中王口（中ノバゞエヲロス口、）

胡桃《クルミ》帰野　皈

早角

豈シカノハヤシト云、　月毛ゲ渡

渾《ニゴリ》川赤水ハ、ノ南　一幸　究

○と丶ろき原（上下ニアリ、）　池のくぼ　窪

早一口――二合石
此所ヨリ鬢抓馬場ニ南郷ヨリ上下共ヲロス、

東岩　上同断、　○薦原口　上同断、

○戸渕之瀬渡り上　○音鹿責
小丸両所御狩前人留所、

荒瀬

（改丁）」

指出

阿蘇山下
一、下野　阿蘇宮御祭禮之御狩場、

同断
一、鷹山　（右同断、且又二月田作御神事之節神木採候所高山共云、）

同断
一、楢尾　（日本記又ハ阿蘇宮旧記ニモ有之九百七十丈ノ大木之跡、）

坂梨手永内
一、楢山　阿蘇宮御祭具ヲ採候所、

内牧手永内
一、常鶴沼　（右同断俗ニクゞムタ、千町ムタトモ云、）

右同断
一、蒲牟田　右同断但シ両所有之、

右同断
一、明神山

坂梨手永内
一、一本木

以下略之

右者古今私共支配仕所ニ而御坐候、以上、

正徳二年七月廿七日
當時マテ四十年斗歟

阿蘇宮中司役
宮川長之進

同宮社家頭一大夫
宮川掃部

右同断權大宮司
草部左京

右之通奉致加印候以上
阿蘇宮内權太夫殿

竹内吉兵衛殿

田邊平助殿

』（改丁）

弓手・妻手・袖添・仲・宗渡・火引

右ト別書ナリ

十、南郷妻大明神此兩（西）宮候

一、此兩（西カ）野御所ハ四西（面）大《だい》井（菩薩）明神御妻神也、三社も三馬場守出御神也、一社ハ上様、一社ハ下田、一社南郷役人中御守護御神也、其外御祭礼ハ以後阿蘇田畠相定而御祭等モ定候也、頗傳迄此御狩ハ就万事始ノ御祭礼也、

四面大菩薩

高峯原

其後、正月中ハ餘寒強ク天氣悪敷、御狩難懃候付、依御詫〔託〕宣二月下旬三月始ト定候也、
御祭ハ二月初夘日ト定玉リ、御狩ハ正月廿日ト定玉フ、
鷹山　高山共云、又高峯原トモ云、
天下泰平国家豊饒邪氣降伏諸神納受之祭祀也、
降伏自在之弓、神通之鏑矢、
日域無隠祭禮也、
一、神武廿二乙丑正月廿日狩同二月初贄夘日也、
右ト別書ナリ
平山池本亀塚豈及
一、恒例塚　鬢《ビン》抓《カキ》
一、馬隠山　駒立
一、岩倉　中馬場
一、赤水馬場
下野鹿立鹿蔵
一、東ノ鹿立ハ
（改丁）』

落水　嵩《タケ》のはた（畠）　草高野　小石たゝミ（畳）　やり（遣）戸石　花山　捻木《子チキ》　上米塚

下野狩為御尋頼朝ヨリ伊豫迄使下向、其時下田家左衛門太夫ヨリ行騰本認進上、又、雁俣百鏑二手但一手六十也　シユス（朱子）段子十一反御使ニ渡シ候由、頼朝ヨリハ吉光ノ太刀金作ヲ給由、只今之時ハいかほと御用段候へ共、たか（鷹）山・長の（野）・おとかせうら（音鹿責浦）にてかり（狩）あるましく候、いかにも鹿をさつけ可然候、

犬追物

一、下野御狩稽古之事ハ犬追物を被遊候也、下野御帰以後、狐狩御坐候、其在所狐蔵トテ高森原に有、

右ト別書ナリ
之事ハ右の御手｜（二字不分）｜て切へし、こしらへ様ハ口傳有、

登狩

一、登狩ハ御狩ノ首途（本ノマヽ）也、南郷ヨリ御出候て御逗留（本ノマヽ）候間被遊候処也、

一、下野御狩乗替之事不定候、上様ハ何疋も御牽を有へし、私ノ馬ハ三疋二疋タルヘシ、指縄ハサシ候モ能ゝ不差も無煩候、馬場ニてハ妻手にさし候也、是ハ弓の本はす（筈）にさハらせしかためなり、

一、馬場之事、初ノ馬場ハ鬓抓トモ莚小野とも申也、馬場ノ切レ不分間候間、其にてひんのかき候間切レ（改丁）』テ不分此中也、中ノ馬場ハ小物之馬場、又其次ハ赤水と申也、

覚

阿蘇宮三坐之御神、一殿神武天皇御孫ニ而健磐龍命、二殿ハ比咩明神、三殿之━神《切テ不分》ト奉申也、

━十六年二月朔日従倭國○下給テ國都神娶○━吉見姫生セル御子則國造明神也、二千二百余ニ成《○此丸切テレ不分印ニ付置也、》

申候、肥後国一宮ニ而○━━昔ハ肥後國并○━内ニ而一郡・二郡新〔宮カ〕神領ニ而御坐候、神主ハ右国造明

神ヨリノ系圖ニ而○━読終社不申候、○━━神領御寄進之儀者論〔綸〕旨数十通并令旨頼〔数カ〕○━祭九代尊氏

公御代〻秀吉之御朱印又ハ今川了俊義定○━其外国々之大名衆ヨリ之調伏今所持仕居申候、因茲

右之分ハ○━神主代〻領知仕黒○━徒行者社人中江遣置候、乱世之刻ニて或○━或滅申儀も御座

候得共、肥後内阿蘇・益城之兩郡ハ天正年中私祖父惟善神主若○━迄領知仕居申候○━秀吉之御

下之刻ニ○━減申候、夫故惟善ハ加藤清正ニ付居申候処ニ家康尊公様御代ニ従清正被達尊聴候上ニ

而、惟善ヲ阿蘇宮ニ御遣散○━在之寺社人ヲ召集申候、有之旨ヲ追惟善ニ九百八十九石余折紙を以

爲拘領、此高之内ニ而社人○━徒行者ヱ配當仕、因此例ニ當細川御家○━御折紙も私所持仕居申候、

尤官位共ニ昇進仕五位ニ而立極位二位迄ニ而口宣も数十通所持仕居申候、神主代〻○━━因爲御家

来○官位之儀も従鷹司様○━事ヘ被仰遺候、昇進仕来申段、鷹司様御家老《本ノママ》廣庭中書候間、其外存

申候通ニ而御座候、私不勝手ニ御座候故、官位昇進之刻候ハ、『〔改丁〕』越中守殿ヨリ昇進料米渡被下候ニ

付、数年の絶〻昇進も定年〈〈ニ仕大悦仕儀ニ御座候、

惟善
秀吉
加藤清正
家康

細川御家

鷹司

越中守

家康尊公ヘ阿蘇宮陵○――儀ニ御座候○―祖父惟善ハ若年（本ノマ、）○―清正ヲ差越申後難取、其以後ハ猶
以其通にて其儀無御座候、
阿蘇宮神領九百八十九石○―壱斗内百石ハ御祭斨、百五十石ハ衆徒行者、百六十六石五与〔斗〕九升ハ
社人百石○――霜宮形部〔刑〕三石四与〔斗〕○――石ハ（一石五与〔斗〕八升鐘撞）大山寺三百五○――八石三与〔斗〕四升ハ神主領知仕定候
祭礼之外神○―又ハ御祈禱斨（本ノマ、）にも定之外ニ仕候、神領分大高之様（本ノマ、）ニ御座候得共、古ハ神主○―人ニ
而領知仕候、以引例清正ヨリ右之通ニ候、配當ニ而御座候、
○―古神領大分ニ候、○―刻ニハ数十ヶ度ニ而御座候内下野之御狩○―行文里阿蘇ヘ○―時ヨリ始神
主其外社人等罷出テ猪鹿ヲ狩取神膳ニ備申祭ニ而御座候、扨又肥後國中○――其外ヨリ名吉其○
――魚又ハ雉子其外納申候、法ニ而神膳ニ供米申候得共、神領滅乱世旁故、天正年中ニ下野狩も中
絶仕、浦々ヨリ納申○――難成其後ト社人共○――々ニ而少[illegible]調ニ令来、又ハ絶申も御座候、右之
仕合故神道之法、○―不学而已ニ罷成無是非不居候処に寛文五年御朱印趣當○――ヨリ被申渡候
ニ付存立、京都ニ罷上、鷹司様○――神道行事方成共、傳受仕、阿蘇宮作法再興仕度と存シ、前以
○――守恒（本ノマ、）も御尋申候処ニ、願可仕由ニ付上京仕鷹司様』（改丁）得御意候処ニ吉○――傳受可然由ニ付吉
田ヘ数年逗留仕宗○―事火祭十八神道○―神前之作法傳受仕候、折節吉川惟足日本記御請讀ヲ承
申候、右之段廣庭○――書方存之通ニ御座候、以後罷下絶果申候、○――吉田女教示仕、扨當越

吉田
吉川惟足

中守殿ヨリも被申付、熊本○——畑も折〻神道行○—祈禱（本ノマヽ）執行仕申候、魚等新儀ニ宮へ備申候様ニ寺方ヨリハ可申上候、○——左様ニても無候、○——古ヨリ猪鹿納○—来候得共、今以○—者備不申候、右之段、古之祭帳ニ令所持仕居申候、尤供申神膳之仕様ハ吉田之○—教傳申候、

最栄読師

阿蘇山ハ欽明天皇御宇阿蘇宮ヨリ御鎮坐ニて、其後神亀三年ニ最栄讀師ト申僧侶○—坐迷後ニ本堂○—仕、以来衆徒・行者出来段〻ニ仕候、○——文永七年立始申候、四百余年ニ成申候、○—阿蘇山魚味ハ供○—無御坐候、

阿蘇宮御祭六月廿四日・廿六日ニ而御座候、古之調圖（本ノマヽ）ニ神主ヨリ下○—衆徒・社人等ハ座○—扨又正月十五日ハ衆徒、十六日ハ行者ニ而、神主ハ寺社人之頭、故ニ古ヨリ年始之礼ニ仕来申候、○—外定御坐候ニ而神主礼ヲ申儀ニ御坐候得共、右之定日勤礼をも迷惑がり○—宮ハ衆徒ヨリハ格別之

今越中守

様ニ年〻追日○—申儀ニ御坐候、○—今越中守殿○—ニモ神主次ニ（貼紙）寺社人ハ遂一礼申儀ニ御坐候、○寺社人亦ハ越中守殿○—中河も存候、○—ニ而○—候、右申上候様ニ寛文五年御朱印○—』（改丁）趣相守之、又越中殿鷹司様吉田ヨリ之御辟止○——を相守勤申儀ニ御坐候得共、私病氣ニ御坐候故、勤兼申儀ニ御坐候、

藤崎八幡宮

熊本藤崎八幡宮も神護寺寺社家頭モ佛法来朝已後○——男山勸請殿ニ○——魚味等不申処ニ、近○—社家ヨリ魚味ヲ備申候○—出入ニ成社方負申候、阿蘇宮ハ猪鹿鳥○——来候、古之祭帳○—

細川古越中守忠利

持仕居候得共、藤崎八幡宮仕候式トハ各○――ニ而御坐候、
○―勅使御下被成候○―論〔綸〕旨并公家衆ヨリ之添状御坐候、
阿蘇陵夷之記并論〔綸〕旨口　宣　大樹公ヨリ○――御書御老中へ入御披見申度奉存候得共、不勝手成
大宮司故自○―罷上申儀、難叶且○――下望《本ノマ、》申儀、難成打○―無是非奉存候、
○―月　　公方様御祈○―細川古越中守忠利卿之御代ゟ被申付候を執○――御祈○―次第ハ○
―百廿坐三種大祓○―百坐御神楽五十○―御座候、同初穂○―俵内十俵神主（但此内○直中《本ノマ、》へ）―當又ハ御
祈禱《本ノマ、》神酒御膳等調申候、十俵社家中、十俵衆徒、十俵ハ行者《十俵ハ社家中》ニ而御坐候、右正・五・九月　公方様
○―宗○―事火祭十八神道ノ三壇御祈禱《本ノマ、》○―申度いかに奉存候○――斤等入申儀○――ゟ望自分
ニ勤○――難成此段も残○―過申候、』（改丁）
阿蘇山烟火石等遠〔違〕變ニは○―天下国家對阿蘇宮○―社人宮事ニ立申候、○―古ゟ旧記神主所持仕居
申候一巻ニ而御座候故、外ニハ無御坐候、寺社家中ニ若御坐候○――書ニ而御座候、右之旧記ニ遠變
度ゝ○――神主書加申候、○――去年も同○――赤水ニ變申候、尤其刻も越中守殿ゟ御祈○―被
申付候、何之返事ニ○――申哉と諸人申所ニ○―存合へ候共、去年　○―綱尊公様被遊御他界候
○―遠變ニハ此方ヨリ太守へ○―上候得共、江戸へ被仰上候○―○―不奉存候、遠變○―ニハ重
御祈禱《本ノマ、》憚杣成○―ニハ憚キ御祈○―時〳〵ニ伺神鬮を執行仕度儀ハ○――是も皆ヨリケ○――を

神主宮内少輔

望申儀ハ難成打過申候、凶事相當之○――仕候へ共、因神慮凶事立由古ヨリ旧記ニ相見へ申候、
右ハ神主宮内少輔ゟ○―守ヲ持せ巡見衆へ近候○―使ニ仰尋被成候、○―出候扣也、

覚

阿蘇大明神ハ神武天皇ノ御子神八井耳命之御子ニテ健磐龍命ト奉申、肥後国一宮ニ而○――人々出生之分ハ○――子ニ而御坐候、阿蘇都○―トモ奉申神武七十年二月従倭国阿蘇ニ御下、二千二百年余ニ成申候、御社ハ孝霊天皇御宇ニ立申候一破也○――比咩明神、草部吉見明神之御姫ニ而阿蘇都媛とも奉申○―ハ国造』〔改丁〕明神、阿蘇都彦・阿蘇都媛ノ御子也○――三坐肥後國田〔四カ〕坐○―内阿蘇三坐ニ而御座候○―一坐ハ玉名郡疋野○――比岐神、素戔嗚尊ノ御綵〔孫カ〕也、

後世ニ阿蘇十二宮ト申時ニハ

○―殿国龍明神草部吉見明神也、○―殿比咩御子明神国都神也○―御子明神國造速瓶玉命之御子、○――右比咩明神国都神也○―新彦明神國龍明神也○―新比咩明神七殿ノ御子也○―若彦明神新比咩明神ノ御弟社人ノ先祖、○―祢比咩明神国都神也、十一殿国造明神本殿ハ北宮後世ニ爰ニ御鎮坐也、○―十二殿凝〔金凝カ〕明神緩清天皇ナリ○―宮ハ天照大神・神武天皇神八井耳命、○―宮ハ國造明神○――欽明天皇御宇ヨリ○――御鎮坐○―比御池ハ健磐龍命中ノ御池ハ比咩明神○―施崎ハ彦御子明神、本堂ハ神亀三年ニ宬○―師来朝ノ造立○―ハ八十九代亀山院○―文永七年十一月十○―申ノ時立始申候、天○―國家ノ凶事ニハ遠變御坐候、其段神主○―古ヨリ之旧記御坐候、此時已来

段〻ニ衆徒・行者出来申候、私ハ○――
○―宮ハ（比咩明神 比咩御子明神 国龍明神）神武天皇御宇ニ御鎮坐○―祢社ハ国龍明神○―鶴原社ハ新彦明神○―比咩御子明神・若比咩明神・弥比咩明神・新比咩明神○――年中ニ御鎮坐
○―宮ハ七星也、大明神阿蘇ヘ御下ノ時寒霜深クノ○――不実故ニ御勧請○―松社ハ国龍明神也、三十一代○―天皇十三年六月御鎮坐○―姫社比咩明神聖武天皇 神亀。―廿九日ニ御鎮坐○―宮ハ』（改丁）新彦明神也神亀五年○―夘日御鎮坐御祭年中ニ数百ヶ度御坐候得共、天正年中ヨリ○―領滅申候巳後大方絶、今ハ少〻御坐候内六月二十四日北宮、二十六日ハ阿蘇宮御祭○―宮末社二百余ヶ社当国他国○―ハ、古ハ肥後一國
○―九州ニ而毎國ニ一郡○―附申候、右之旨令旨頼朝公・北条九代・尊氏公御代〻○―今川了俊○―儀定其外諸大名之御書出○―尤綸旨口宣ニハ○―争惣右数十通○―神主所持仕居申候、天正年中迄ハ阿蘇益○―両郡附居申候所ニ秀吉御下巳後滅益○――丁折紙秀吉ヨリ○―祖父惟善兄弟ニ被下候得共、若年殊ニ惣官○―ニ付熊本ニ罷申候○―ハ高麗陣ヘ同道仕参申候、清正留守ニ惟善兄惟光ハ熊本ニ居○――神領滅申候、故ニ○――家来大分窂人ニ○―ニ居申候処、菊地○―一揆ニ右之散在之窂人共少〻加リ申候ヲ○―主一揆ノ様ニ秀吉ヘ○――にて清正留守ニ○―惟光ハ祇園山ニ而○―被仰付候、其後清正○―國ノ上被申候ハ在国ニ而候○――分遠候段、秀吉申ヘ入ニ儀残多之○―而惟善○――可申との儀ニ而○―御代　家康尊公様○――定候処ニ神主一○――仰上候、弥取○――被仰出

秀吉
惟善
清正
惟光

候ニ付○――――惟善ハ阿蘇ヘ御遣被成○――――寺社合集古之○――――ニ勤○――――ニとて○――――百八十九石
六与〔斗カ〕一升ノ○――折紙惟善ニ為頭○――内百石ハ御宮祭○――四石七与〔斗〕ハ霜宮』〔改丁〕○――料三百五十石ハ衆
徒・行者、百六十石五与〔斗〕九升ハ社家中、三石四与〔斗〕ハ○――田五石ハ大山寺一石五○――ハ鐘撞、三百五
十○――四升ハ大宮司、右ハ古ハ神主一人ニ而○――領申候ニ付、如此ニ而○――任此旨當太守○――ヨリ折紙
モ御代ゝ神主○――――乃〔頂カ〕戴仕申候、菊地○――一揆ノ段ハ太閤記○――
○――行者・社人中ヘハ神主ヨリ○――被置候故○――度事○――被仕候儀ノ旧記○――百通今ニ御坐候、
○――――ハ古ヨリ一本ニ○――――宮ニ御坐候、夫故○――行者ニハ無御坐候、○――――得共余ハ○――御坐候、
其故ハ○――申故ニ不在候、○――御坐候、
○――――ハ景行○――宇ヨリ始天正○――――絶申候、○――――鹿ヲ狩取○――――狩扨又○――――ニヨリハ諸魚○――
類ヨリハ鳥類神膳ニ○――来候古例ニ而御坐候、○――モ神領滅申候、○――主社人等求今ニ○――来申候御坐
候、○――憚キ下社人参候様ニと○――――呼候、故ニ草部○――――宮川助近、内牧ヘ参り候、○――――御尋ニ
付、書付出候扣也、
延宝九年九月十四日ニ高○――――十五日ニ内牧ヱ○――――巡見衆
○――――衛門乙名（米山太郎兵衛 秋山弥七郎）○――――○―石川木工之助（加地小左衛門 山中源八郎）
○―○―石田七左衛門（小畠三五左衛門 熊谷少左衛門）』〔改丁〕

絵図屏風

妙応院

伊藤忠右衛門

口上

今度阿蘇下野狩之繪図、御屏風ニ被
仰付候、就夫御用御座候間、右狩之時代年号等其外ニ茂相知レ居候儀者書記、貴様迄、追可申由被仰聞、致承知得其意存候、則當　宮御記之内狩之処書抜進申候外ゝ、
妙應院様御代貞享二年三月二日、右狩之圖掛物六幅ニ被　仰付、被遊御寄進候、祖父自筆之覚書一通相添置候ニ付、是又写進申候、

一、右狩事ニ付、故實多ク御座候而、委細ニ記候書有之候共、秘書ニ而御座候付、他見不仕儀御事候、

一、狩之濫觴者右抜書ニ大概相見ヘ申候、
健磐龍命、御狩を被始候已後天正六年迄者、無断絶致執行候得共、乱世之砌故同至七年致断絶候、同十五年豊臣秀吉西征之節、無故神領を被没収者祭祀等悉及断絶候、其後加藤清正神領御寄附ニ付、祭礼等も往昔之遺形事を致再興候得共、下野狩者當時之躰ニ而者難成、於今相止居申候事、

七月幾日　阿蘇宮内權大輔

伊藤忠右衛門様

二　永青文庫所蔵下野狩関連文書

1　下野三狩矢野茂左衛門覚書写

①　下野之三狩矢野茂左衛門覚書之写②

矢野茂左衛門

一、狩場一番びんかきと申所、二番中の馬場と申所、三番赤水の馬場と申所、

一、ひんかきの馬場にて侍いつれも目見仕候、中の馬場にて政形儀正しく候、赤水の馬場にては殊の外猪取れ申候由、何れの馬場にても狩は御座候、

一、ひんかきの馬場にて目見を請候様子、鏑矢一筋持参仕披露、人に渡し土座にかしこまり、謹而御礼申上る、但一人つゝ仕廻候者、次第〳〵に退申候、

一、大宮司狩装束

一、冠○着狩衣地黒く紋所靏、但烏帽子を着乃時も御座候、左折の立烏帽子にて御座候、

一、四小袴紅の練貫、　③（元の位置不明）

一、一韘白革、　④（元の位置不明）

一、五行縢熊皮、　⑤（元の位置不明）

一、六白革乃沓、

一、二五色の御幣腰に指す、

三白木野⑥の弓、但靫の時は熊皮、

一、馬月毛・芦毛・黒の馬乃間、馬取素袍袴なり、

一、中太刀佩く、

一、大太刀は持する、

一、ひんかきの馬場にて大宮司禮を被受候時ハ、輿に乗り請られ候、赤水の馬場にてハ馬に乗候事
さい〳〵有之由、

一、長刀力者持つ

一、傘白袋に入、烏帽子上下の者持、大宮司馬上の時は傘さし申候、

一、大宮司馬・輿の廻り徒立の侍、折烏帽子・上下ニて小太刀を佩き、百五六十もつくはひ居申
候、此内』（改丁）家中の子共も召連申候由、

一、旗本の後に弓鎗⑦警固仕大分御座候由、

『（改丁）

一、宗徒備〔満カ〕と中備は大宮司一門衆、何れも馬上にて折烏帽子上下、色ハおもひ〳〵、中太刀を佩き、白き鞢をさし、弓を持人数五六十程つゝ御座候、左右にわかりて立、秋毛の鹿の行縢、

一、弓手備〔満カ〕の士、馬上、折烏帽子○きとん枇杷色薄柿の間、紋所ハ色々、白き鞢をさし、太刀を佩き、小指物を差し、弓を持なり、行縢右同、人数百人餘、

一、妻手備〔満カ〕野侍、馬上、上下の色水色又ハ白の間、紋所地形はおもひ〳〵、人数百人餘、行縢右同、

一、中の馬弐騎、是は狩奉行にて、立烏帽子・上下紋所楢柴を付、色は紺にても其外にても、白き御幣を腰に指す、ふかくつ（深沓）はく、行縢ハささす、⑧弓はふえ』〔改丁〕まきしめ一手取添え下人に持せ、馬の側⑨に召連候、⑩（元の位置不明）

一、狩場に出る侍供の者、馬の口取弐人、矢取壱人、太刀持のため壱人、此四人の外堅くつれさる事、

一、中の馬場にて御酒・土器・肴持出る役人神人六人也、折烏帽子・柿の上下着する、御酒は瓶子一對、肴は折、

一、⑪列卒猟師共に人数二千四五百ハ必出候由、猟師は弓を持、犬を牽せて出る、此人数岩倉にて踏とむる、馬場にハ壱人も出不申候、

一、馬場に出る猪に犬を付さる事、
一、家中の侍の下〻雑兵、乗替の馬、長具足《兵具》、何れも岩倉に召置候、
一、見物の男女によらす皆岩倉に居申候、
一、狩場に長具《兵》足持せ申間敷候、中太刀・小太刀は』(改丁)苦しからす候、
一、狩場に⑫持出る矢くゝりかふらしめ、此外持⑬ましく候
一、惣人数持出る靫色〻はなやかに仕候、大宮司一人熊皮の靫、狩場へハ矢籠にて出る、
一、惣の弓栗色藤巻本末墨塗、白木ハ大宮司の外もたす、
一、惣人数揃ひ狩奉行見計ひ火を掛させ候、折烏帽子・白装束仕《の》候者大勢にて火を付て廻る、但
松明にて付るなり、
一、狩の時分、二月の末・三月の始の事なり、
一、何れも矢の羽白し、

右之通抜書御座候以上、

(付箋)　①阿蘇　②の節ー　③素袍袴の者持と調候筈　④仕候ニ而御座候
⑤一中の馬場にて御酒・土器・肴持出と申ヶ條此所に可入也　⑥白木の弓　⑦長刀

⑧弓ハふえまき〔しカ〕矢一手取添え　⑨ニ而御座候

⑩ひんかきの馬場は目見の節と申ヶ條の次に入ル　⑪何れも矢の羽白と申ヶ條此処ニ可入也

⑫狩場に長具足と申ヶ條此所ニ可入也　⑬素袍袴色の

2　板書

安永二年　此書反故ヨリ見出シ申候事

阿蘇下野之三狩、矢野茂左衛門尉覚書写

但　阿蘇宮内權大輔ゟ上羽四郎大夫江書状書硯ニ入置候也、

矢野茂左衛門尉

上羽四郎大夫

3　宮内権大輔真楫書状

去月晦日之御礼相達忝致拝見候、森多郎御座候得共、弥御堅固被成御勤珍重之御事御座候、然者阿蘇下野狩之儀、天正之比迄ハ有之候由、一通りハ御役所江も相知居申候得共、委細書付等も有之候ハヽ、年号等被成御聞度御座候ニ付、書付進可申由、被仰下御紙面之趣、致承知候、則舊記内』(改紙)右狩之所書抜懸御目申候、尤狩一巻之故實委細ニ書記候書、且又狩道具之小形等有之候得共、是者秘書ニ而他見不仕宮法ニ而御座候、右書付之内御不審之儀も御座候ハヽ、猶又可被仰聞候、右之御

報爲可申述如是御座候、猶期後音之時候、恐惶謹言、

阿蘇宮内權大輔

五月十七日　真楫（花押）

阿蘇宮内権大輔
真楫

上羽四郎大夫

（封紙）「上羽四郎大夫様
御報」

4　下野之三狩書物之抜書写

下野之三狩書物之抜書

一、狩場一番びんかきと申所、二番中ノ馬場と申所、三番あか水の馬場と申所、

一、びんかきの馬場ニて侍いつれも目見仕候、中の馬場ニてまつり事ぎやうき《行儀》たゝしく候、あか水の馬場にてハ殊外しゝとれ申候由、いつれの馬場にても狩は御座候、

目見

一、びんかきの馬場にて目見を請候様子、かむら《鏑》矢一すち《筋》持参仕ひろう《披露》、人に渡、土座にかしこまりつつしんて《謹》御禮申上る、但一人つゝ仕舞候もの次第〳〵にのき申候、

一、大宮司かりしやうそく《狩装束》

一、かふり《冠》・かりきぬ《狩衣》地黒く文《紋》所靍、但ゑほし《烏帽子》を着の時も御座候、ひたり折の立ゑほしにて

候、
一、こはかま《小袴》・くれなひ《紅》のねりぬき《練貫》、
一、ゆかけ《弓懸》しら《白》皮、
一、むかばき《行縢》くま《熊》の皮、
一、白皮のくつ《沓》、
一、五色の御へひ《幣》こし《腰》にする、
一、白木野の弓　但うつほの時ハくまの皮、
一、馬つき《月》毛あし《芦》毛黒の馬のあいた、馬取すわうはかま《蘇芳袴》也、』（改紙）
一、中太刀はく、
一、大太刀ハ持する、
一、びんかきの馬場にて大宮司礼を請候時はこし《輿》にのり《乗》うけられ候、赤水の馬場にては馬にのり候事、さい〳〵《細々》有之由、
一、馬印ハ金のたか《鷹》のは風くるま《車》、
一、なきなた《薙刀》力しや《者》もつ、
一、からかさ《傘》白袋に入、ゐほし上下のもの持つ、大宮司馬上の時は、かささし申候、

一、大宮司馬こし（輿）のまハり、かちたち（徒立）の侍、折ゑほし上下ニて小太刀をはき、百五六十もつくはひ居申候、此内家中の子共も召つれ申候よし（由）、

一、はた（旗）本のうしろに弓やり（鑓）けいご仕大分御座候由、

一、むねと（宗徒）（満カ）備と申そなへハ、大宮司一門衆何も馬上にておりゑほし上下色ハおもい〳〵、中太刀をはき、白キゆこてをさし、弓を持人数五六十ほとつゝ御座候、左右にわかりて立、秋毛のしか（鹿）乃むかはき（行縢）、

一、ゆんて（弓手）（満カ）備の侍、馬上折ゑほしきとんひわ（枇杷）色うすかき（薄柿）のあいた、文所ハいろ〳〵、白キゆこてをさし、太刀をはき、小さし物をさし、弓を持也、むかはき右同、人数百人余、

一、めて（妻手）（満カ）備野侍、馬上上下の色水色、又ハ白の間、文（紋）所地かたハおもい〳〵、人数百人あまり、』（改紙）むかはき右同、

一、仲の馬弐騎、これハ狩奉行にて立ゑほし・上下文（紋）所ならしば（楢柴）をつけ、色ハ紺ニても其外にても、しろき御へい（幣）をこし（腰）にさす、ふかくつ（深沓）はく、むかはきハさゝす、弓ハふへまきしめ一て取そへ、下人に持せ馬のきわにめしつれ候、

一、狩場に出る侍供のもの、馬の口取弐人、矢取壱人、太刀持のために壱人、此四人の外かたく（固）つれ（連）さる事、

一、中の馬場にて清酒《（御カ）》・かわらけ《（土器）》・肴持出る役人神人六人也、おりゐほし、柿の上下着する、
清酒《（御カ）》ハへいじ《（瓶子）》壱對、肴ハおり《（折）》、

一、せこ《（勢子）》・れうし《（猟師）》共に人数二千四五百ハかならす出候よし、猟師ハ弓を持、犬をひかせて出る、此
人数いわくら《（岩倉）》にてふミとむる、馬場には一人も出不申候、
馬場に出るしゝに犬を付さる事、

一、家中の侍の下〻ぞうひやう《（雑兵）》・のりかへの馬・ながぐそく《（長具足）》いつれも岩倉にめし置候、

一、見物の男女によらす皆岩倉に居申候、

一、かり場に長ぐそく《（具足）》もたせましく候、中太刀・小太刀ハくるしからす候、』（改紙）

一、狩場に持出る矢くゝりかむらしめ、此ほか持ましく候、

一、惣人数持出るうつほいろ〳〵花やかに仕候、大宮司壱人くまの皮のうつほ、狩場へハしこニ
て出ル、

一、惣の弓くり色とうまき《（藤巻）》本末黒ぬり、白木ハ大宮司の外もたす、

一、惣人数そろひ、狩奉行見はからひ火をかけさせ候、折ゐほし・しろしやうそく《（白装束）》仕候もの大勢
ニて火をつけてまわる、但たいまつ《（松明）》にて付なり、

一、狩の時分二月の末・三月の始の事也、

一、いつれも矢の羽白、

右之通ニ抜書御座候、以上

矢野茂左衛門

四月廿八日

矢野茂左衛門

5　下野狩由来抜書写

下野狩

在昔《ムカシ》

健磐龍命従ニ宮居一西南之方遊ニ猟《シ玉ヒ》于下野《ニ》一、以ニ所レ獲《玉フ》之猪鹿諸鳥《ヲ》一、供《シ玉フ》ニ祖神《ニ》一、遂《ニ》使《シメ玉フ》三此《ノ》禮《ヲノ》遺《ノコサ》ニ諸《コレヲ》後昆《ニ》一、是以《ヲテ》毎年春月、狩ニ下野三馬場《ニ》一 鬢抓 駒立 中馬場 、大宮司・神官・権官・社人等著ニ烏帽子・狩衣・鹿皮縢・熊皮縢《ヲ》一、腰揷《ニサシ》ニ弊帛《ヲ》一、手持《ニチ》ニ白木弓・白羽鏑《ヲ》一、馬上以』(改紙)為レ狩、及以《チ》ニ其所レ獲之猪鹿諸鳥《ヲ》一、供《ス》ニ本殿及北宮《ヒニ》一、至《テ》ニ于天正七年《ニ》一此禮廢《スタル》狩之故實者別巻委《ニク》記之、

右舊記之中書抜進申候、

三　阿蘇家所蔵下野狩関連史料

1　天保十三年下田能延へ送る抜書写

村山美濃守
下野狩日記

村山美濃守下野狩日記ニ云、頼朝将軍の御時御使を以て狩の故實を被尋仰、則下田左衛門大夫を以て狩の故實悉被傳之、并行騰の本の《と》《ゝ》鏑矢百被献之、彼御方より吉光御太刀（黒金作）被下賜云々、狩之覚（同人所記候也、今詳ナラズ）云、むかし鎌倉公方の時、御使伊豫まで下向、狩のしき（式）を被尋仰、下田左衛門を以て狩のしき（式）残らす故實せらる、且ゝ下野狩ハ御家美睦（眉目誤歟）天下の水歓（観ノ誤歟）なるを以ヨリ代ゝの御曹司替（稽ノ誤欤）古めされ候なり、「（朱書）かねく〵」

下田能延

「（朱書）右天保壬寅（之春）下田能延ニ送り申し候抜書の寫也」

2　下野御狩記録抜書写

下野御狩秘密条ゝ

鷹山

下野御鹿蔵

鹿渡の橋
御嶽の本堂
下宮

一、阿そ鷹山の事、初夘春神主御まつり贅御か「○」《(朱書)「里」》くらのうち成敗の条々之事、
一、下野御鹿蔵の内にてかり《(狩)》つかまつ《(仕)》るへからす候事、
一、下野馬場に入て薪とるへからさる事、
一、下野御狩まへ《(前)》七日うしろ《(後)》七日下野つゝき《(続)》ニ而ゐて《(射)》とれ候するしゝ御にへ《(贄)》に順すへき事、『(改紙)
一、下野馬場にて御かり《(狩)》の内物火を法式あるへき事、
一、於鷹山さいもく《(材木)》とるへきハ、すかるのはし《(鹿渡の橋)》、又御たけ《(嶽)》の本堂、又下宮御造営この時「○」《(朱書)「外」》に成敗あるへからす、若此条々にそむき候する者は、侍ハ所領改易、下ろう《(﨟)》ハ直々沙汰をいたし、妻子をめし取、又ハ遠流すへきなり、

右、この法度をそむきろうせき《(狼藉)》の者ハ、いかなる権門高家の神社佛寺領者なりとも其身をからめとり、在所を追捕し、向後の覚として』(改紙)遠流すへし、若不随成敗たてあひ候する者あらハ、直々に其身を死罪ニおこなふへし、仍禁制之趣、如件、

為後代之仁、如此之躰認置早、

永平十二年壬辰十二月吉日《(朱書抹消線)》
阿蘇大宮司頼高《(朱書抹消線)》

下野責籠帳

寛儀二年丁酉二月十六日下野御狩にて所々ゟ参候責籠之日記之事、

一所三百人　あそ（阿蘇）　一所二百四十人　小國
」（改紙）
四十人　高森　二十人　むら山（村）
六十人　市下　六十人　たケ崎（竹）
三十人　之こし　廿人　せき（積）
三十人　なか野（長）　四十人　下田
廿人　くき野（久木）　廿人　中村
廿人　草かべ（部）　四十人　かしハ（柏）
四十人　大野　二十人　ふ田（布）
廿人　こもり（小森）　四十人　鳥子
四十人　岩坂　三十人　にしきの（錦野）
廿人　瀬田　三十人　つもり（津森）
七十人　たけみや（健宮）　百人　かうさ（甲佐）

七郷之分也

百人　あふご・こうの浦の分　百人　木山
廿人　うへの（上野）　廿人　田代
二百人　矢ア　八十人　ともち（砥用）
三十人　中山　百二十人　八代とふせんの郷』（改紙）

下野御狩之日御法度之事

一、於馬場うちの者あまた（数多）めしから（召し狩）れ候事、不可然候、矢取壱人、太刀持壱人、馬の口取両人之外無用ニ候、就中長具足もつへからす候事、

一、於馬場もの（物）登候時、一度ニ馬を乗候事いかゞニ候、一番つめ（詰）、二番つめ（詰）次第に見合被連可然候、物合之時、馬おそく被圖（朱書）「参」候事不可然候、次及矢之事、たしな（嗜）まれへき事、

一、馬場うつり（移）のとき往の馬よりあと惣官乗馬候處ニ、その跡ゟ無思度斗のり（朱書）「宗徒備（満カ）の人々」』（改紙）「下野狩日記」かけられ候事、いかゞニ候、馬うち静てもの〳〵たしな（嗜）まれへき事、

一、見物かち（徒）立の人うち（内）の者以下、はゞ（馬場）よりもれ候兎追返さす、射取候事不可然候、岩くら馬場江射出す矢之事、いかゞに候、この謂堅固ニ申きかせられへき事、

一、馬場にてうちの者、其外以同道往反の事不可然候、殊ニ雑らせぎ馬場ニ出候といふとも出会追

岩蔵
返へからす、次ハ楚忽ニ犬をはなつ（放）へからさる事、』（改紙）

登狩
一、馬上のし丶を岩蔵射留前後のさた（沙汰）不可然候、能々たしな（嗜）ミあるへき事、

一、乃ほり（登）狩之時もの〱罷越候れす、用作はたけより留候、こやとにかへられ候事くせ（曲）事ニ候、是又ふさた（無沙汰）有へからす、次ニあか礼「水」（朱書）馬場かり（狩）ニて、いわくら（岩蔵）にえんそくの内にさきに帰宅いか丶乃事、

右條々法度をそむく輩におゐてハ、一かと申出すへきもの也、仍記録如件、』（改紙）

寛儀二年丁酉二月十六日

一、下野馬場三之叓

むしろをの
むしろをの「一名　ひんかき」（朱書）

こ物の原
こ物のはら「一名　中の馬場」（朱書）

赤水
赤水

一、下野御狩精進の事七日也、女ほん産の火也、月水嫌なり、魚鳥猪鹿ふく（服）はしめ不苦也、

秘哥ニ云

仏意
「此哥亦其實ハ佛意也、取にたらす、されと中有の書すへて如此、爰本にもまた出たり」（朱書）

千早振かみ乃めくみに
もる丶なよ
けふの狩場の鹿のかす〱
千はやふる神のなり〔ちかヵ〕いに
もれしとて
けふの狩場に
鹿わたるなり
是は北の宮神人御酒持参時之哥なり
千早ふる神の恵の
ふかければ
八百萬代と氏子
さかへん
（朱書）「右、以別本校合、畧加筆書早、
辛丑七月朔日也」

』（改紙）

三物替
三毒
三車

3　下野御狩三物替事

下野御狩三物替と云事、貪欲・瞋恚・愚痴之三毒を相放るかり《(狩)》なり、火を引く吏ハ、かの三毒を焼消滅する儀也、三車火宅をはなるゝに表わす羊鹿牛車の儀なり、是を焼捨て、貴賤萬民則身成佛の縁を結ふとなり、ゆへに方便の放生《〔致カ〕》是なり、可秘云ゝ、大明神の御誓願にかの御狩懈怠の時ハ、左のもゝ《(腿)》をそき給ひて、御贄にかけ給ひ候わんとなり、

目見

4　下野之三狩書物抜書写

下野之三狩書物抜書

一、狩場一番びんかきと申所にて候、二番中の馬場と申所にて候、三番赤水の馬場と申所にて候、

一、びんかきの馬場にて侍共いつれも目見仕候、中の馬場にてまつりことぎやうきたゞしく候、赤水の馬場にてハ殊之外しゝとれ申候由にて候、いつれの馬場にても狩ハ御座候、

一、大宮司狩しやうぞく《(装束)》、

一、かふり《(冠)》、かりきぬ《(狩衣)》地黒、紋靏、但ゑぼし《(烏帽子)》を着仕候事も』《(改紙)》御座候、左おりの立烏帽子にて候、

一、小袴、くれなゐ《(紅)》のねりぬき《(練貫)》、

一、ゆがけ《(弓懸)》白かは《(革)》、

一、むかばき《(行縢)》、くま《(熊)》の皮、
一、白かわ《(革)》のくつ《(沓)》、
一、五色の御へい《(幣)》こしにさす、
一、白木の野弓、
一、うつほ《(竿)》、くまの皮、
一、馬、月毛・あしけ、黒の馬のあいだ、馬取すおふはかま《(蘇芳袴)》、
一、中太刀はく、
一、大太刀ハ持する、
一、びんかきの馬場にて大宮司礼を請候時ハこし《(輿)》に乗り被請候、赤水の馬場にては馬に乗候事さ
い〳〵』《(改紙)》有之由、
一、馬印ハ金の鷹ノ羽、風車、
一、長刀りき者持、
一、からかさ白袋に入、ゐほし上下の者持、大宮司馬上の時ハかさ《(傘)》もさし申候、
一、大宮司馬こしのまハり、歩立の侍折ゐほし上下にて、小太刀をはき百五六十もつくはい居申
候、此うち家中の子共も召つれ申候、

旗本

一、はた《(旗)》本の後に弓鑓けいこ《(稽古)》大分御座候、

宗徒馬

一、むねと備《(満カ)》と申備《(満カ)》ハ大宮司一門衆、いつれも馬上にて折ゑほし上下、色ハおもひ〳〵、中太刀をはき、白き弓、こてをさし、弓を持、うつほ《(笮)》をつくるに指物おもひ〳〵、人数五六十ほとつゝ御座候、』《(改紙)》左右にわかりて立、秋毛の鹿のむかはき、

弓手馬

一、弓手備《(満カ)》の侍、馬上折ゑほし上下にて候、ひは《(枇杷)》色薄柿の間、紋所は色〳〵、白き弓こて《(篭手)》をさし、弓を持なり、むかはきをはき、人数百人餘、

妻手馬

一、めて備《(満カ)》の侍、馬上上下の色水色、又ハ白の間、紋所地かたハおもひ〳〵、餘ハ右同、人数百人餘、

一、仲の馬弐騎、これ狩奉行にて候、立ゑほし上下、紋所ならしは《(楢柴)》を付、色ハ何にても、白き御へい《(幣)》をこしにさす、ふかくつはく、むかはき弓こてにさしものハさゝす、弓ハふえまき《(しカ)》しめ一手』《(改紙)》取そへ下人に持せ、馬の脇に召連候、

一、狩場に出る侍の者、馬の口取二人、矢取一人、太刀持のために一人、四人の外かたくつれさる事、

一、中の馬場にて御酒・かハらけ《(土器)》・肴持出ル役人神人六人なり、折ゑほし、かきの上下着す、御酒ハへいし一對也、肴をり、

勢子・猟師

見物者

矪鎬

一、せこ（責子）猟師共に人数弐千四五百ハ必出候よし、猟師ハ弓を持、犬をひかせて出る、此人数岩倉にてふミとむる、馬場にハ一人も出不申候、馬場に出るしゝに犬を付さる事、

一、家中の侍の下ゝそうひやうのりかへの馬、なか（長）』（改紙）くそく（具足）、いつれも岩倉に召置候、

一、見物のもの（者）ハ男女によらす岩倉に居申候事、

一、狩場に長くそく（具足）もたせましく候、中太刀小太刀ハくるしからす、

一、狩場に持出る矢、くるりかむら（矪鎬）、矢四目、此外もつましく候、

一、惣人数持出るうつほ（笍）、色〳〵花やかに仕候、大宮司一人熊の皮なり、

一、惣の弓くり色とうまき、本末黒ぬり、白木ハ大宮司の外持ず、

一、惣人数そろひ候て、狩奉行見はからい火をかけ』（改紙）させ候、ゑほし・白装束仕候もの大勢にて火をつけてまハる、但たいまつ（松明）にて付るなり、

一、右の狩の時分二月之末・三月之始之事也、

一、いつれも矢の羽白、

承應三年午四月廿四日写置也、

健磐龍ノ命
日子八井の命
神八井耳の命
神沼河耳命
連甕玉命
阿蘇ツ比咩ノ神社
国造神社

5 下野狩并山神祭作法写

（内題）
下野狩[redacted]并山神祭作法

一、阿蘇大神と申奉るハ、健磐龍命ノの御事也、神武天皇乃御子（仰神日本磐余彦天皇）、伊須氣余理比賣にミあひまして生ませる御子を日子八井〔耳脱カ〕の命、神八井耳の命、神沼河耳命と申て、三柱おはしけり、古事記ニ云神八井耳命者阿蘇君ノ之祖也云々とありて、神八井耳乃命乃御子を健磐龍ノ命と申奉る、此命草部吉見乃ノ神女に娶《ミアヒ》まして生ませる御子を速甕玉命と申奉る、神名式云健磐龍命神社（名神大）阿蘇ツ比咩ノ神社・國造ノ神社、景行紀十八年巡一狩筑紫ニ、六月到阿蘇國、其國郊原曠遠不レ見ニノ人居一ヲ、天皇曰是ノ國ノ有レ人乎、時有ニリ二ノ神一、曰ニフ阿蘇都彦・阿蘇媛一、忽化ニレ人、以ト遊詣ヒ之、曰吾二人在何無レヤ人耶、故号ニノ其國一ヲ曰ニ阿蘇一、國造本紀にも阿蘇國造ノ瑞籬朝ノ御世火國造ノ同一祖神八井耳命ノ孫速瓶玉命定ニ賜國造一とも見へたり、また皇明通紀ニ永楽四年封ノ曰ニ壽安鎮國山一など見へて、その神霊なる事、筆に及し難し、

一、神武皇帝乃勅命に寄りて健磐龍命ノ火ノ國御領知なされ神武~~十七~~（ノ七十）（下上）年中に山城ノ國宇治の郷より阿蘇に~~御下なされ候~~（の宮に御移り被成候）、~~其時の宮殿ハ今の宮居より西南の方ニ~~、その宮殿の西南之方にあたり下野と申所におきて毎年御遊猟ありて、獲物を　諸神・祖神に備へ給ひけり、是を下野のミ狩と申て祖神の御遺命にまかせ、天正六年迄ハ~~不~~絶（ナ）毎歳絶ず行ハれけるを秀吉無法の神領

を押取にせられしよりこのかた無人にて其儀難相成、今以て絶ぬるこそほひ《本意》なき事なり、今の時に當りて再興せハ、神慮をもなくさめ《慰》奉り祭事、』《改丁》正敷せはハ、國家乃御武運長久ともなり侍らん、

一、祖神之例を以今におきて猪・鹿・魚・鳥を阿蘇宮に備へ奉る也、

一、一番鬢〔鬢〕抓ノ馬場、二番中ノ馬場、三番赤水ノ馬場、

一、鬢〔鬢〕抓ノ馬場にて侍共へ大宮司見〔目カ〕見有之候、

一、中ノ馬場にて祭事有之候、

一、びんかきの馬場にて目見を請られ候節、かぶら矢《鏑》一すぢ《筋》持参仕ひろふ《披露》、人に渡さる、射手土座にかしこまり、謹而御礼申上候、但壱人宛仕舞次第立のき申候、

一、大宮司狩しやうぞく《装束》、「・」《朱点》かうぶり《冠》・狩衣、地黒紋所靏、但左折之ゑほしを用ひられ候事有之候、「・」小袴くれなゐねりぬき《紅練貫》、「・」ゆかけ《弓懸》白革、「・」むかばき《行縢》熊の皮、白革の沓、「・」五色の御幣こし《腰》にさす、白木の野弓、「・」うつほ《笂》熊の皮、「・」馬月毛・あしけ・黒の馬のあひだ馬取すおうはかま《蘇芳袴》、「・」中太刀はく、「・」大太刀ハ持する、

一、びんかきの馬場ニて大宮司礼を受候時ハこし《輿》に乗被受候、赤水の馬場にてハさい〳〵馬に乗られ候、

鬢抓ノ馬場
中ノ馬場
赤水ノ馬場
目見

金の鷹の羽風車　一、馬印ハ金の鷹の羽風車、

一、長刀りき者持、

一、からかさ白袋に入、えぼし上下の者持、大宮司馬上の時ハ笠も指申候、

一、大宮司馬こし《(輿)》のまハり歩立の侍、折烏帽子・上下ニ而小太刀をはき候もの百五六十召連申候、

此内家中の子供も有之候、

宗徒馬　一、はた《(旗)》本の後ニ弓・鑓・長刀等之けいご《(警固)》大勢有之候、

』《(改丁)》

一、むねと備《(満カ)》と申は大宮司一門衆を申候也、何も○《馬上》布衣布衣とハ狩衣の事也、然れ共今ハ地紋あるを鴨衣と云ひ地紋なきを布衣と唱ふ、・折烏帽子色はおもひく也、中太刀をはき、白木ノ弓こてをさす、弓を持、うつぼをつくる、小指物おもひく、秋毛行縢人数《五六十》に任せ左右にわかり《(分)》て立つ、

弓手馬　一、弓手備《(満カ)》の侍、馬上折烏帽子・上下ひは《(枇杷)》色薄柿の間、白き弓小手をさし、太刀をはき、小指物もさし弓を持なり、むかはき《(行縢)》をはき人数百人余、

馬手馬　一、馬手《(妻)》備《(満カ)》の侍馬上折えぼし上下の色水色又白色の間余右に同断、

狩奉行　一、仲の馬貳騎、是ハ狩奉行也、立烏帽子上下紋所なし、芝付色不定、白き御幣こし《(腰)》にさす、ふかくつ《(深沓)》はく、行縢・小手にさし物さゝず、弓ハふえ《(しカ)》まきしめ一手取添へ下人にもたせ、馬の脇に召連候、

一、狩場に出候侍共供の者、馬の口取弐人・矢取壱人・太刀持壱人四人の外かたく《（堅）》つれ《（連）》不申候、

一、中の馬場にて祭事の作法、左圖する、右終而、御酒出る、かはらけ《（土器）》・肴持出る役人神人六人也、折烏帽子○《かきの》上下着する、御酒はへいじ《（瓶子）》一對ニて肴有之、

（挿図25）①此圖ハわろし、不可用　②ゆう《（木綿）》をかくる、③しバ《（芝）》を敷　④さか木《（榊）》、⑤すがこもを敷、

⑥高弐尺五寸斗ノ垣を結ひしめ《（引目）》を引く、』《（改丁）》⑦此所に大勢集り居ルべし、

⑧目見之時かふら《（鏑）》矢を被下候程の射手ニ少々列をすべし、⑨射手の面々、⑩射手奉行、

目見

⑪祝詞の役神人

一、大宮司父子拝礼相済候上、直に一門衆之拝有之候、其後神人座を罷立候、先ッ《次第》つと一足に立《（朱書）「矢口祭も此》て左ゟ《次第」》ふミ《（踏）》出ル也、扨着座して兩袖をはり《とり》、ひじ《（肘）》をはり、右の膝を少しあげかまへて、左の膝を左へひらき、右の手ニて左の袖取たる下を取、扶の様にしごき下ゲ、外の様に引張り、扨右袖口を右ニて取り右膝を開き、左にて右之通ニノ又両袖を取かまへて取ながら、手を付祝詞を唱へて一拝して、つと立左足を（挿図26）①右②左　如此引キ右を寄せふミ出して入ル也、

「一《（朱書）》、方投の事、秘傳有之事」

一、右祝詞相済候上、射手奉行射手も一拝して本の座に帰る候也、

射手奉行

一、御酒出候《（朱書）「此作法奥出ス」》節かわらけ《（土器）》三ッ○《又ハ壱ツ》三方ニのせ二組出し候也、肴も二組出候也、

肴ハのしこぶ（熨斗昆布）・栗、御酒へいじ（瓶子）一對ニ入ル、宮仕人まず罷出候はば人添のもの罷出、祖神に備へ置たるへいじの酒少しつゞ宮仕人の持出候、へいじに加へ申候て、本のごとく仕り置候、

宮仕人

其後三方を大宮司殿前に持参り、大宮司殿たべ被申候ハ《て》ヽ、一門衆にさし被申候、一門衆唯盃にたべらるべく候、大宮司殿嫡子一組の新盃を始て狩奉行さし被申候はゝ狩奉行ゟ射手江順盃にてさしまわし候、其後御酒被入レ申候、（朱線で消す）』（改丁）

大宮司
一門衆

勢子・猟師

一、せこ（勢子）・猟師共ニ人数弐千四五百はかならす出候よし、猟師ハ弓を持、犬をひかせて出る也、此人数岩倉にてふミとむる、馬場にハ壱人も出不申候、馬場に出るもの（物）しゝ（鹿）に犬を付さる事、

一、家中の侍の下々ぞうひやう（雑兵）のりかへ（乗替）の馬・ながぐそく（長具足）、何も岩倉に召置候、

一、見物のものハ男女によらず岩倉に居申候事、

一、狩場に長ぐそく（具足）持せまじく候、中太刀・小太刀ハくるしからず、

一、狩場に持出る矢くるりかふら（[illegible]鏑）、矢四目此外にもつましく候、

一、惣人数持出るうつほ（笮）、色〳〵花やかに仕る、大宮司壱人熊の皮《かハ》也、

一、惣の弓、くり（栗）色とう（藤）巻本末黒ぬり、白木ハ大宮司の外不持也、

一、惣人数揃候得ハ、狩奉行見はからひ火をかけさせ候、をりえぼし（折烏帽子）、白装束仕候もの大勢にて火をつけてまハる、但たいまつ（松明）にて付ル也、

一、右之狩の時分、二月之末三月の始之事也、

一、何も矢の羽白、

学頭坊
鹿渡橋
湯ノ谷ノ小屋

一、大宮司下知トノ社人并阿蘇山学頭坊衆徒行者江も相應之役儀申付爲勤申候、其内ニ鹿渡橋《スカルノ》并湯ノ谷ノ小屋ハ衆徒ニ申付仕を申候ニ付、今以正月衆徒年始の吉書ニも其趣書のせ申候儀ニ者御座候へ共、右之橋并小屋を衆徒ゟ支配仕筈ニ而無御座候事、

矢口祭

矢口祭

一、何れ乃狩場も獲物ある時、餅を捹て山神に供するを矢口の祭と云也、此餅を射手にあたふ時、喰様習有、左ニ記す、』(改丁)

箭祭の餅

一、箭祭の餅捹様之事、三色の餅折敷一枚に九ッ置くなり、黒三ツ左、白三ツ右、赤三ツ中ニ置く、長各八寸廣サ三寸厚一寸也、以上三枚の折敷如此、

(挿図27) ①かしハ《(柏)》を敷也、

勢子の餅

一、勢子の餅の事、白もち五百八十臺に○《杉もりに》もる《(盛)》也、人数次第にて三臺にも四臺ニももる《(盛)》也、餅の大さハ二寸五分はかりにてうすく《(薄)》すへし、積上て上にくつがた《(沓形)》の餅とて数五ッ置也、三寸二分四方厚サ八分位 (挿図28) ①如此引切ル也、

山神

（挿図29）①勢子のもちハ如此臺に積て
矢口のもちの《左の方》少し下に置くへし

一、真那板に鹿ならば、左のそじゝ（背宍）を毛皮共におろし、乗せてうつむけ（俯）置也、鳥ならバはしあし、左右の羽さきに毛を残ス、わた（腸）を出す、庖丁』（改丁）まな箸折紙あり、圖のことく（如）置、矢口の餅の前にならぶべし、

（挿図30）①鹿の時如此　（挿図31）①鳥の時如此

右之通すへ渡したる圖ハ別の如し、

一、弓の師範か又然るべき精兵を撰ミて山神を祭らしむべし、其作法ハ上に云へる如く衣紋をかきつくろひ、祝詞をよむ也、終て本の座に帰り、左右の折敷を配膳に渡し、臺の座に直ル時に配膳の■《役》各■《の》前にすへ置也、次第勝手ゟ持来ル膳を配膳の役受取、段〻ニすへ渡すなり、

一、如此ニすえ渡すと、其まゝ山神を祭たる人、座より立、まな板の前ニ至て三足半と云事あり、右の膝を立、左の膝をつき庖丁を取、肉を作り串にさし、まな板共ニ配膳受取持て入焼て足打に小折敷をのせ、かしは（柏）の葉を敷、その上ニ焼物をのせ持出、三方《座の次第》ニすへ渡す也、

（挿図32）①串ハすゝきのくき壱寸二寸に打切也、

次にかんなかけニ右のことく人数程串をのせ中座に置て串を持一本臺手渡ニする也、』（改丁）（次の丁表裏白紙）

6 下野狩根本記写

（内題）下野狩根本記

一、下野狩は當家の美睦天下のしやう観□□あるへからす、此狩ハ神武廿二年乙丑正月廿日狩始な
①り、昔は阿蘇・南郷悉湖にて候を、神武天皇〔王〕御ほし給時、御約束の贄狩なり、外の御祭は田
以後田畠定之御祭等も□候なり、此御狩は萬事につき始の御祭なり、左候て日はいかに御
定給候、二月始の卯のの〔日〕御祭とありしに、近代ハ二月末三月始の御祭と成候、これハ其後の
御鬮・御託宣によりての御事なるへし、益神慮にも叶ひ候也、益御繁昌候なり、

（頭注①）「（朱書）先人云美睦ハ眉目なるへし、しやう観ハ壮観か、また賞観の意なるへし、神武廿二年無稽
の臆説、惟治云外の御祭已下ハ都てを其御元を得たるなるへし、記中の神武天王みな大神
をさしたる也、」

一、頼朝公方の御時御使伊豫まで下向、狩の故実をたつね仰せらる、下田左衛門大夫を御のほせ
②候て行縢の本□かり〔雁股〕又百・鏑二手まいらせる、頼朝公方よりは御太刀一振、金作吉光□ふ
名作なり、當代にも小次郎八を室町の御所にめされて御尋あり、天下無隠御狩九州阿蘇殿の
外諸國あるへからす候也、

（頭注②）「（朱書）光永家ニハ光永某上りたりといふ、可考」

美睦

一、狩前《(朱書)「○」》七日うしろ《(朱書)「○○○」》七日精進なり、しほけこりをとられ候、魚・鳥・猪・鹿はくるしからす、次
隠事または『《(改丁)》別火をきらハれ候、

三物替
一、此御狩三物替といふ大秘事は貪欲・嗔恚・愚痴の三毒を離るゝ事なり、火縄の傳といふも、

三毒
三車火宅
③かの三毒をやきすて《(焼捨)》ゝ三車火宅を離るゝこゝ□《(ろカ)》なり、此御狩に貴賤上下一切衆生即身成佛の
秘事あり、神武天王御誓願に、此狩もしけたい《(懈怠)》あらは、左のもゝ《(腿)》をそいて贅にかけ給んとの
④御事なり、重き御□願なり、後代弥懈怠あるへからさるなり、
(頭注③)「此《(朱書)》一段佛説ニ溺れたる當時の有様相心得はす《(恥)》へし」
(頭注④)「古《(朱書)》より此狩祭を重セられし意ハ得なり」

成満院
一、右によりて御狩前、阿蘇山成満院いつも御下向候て、深秘の御加持候なり、○秘《○深》密の外なり、
おろそかに思ふへからす、
一、御狩前、湯の谷の下に狩屋形をつくるなり、下田權大宮司のさた《(沙汰)》なり、また南郷七家より
も人夫とも□候なり、
一、御惣管《(官)》南郷より御打出候時、○先陣ハ田上方の役なり、たゝし、さし合候へハ、七人一家より
被仕候て御さき《(先)》打あるへし、

西野原
三の馬場
一、下の《(下野)》丶、本名ハ西野原と申候、三の馬場とハひんき《(ひんかき)》の馬場・仲の馬場・赤水の馬場ニて候、ひ

⑤んかき馬場とハ神武天皇《王》北の明神と始之御』（改丁）かりし給ノの○《○時》ひんを御かき給ひ候ゆゑの名ニて候、今におき御惣管〔官〕こゝニて狩装束にあらため給ふ、むしろを敷くによりてむしろ尾の馬場とも候し候、

（頭注⑤）「（朱書）神武北の明神又是無稽の甚しきなり」

西宮四面大菩薩

一、⑥西宮四面大井ハ神武天王の御妻神なり、下野三馬場を守給ふ御神なり、夘の添神とも申し奉る深秘の事なり、

（頭注⑥）「（朱書）四面神社の事、本末帳ニ詳にす」

山申の祭

一、ひんかきの馬場ニてまく（幕）をひかせ、机を置三尺二寸の幣を○立《○三本》候て、山申⌽の祭といふ御祭り候、深秘の事なり、神前より少しはなれて、小柴をよせ護摩火をたき候深秘の事なり、但しこゝニてハ神酒・粢・御くまほかり（いカ）なり、祇園宣明、西宮祝等被仕候、神おろしの顕あり、口傳、

祇園宣明
西宮祝

祭終て散米をふりちらし馬場を清め候、上下けかのなきためなり、此米ハ御惣管〔官〕はしめ射手にも少しつゝまいらせ候、これを手くまと申候、又小柴をもまいらせ候、各身をきよめられ候、柴てうつと申ハいつれも〱深秘の事なり、此御祭はてまとる《（手間）とらぬ》やうにするか習ひなり、

七十二所の祭

一、仲の馬場のいつくし（厳）塚にて七十二所の御祭あ』（改丁）り、これ下野之狩第一の御祭なり、七十二所の○《○神》名左ニ記し候、

上宮　三社、下宮十二社、北宮　四社、
田鶴原　七社、諸神社　中王　兩社、
矢村　三社、年祢大明神、霜御宮、
乙姫大明神、鷹山吉松　二社、夘添大明神、
三坂妙見、甲佐宮　三社、健宮　十二社、
郡浦　四社、

小國

高橋大明神、大宮明神、

南郷

西野宮○[○大]明神、

野部

兩宮大明神、　男成大明神とも申し奉るなり、
兩社、　高知穂大明神、
天照大神　伊勢内宮日神、　同外宮月神、
徳子明神、素盞烏命、彦波瀲武鸕鷀革、

葦不合命、火々諸命、神武天皇《王》、

以上七十二社

幣串三尺二寸にして七十二本の白幣を机の上』(改丁)にあらこも(荒薦)を敷て立て申候、神酒・粢・御くま・赤飯、猪鹿ハ御物官みつから射取給ふ所本義なれとも[redacted]今日の鹿なれハいつれも苦しからす、又海の魚・川の魚、又焼魚と鳥は竹につけてそなへるなり、海の魚ハいつも郡浦よりまいるなり、此懸贄ハ北宮祝の役なり、ノント(祝詞)は西野宮權大宮司の役なり、

郡浦
北宮祝
西野宮權大宮司

先七十二所の神名を口中ニて唱へて、その後神おろしの顕あり、前に同し《おなし》[redacted]狩装束のまゝニて[redacted]《御祭》つとめ候、右の[redacted]にいつもいつくし塚にハ幕を十帖ハかり、幣串も机も兼日より用意いたし、兎角手間とらぬやうにするか今日第一の習なり、[redacted]祭終て御○《酒盃》土器三、小宮司神人、御肴煎豆・大豆、次郎會須神人、御尺取は顕教《新検校》神人、御提重子年神苑神人、酒次役灰塚苑神人、御瓶子持役不動苑神人、神酒□[redacted]三献の儀あり、初献ハ粢・猪荒肉おろして焼獅子成儀なり、二献は粢・赤飯、三献ハいろ〳〵の取肴にて候、若衆○《達》各御尺申され(後ニアリ)[redacted]候、

猟祭

一、仲の馬場ニても猟祭り候、南郷祇園宣明・西野宮祝・三○《祝》参て御幣持候て、猟神申しおろし

秘歌

⑦猟祭申候、此御幣御物官江捧候時、秘哥遊し候、』(改丁)

火引

（頭注⑦）「此《（朱書）》一段用遊へからす」

ま[redacted]ほるへき神の恵の深けれハ末の代までもたのむ此幣と口中ニて三度遊されて、下田權○大宮司に御給候、其時下田權大宮司も口中ハかりにて、天地の神の誓のまゝならハ萬歳事傳施してする此狩と三度詠して、御幣更取、その後火引候時ハ下田方持れ候て○後ハ火引の縄の残りたると取あわせて馬隠⦶山のたつ（巽）ミの方に納め候なり、

御物官より御遣候狩祭之物之事、御酒竹用五・削物猪鹿の間・魚一掛・取肴二、合テ五こん、下田方より赤飯・粢・○小餅焼魚・御酒竹用三・肴三・フチ付十二枚打渡、十二枚持られ候、二騎馬上よりも竹用二つ出候、中村方よりも赤飯出し候之外〳〵南郷猟師八人ニて請取候て、猟祭り仕候なり、責子惣人数二千五百ハかり、此責子餅ハ村ゝより持出し候なり、

祝ひ

前[redacted]

仲の馬備ニテ[redacted]の御酒

右の内（祝ひ）下馬めされて

⑧一、御物官[redacted]の御酒ほかひ《い》候、規式爲後代委敷記し申候、先三度御清候て、上宮三社に御ほかい、次に四度清候て北宮大明神へ御ほかい、次ニ十二度御清候て、　下宮十二社へ御ほか』（改丁）い、其後こそ御酒を被聞召候、其後に仲馬のかたに遣はさる、今日に於てハ御親類中《達》たりとも仲馬よりさきには叶ひかたき事に候、

（頭注⑧）「こ《（朱書）》ゝにて始て物官下馬の事ミえたり、されハ七十二所の御祭ニハ惣官ハ自身の勤ハ無りし

なるへし、これは後世の誤自由なるへし」

惣官
権大宮司

一、御惣官御出の時、権大宮司あそ（阿蘇）よりまいり、ひんかきのはゝの早一「○○」（朱書）合「○○」（朱書）（本ノマヽ）にて二合の石候、そ
⑨こにて御惣官に扇を一本さゝけ候、其時権大宮司ハ下馬して口中に玉鉾の道も遊る（本為欤）祭そと神
⑩と君との名こそ高けれ、御惣官もこの顕（歌カ）を詠し給ひて、又御惣官よりはふし巻の弓一張、権大宮司へ給候、其時の御哥、千早ふる神の定むる狩なれハ末の世までもにゑハかわらし、毎年の定儀ニて候、御弓、権大宮司給候後、やかて〳〵ひんかきの馬場へ馬上にて案内申され候、

（頭注⑨）「早一合の」（朱書）「○○○○」（朱書）
（頭注⑩）「是又必しも従ふへからす」（朱書）

ひんかきの馬場
仲の馬場
赤水の馬場

一、ひんかきの馬場へハたつ（辰）の時、仲の馬場にハ巳の時、赤水の馬場へハには多く未の刻を過る頃になり申し候、いかにも一日ハゆるりと御かりあるへく候、

馬場うつり

一、馬場うつりの時三備ともに行儀たゝしく静にうつへ（る脱カ）きなり、近代○（宗徒備の人〳〵）わたり御惣官のうしろよりのりかけ〳〵いたされ候、いはれなく勿躰なく候、凡そ○（御親類\衆）一族たちそれハミなうち（氏）（改丁）』人と社中候へ、宇治の朝臣とハ神代真人の御時より御惣官壱人を被下と（御）申候へ、ゆめ〳〵おろそかにおもひ給ふへからす、為後代きつと申置候、他家は一族衆よりかハる〳〵御惣官に御

宇治の朝臣
真人

なり候事も候、九州阿蘇殿ハかり（斗）は替〻相傳の□ニて他○家ニ御讓の事ハ無之候、鎌倉《かまくら》前代に
壱度他に御讓の事もたかひしかとも先何○（覚）なきによつて社家また阿蘇山のそ状（訴）にて元〻のこ
とく御本家に御かへり候、珍重〳〵いよ〳〵御神慮仰候へへき事なり、

惟時

⑪一、ひんかきにて上下ともに狩装束に改られ候、むかしハ、上下ともゑほうし（烏帽子）・直垂にあやい（綾藺）笠をめして御かり候ゆえに、阿蘇殿の笠物かりとも申候、近代惟時御上洛候て、直に御忠せつ
⑫あつてより、よろつ今の如く改られ候、御惣官の御装束ハ地黒もん（紋）鷸のわきぬひ（腋縫）・紅のねりぬき（練貫）の小袴・熊の皮のむかはき（行縢）、裏ハかならす鹿之物ニてうち候、白木の弓・白羽の矢・熊の皮のうつほ・五色の幣』（改丁）をつけられ候、白革のもろゆかけ（弓懸）・白皮のくつ（沓）・御馬ハ月毛・あし毛・黒の中ニて候、○毛○あをりハさゝれす候、ぬり皮ハくるしからす、腹帯は二重はるひニて、さし縄口傳あり、

（頭注⑪）「即是上古管事の仰也、」（朱書）

（頭注⑫）「惟時公の定も必しも従ふへからす、左のゑほふし、古一案を正とすへし、」（朱書）

宗徒馬

一、むねと備（満カ）の装束ハ御親類達○はしめ○いろ〳〵も地もん（紋）もおもひ〳〵ニ候、われ〳〵ハならの葉（楢）のもん（紋）の狩衣、又弓ハ白木ハ御惣官の外もつへからす候、少しニても藤ニてまきたるハくるしからす、むかはき（行縢）若き衆ハ夏毛、老者ハ秋毛、くつ（沓）も・ゆかけ（弓懸）も白皮ハ用捨あるへし、但、矢の

羽は皆白なり、矢ハ野矢くるりかふら（鋪鏑）しめの外はもつへからす、

弓手馬
妻手馬

一、弓手備〔満カ〕のかり衣ハひは（枇杷）色薄かきの間、馬手〔妻カ〕備〔満カ〕ハ水いろ（色）か又しろ（白）、是も惟時御代よりの事なり、むかしハ色もさだまらす候也、仲の馬二騎ハ各篭に白幣をつけられて弓手備〔満カ〕の仲の馬ハ下田方の役、馬手備〔満カ〕の仲の馬は草部權大宮司の役なり、又人〻太刀ハ中太刀以下なり、大太刀ハ供のものに持すへし、すへて狩備ニハ長具足無用なり、』（改丁）

草部権大宮司

一、御惣官職を御上表の後、御隠居・大殿の御装束かハる事ハなかれとも、熊皮はかりのむかはきハめされす候、奥ハ熊（鹿）〻の皮ニて斗ニ熊の皮をつけられて、御惣官を御うけ取あるへき御曹司のむかはきはし（端）奥を熊の皮ニて、はしを鹿の皮にて候、兎にもかくにも御惣官壱人ハ別たん（段）の御事ニて候、

惣官
隠居
大殿
御曹司

一、白木の弓・白かわ（革）のゆかけ（弓懸）・白皮のくつ（沓）も御惣官はかりなり、大殿も御曹司もみなふもん（不紋）の「〇〇〇」（朱書）けすめ皮ニて候、

宗徒馬

一、むねと備〔満カ〕にまいり候人〻の事、第一御親類の一門衆また南郷の七人衆、山西よりハ千田殿、あそより一太夫との、手野之宮かた坂梨子、蔵原一とう、健ノ宮一太夫、甲佐一太夫、郡浦の一太夫、小国よりハ北里・下城なとミなむね（宗徒）と備〔満カ〕にまいらせ候、其外弓馬「〇〇」（朱書）の達「〇」（朱書）者ニてあらん時にむねと備〔満カ〕にめされ（召）候事も候、

弓手馬
馬手馬

一、弓手備《満カ》・馬手備《満カ》ハいかれ候、権門高家ニても下田・草部両権大宮司《朱書》のさた《朱書》違背すへからさる』《改丁》の定儀なり、

一、射手第一に心得へき事ハ、むねと備《満カ》に打むいてくるいち引《朱書》の鹿ハ、ゆめ〳〵い《射》へからす、すへて大むれのいち引を射てハ、あとへなけかへすものなり、おつれより射へきなり、おつれとハ二はん《番》のしかをいふなり、惣へつ狩ニハ狩詞といふあり、みたりニハものをいふへからす、為子孫左ニしるし申候、

狩詞

一、鹿より外ハ猪ニても何にてもミな前置のものといふ、すへて鹿を射てハ少し首をあふむけてあゝとながく矢さけひ《叫》をするなり、前おきのものならハ弓手のかたに少し首をつくりてをくといふなり、

責子詞

一、鹿にハめりをるといへとも、いのしゝハいかり猪つぼゐといふ、セこ《責子》詞ニてハ牛猪はゝぬと
⑬ いふなり、

(頭注⑬)「他家《朱書》にいかりゐ《猪》つほいといふよし如何」

一、馬立にひかゆる《控》をうつにひかゆるといふ、かちたち《徒立》をしがきにたつといふ、

一、あけ狩ニていまたセこの中にある鹿をはめの鹿といひ、追出したるをまき落したる鹿といふ、』《改丁》

一、人の射つけてやる鹿ハいぬか《(射)》成儀《(定カ)》なり、それも鹿にはらず、各をかいて上るほどならば射へきなり、故殿の仰には物ぬし《(主)》定りたる鹿のはしる《(走)》時ハ、若衆たちの稽古《本のマヽ》に○《○追かけく》射さするかよろしきとの御ちやうもあるしなり、さて後に矢さた《(朱書)「○○○」》ハあるへし、

一、一時に射たるハちかきかた《(朱書)「○○○」(近)》を一の矢とさため《(定)》へし、それも同し物あい《(合)》ならハ矢所のまとめし候、又弓強くて能ぬかりたるを賞する事なり、馬立《(朱書)「○○○」》と歩立ハ少しおくれたりとも、いつも馬との《(立カ)》鹿とさためられ候、むかしよりの定儀なり、

一、鹿を射へしたらハかけす、射へしてといふ、矢おひ《(負)》ながら行を射つけてやるといふ、

一、身邊より後にているをひらきているといふ、馬の頭邊より右のものをすへてつほミているといふ、また弓手のものめて《(妻手)》のものともいふなり、

一、射はつし《(外)》てハひうす人を射はつしてと』《(改丁)》いふ、あたりたらハひやうずハといてといふ、かり又《(狩俣)》にて物をいてハひいけつと射きつてといふ、

一、高き處をはしり《(走)》こす鹿を峯こすものといひ、山のこし《(腰)》を廻るを山にそふ《(添)》ものといひ、すそ《(裾)》をまハるを尾こすものといふ、

一、山より各にくたるを首かゝるものといふ、た里へくたるを里首るものといふ、

先君子云此巻物此より奥ハ虫喰また朽損にて一切によむへからす、惜むへし、又《もとより》何人の書たるものともわからつ《考へ》、落けれとも前後の各意をもて観れハ、すへて重を下田方にま〔し〕○○《所》、たし[redacted]《かならす》、下田權大宮司の書置へしものなるへし、

右天保三年の冬草卒写へし置もの也、

惟治

』（改丁）

下野狩日記

下野之狩は當家第一の御祭なり、此狩緩怠ある時ハ御家の大事なりと故〔古〕老の人ゝ申傳へ候、むかし鎮西殿のそう（騒）動より阿蘇十族《一とう》あそ小国の地を押領し神領もなくなり候處、惟國時の御上洛より阿蘇郡一圓の御綸旨・御教書御給わり、よろつ御神事もむかしの如御定候、御當家弥御繁昌候、別而此下野狩ハ惟時の御定末世まて相違あるへからす候なり、

惟時

下田左衛門大夫

一、頼朝公方の時、御使を以て下野之狩の相傳を御たのミ被来候、下田左衛門大夫をはる〳〵とのほせ候て、行縢の本と鏑矢百まいらせらる、頼朝様より金作太刀一振進せられ候、故殿の御時小次郎八を室町殿にめされて、阿蘇家の弓矢、公方様の故実とかハる事なき由、仰證セ

小次郎八

らる天下に名高き御狩ニて候、ゆめ〳〵おろさ〔そ〕かにおもふへからるなり、
一、阿蘇殿の笠もの（物）狩と申候ハ、むかしハ上下』（改丁）ともミな水干・ひたゝ（直垂）れにあやい（綾藺）笠にて御狩ありし故の事なり、

（これより八行分程空白、この丁裏白紙）

うとの岩屋

7　下野狩由来記写

（表紙）

（題箋）下野狩由来記

（内題）阿蘇大明神根本《コンホン》記之事
并神主下田同生之記
抑伊勢天《イセテン》照大神と申奉御神ハ日本國之あるし（主）にて御座す、六千歳《センサイ》の翁《オキナ》にて有シ時つりはり（釣針）を魚《ウオ》にとられ龍宮まて尋行給ひて、龍宮の姫宮豊玉姫《ヒメミヤトヨタマヒメ》と契りをむすはせ給ひ、日向の國うとの

上宮嵩

二重

今村

草壁の吉見

岩屋《イワヤ》にて二人の御子をまふけ給ふ也、一の宮ハ神武《シンム》と申奉る、日本の帝王にそなハらせ給ひ也、鵜羽《ウノハ》ふきあハせすのミこと、申奉る也、二ノ宮ハ神應《シンヌウ》と申奉る天王、□渡らせ給ひて天竺舎衛國《テンシクシヤエイコク》の御かとの姫宮□契りをむすばせ給ひて、一人の御子をまふけ給ふ、今の阿蘇《アソ》大明神是也、父の御神の本國なれば、日本國に渡らせ給ひて肥後《ヒコ》の國阿蘇・南郷の境《サカイ》上宮嵩《タケ》に飛《トヒ》つかせ給ひて御覧するに、阿蘇・南郷ハ水海也、此水海《ウミ》をほして我かいきの所にめされんとて先二ゑ（二重）をけさせられ候へ共、山二ゑ（二重）にてほけす、軈《ヤカテ》て此所を二ゑ（二重）と名附たり、その後スカルをけさせられ候得者、山一ゑ（一重）にてたやすくほけたりけり、今村《ヒ》を』（改丁）阿蘇・南郷の水海一日に引落て阿蘇の今村をはしめて人里と成にけり、その時水海のそこ（底）に大魚ふし（伏）たりけり、大明神これはなにものかと御尋有けり、是ハ大明神乃御ためにハ六代前の姥《ウハ》也とこたへ給ふ、さては毎年下野の狩をめされ、獅子《シシ》をとり御にへ（贄）にそなへ有へきよし、かたく御約束《ヤクソク》ありて、阿蘇の手野へ御やしろを立、北宮といわれさせ給ふ也、それよりして善記《センキ》元年より下野の御狩ハ始也、其後大明神草壁《クサカベ》の吉見にミゆき（御幸）アリテ御覧スル□、それより八町さつ（去）ていぬい（乾）の方にあたつて種々《シユヽ》乃音楽《オンカク》きこへけり、大明神尋行見るに容観美麗《ユウカンヒレイ》の貴女《キニヨ》まします、是ハなにものそと御たつね有けれは、是ハ天竺毘舎利國《テンチクヒシヤリコク》の貴命王《キメイワウ》の姫宮《ヒメミヤ》とこたへ給ふなり、大明神さてハ我も天ちく（竺）生なればとて御さいあひ（最愛）ありて、二人の御子をもふけ給ふ、一ノ宮ハ七月子

真人
惟人
下田吉成
権大宮司吉治
鞍原吉元
しらひけ別当
さしか原の女猟師
荒瀬の道生

たり、御誕生《タンシヤウ》の時、是ハ誠《マコト》の人よと大明神仰られけれハ、其御ことは《(言葉)》をとりて真人《マヒト》と申て、下田と名付タリ、二宮ハ月まん《(満)》して御誕生《タンシヤウ》』《(改丁)》なれば、大明神是こそ人よと仰られし、其御言葉をとりて惟人《コレ》と申て阿蘇の宮の神主ならば給ふ也、真人《マヒト》ハ吉見《ヨシミ》大明神の御子にして御跡をつかせ給ひて創《ソウ》四郎吉成《ヨシナリ》と申奉ル也、吉見《ヨシミ》ハ御子三人御座《マシマス》す、嫡子《チヤクシ》ハ下田創《ソウ》四郎吉成《ヨシナリ》、二男《シナン》ハ権大宮司《コンタイクウシソウ》創五郎吉治《ヨシハル》、三男《サンナン》鞍原《クラハラ》創六郎吉元《ヨシモト》、三人ノ兄弟《キヤウタイ》也、阿蘇大明神の宇治文《ウチフミ》是也、
急〻《キウく》如律令《ニヨリツリウ》、啓白、

一、下野狩猟祭《カリリウマツリ》之事
抑此りう《(猟)》場狩場《ハカリハ》におちくる獅子《シシ》ちく《(蓄)》類鳥類《ルイチウ》にいたるまで佛果の縁《エン》の吊《トムロウ》〔弔カ〕也、はやく此ちく《(畜)》生道ヲはなれて、いそき来世《ライセ》の成佛《シヤウフツ》とくへつの縁《エン》のねかふべき也、荒瀬《アラセ》の道生《タウシヤウ》りうし《(猟師)》、山のしらひけ別当《ヘツタウ》・さしか原の女りうし《(猟師)》・荒瀬《アラセ》の道生《タウシヤウ》ハ里人也、しらひけ別當《ヘツタウ》ハ山の神、さしか原の女りうし龍神《リウシン》にてまします、今日のりう場《は》に田にしたいのうを《(魚)》しゝ《(鹿)》のさかな《(肴)》にてまつり奉る
急〻如律令、

千わやふる神のめくミにもとて《れし》けふのかり場の鹿《シカ》のかす〱
千わやふる鳥類《ちうルイ》ちくるひにいたるまてけふのりう場《ハ》とり乃かす〱』《(改丁)》

姫明神の嵩
上宮嶽

有請水放古宿人中同種佛果《ウシヤウスイホウコシユクニンチウトウシユフツクワ》　三返

一、阿蘇・南郷の境《サカイ》之事
ひれ（めカ）明神の嵩《タケ》上宮嶽《タケ》を本堂《ホンタウ》の南《ミナミ》の柱《ハシラ》一本ハかり往生嵩二《オウシヤウタケニ》部塚《ヘツカ》を的石《マトイシ》のひら石ニ見あて車帰《クルマカヘリ》からす山を鳥子《トリコ》・布田《フタ》・小森《コモリ》まて南郷のうちニテ有《アリ》り、

一、下野御狩鹿立鹿蔵《ミカリカタチカクラ》之事
東の鹿立ハ落水《オチミツ》・嵩《タケ》のはた・草高野《クサタカノ》・こ（小）石たゝみ（畳）・ヤリ（遣）戸石《トイシ》・花山《ハナヤマ》・ねち（捻）木・上米塚《カミコメツカ》・下米《シモコメ》ツカ

一、南の鹿立　寶鹿内《フウカウチ》　小倉山《オクラヤマ》　高野《タカノ》　鈴ばた《スヽバタ》　白水　かつね原　城《シヤウ》の尾　八蔵《ヤクラ》の尾《ヲ》
長やぶ

一、西の鹿立　烏山《カラスヤマ》　なら原　堂床《タウトコ》　あかセの脇《ハキ》　車帰《クルマカヘリ》の脇《ワキ》　馬水《マミス》　蔵《クラ》さめ　長羽山《ナカハヤマ》
袋《フクロ》かくら　水口《ミツクチ》　宮《ミヤ》の原　すけ原　馬《マ》かくし山　ツル巻《マキ》山　山しふ　柳原《ヤナキハラ》　直《スク》のくち
馬《ウマ》うち上　馬立《マタテ》の尾《ヲ》　さしか原　太郎野　』（改丁）

一、北の鹿立《カタテ》　上尾入野《カミヲイリノ》　なし原　平良石《ヒラヽイシ》　くわいつら
以上　四拾八か所也、

一、下野御狩責子帳《ミカリセコチヤウ》之事

一鳥子《トリコ》四町四拾人　二長野《ナカノ》二町弐拾人　三小森《コモリ》二町弐拾人
四下田四町四拾人　二〔五カ〕布田《フタ》二町弐拾人　六久木野二町弐拾人
中村二町四拾人　積《セキ》二町弐拾人　白川二町弐拾人
竹崎二町弐拾人　二子石二町弐拾人　色見《シキミ》二町弐拾人
早楢《ハサナラ》二町弐拾人　草ヶ部二町弐拾人　野尻二町弐拾人
柏《カシハ》四町四拾人　大野四町四拾人　矢部《ヤヘ》千四貫《センヨクワン》より
五貫《コクワン》分壱町に引而弐百壱人の責子《セコ》也、

一、阿蘇社家《アソシヤケ》之なかれの事

神記《シンキ》廿一年大明神、吉見《ヨシミ》の姫宮《ヒメミヤ》御同道《トウタウ》にて、阿蘇の霤原《タツハラ》へ御ゆき有て十二の宮の樂《カク》をなさる、時いつく《ツク》よりかき（来）たりけん田男《タヲトコ》・田女《タヲンナ》きたつて御田をこへはしめたり、其後天より天女五人あまくたりて、がく（楽）に合て舞童《フノトウ》のきよく（曲）を舞《まふ》たりけり、其時大明神天女《テンニヨ》の内に御気合《オンキアイ》におほしめさるゝ女《ヲンナ》のあま（天）の羽衣《ハコロモ》をとりてかくし給へと、其女天《ヲンナテン》にハのほり得たまわす候てましますを大明神とり給ひて御さいあひ（最愛）ありて御子を（改丁）』まふけ給ふ也、今の下宮《ケクウ》十二社《シヤ》の社《シヤ》家《ケ》にさため給ふ也、

阿蘇下宮《アソケクウ》十二社根本記《シヤコンホンキ》之事

霤原

田男・田女

一、一宮健磐龍命《イチノミヤタケイワタツノミコト》　二宮《吉見娘》飛鳴《ヒメ》大明神　三宮國龍《サンノミヤクニタツ》大明神
四宮姫宮《シノミヤヒメミヤ》大明神　五宮彦《ヒコ》御子大明神　六宮新姫《アラヒメ》大明神
七　宮新彦《シチノミヤアラヒコ》大明神　八宮《七ノ宮ノ娘》　若姫《ハカヒメ》大明神　九宮若彦《ハカヒコ》大明神
十　宮弥姫《シウノミヤヤヒメ》大明神　十一宮國造《シウイチミヤコクソウ》大明神　十二宮金辟《シウニノミヤカナコリ》大明神

元和六年正月吉日書写畢、

下田豊前守より相傳候、

下田刑部入道法名傳久（花押影）

文化四年卯八月廿四日　長野村ニ持傳居者有之、書写置也、

8　下野狩再興願記録

（表紙）

（外題）
「下野狩之儀ニ付寛政八年
政府□□置候御書附」

寛政八年政府江差出候書付

御内意之覚

阿蘇下野之狩者、日域無隠祭礼ニ而御座候、其起り者、
神武天皇七十六年春二月
健磐龍命、阿蘇國ニ被封候處、其地四面皆山ニ連而、湖水ニ而有之候ニ付、西南之山を被爲鑿、水を其間に被爲注候ニ付、水落而平地と成、萬民育れ稼穡始而行れ申候、國土經営之功被爲終、於阿蘇山下、
御遊猟有之、爲獲給所之猪鹿諸鳥を被献神祇祖考、被爲行祭祀、遂命後嗣令無廃其礼給より、始り代〻相續仕、天下泰平國家安全之祭礼ニ而御座候、然處、天正年中太閤秀吉□〔公カ〕時代、相良家

深水宗甫

境野嘉十郎

臣深水参河入道宗甫と申者之讒言ニよつて阿蘇所領没収被致候ニ付、流落之』（改丁）身と罷成、矢部目丸之山中ニ竄レ居申候を、加藤氏御當國を被賜候而、阿蘇家湮滅を御歎被成、先馬之飼料として千石御寄附有之、夫も惣社家中幷坊中をも混候而之御寄附ニ付、段〻相分チ私家ニ者纔ニ三百五拾石を領申候、右之通之事ニ而、大造之狩之式再興可仕様も無之、

神勅空敷相成候儀不堪悲歎、年月を押移申候処、先達而境野嘉十郎儀、阿蘇江罷越候節、委細申談候得者、騎馬之儀ハ門人相携加勢可仕由申候、左候得者、一両年之内ニ先ツ形チ斗之しらべにても仕置、追〻ニ者祭式往古之通執行申度奉存候、此段御免被成置被下候様奉願候、尤私家之儀者、前段にも申達候通、至而之不勝手ニ而大造之狩之式自力ニ起り可申様も無之、段〻脇方之助力を以形チ斗ニ而も出来申候様仕度奉存候、右之通大造之事ニ而、第一ハ責子等餘斗ニ入、且又、』（改丁）御府中ゟ加勢仕候得者、當地逗留中之造用もかゝり申候事ニ御座候得共、右再興之儀御免被成下候ハヽ、右造用等之儀者、

阿蘇大神ニ志有之面〻に寸志等申談取斗可申候、往〻之前者、開ニ而も相来置、下野之狩祭田と申名目ニ而附置候ハヽ、御物入之儀ハ奉願間敷候、ヶ様之筋を以数年断絶之大祭礼再興仕、國家安泰之御祈禱諸災消除之一助、且者、

神慮も穏ニ可有御座と奉存候、右之段御免被成下候様、偏奉願候、此等之趣宜敷御参談被成可

被下候、以上、

二月

阿蘇大宮司（四行程空白の後、改丁）』

小山門喜

文化九年小山門𪜈江内密差遣候

書付弐通

極機之御内談

但、此文中之儀、自然者、我身勝手之儀を申候様ニも相聞、或ハ謙遜を失候様之所も可有御座哉ニ候得共、左様之所ニ恐をなし、質直ニ認不申候而者、本意相分り不申候故、連々之御入魂にあまへ、心中ニ存候通、相認申候而及御密談申候、若不都合之筋と被思召候ハヽ、御入魂を不被捨候而御教示被成下、此書付直ニ御返却可被下、唯主意之所御汲取之程、仰希申候、

一、今度

大守様御入國被遊候ニ付而、追々御政道ニ御心を被爲用、文武之道を御興隆、御國中も御徳化ニ浴し、太平を楽ミ可申と一流奉待居候様子ニ連々』（改丁）承知仕、畢竟　君徳被爲備候、御實儀

被爲在候所ゟ　御入國以前ゟ萬姓右之通相唱候而奉待候儀と乍憚奉存上、私式においても重畳難有次第ニ奉存候、就夫御政務筋之御儀ニ付候而者、執政之諸賢御座候儀ニ而、元ゟ私式之管見之及ひ申候所ニ者無御座候得共、文武之御祭事之儀ニ付、乍憚心中ニ甚懇願仕候次第御座候、尤祭事と政事と者別儀ニ而、祭事者政事之益ニ不相成様ニ存候族も有之候得共、曽以左様

祭事

ニ而ハ無之、政事無滞被行候基之祭事ニ而御座候得者、元来同一事ニ而御座候、故に政字をマツリコトと訓申候、マツリコトとハ則祭事ニ而御座候、仍而祭事無御座候得者、政事行届不申、

政事

政事無御座候得者、祭事も徒ニ相成申候而、不相離ものニ御座候、後世之政事に不慮之遮障案外之差支等出来仕候者、皆祭政一致之旨を得不申所ゟ起り申候様奉存候儀ニ御座候、』(改丁)扨、申達候旨趣之儀ハ、追々調練被仰付、御備頭衆段々練兵御座候而、御武備之一端ニ相成事ニ御座候得共、迚も之事ニ下野狩之祭儀被爲

思召立候様ニ有御座度奉存候、若此儀相立《タチ》候ハヽ、乍恐細川之御家萬代御長久之御基之様ニ奉存候、其子細如何ニ而御座候得者、先ツ阿蘇家之長久を以御勘考被成度、仍而先ツ阿蘇家之事を論申候、抑阿蘇家之儀、阿蘇・益城二郡之領主にて、曽而大諸侯と申ニ者無御座候、然るに乱世之間に挾り候而家中之扱り宜敷、ほこさき強ク御座候而、聊家運之傾キ爲申儀無之、都

朝家之藩屛

鄙之征討、朝家之藩屛と相成、時之　将軍家も西国にこと御座候時者、先ツ阿蘇家を御手ニ被

入候而、九州者御従被成候程之事ニ御座候、薩州之勇剛御座候も、阿蘇家全盛之時迄ハ唯自
国を守り居候迄之事ニ御座候、開闢以来数千百年を』(改丁)經申候而、天正年中幼主之時ニ至候迄、
前文之通聊弱リ不申、乱世之間に卓立仕候儀ハ諸家ニ勝れ候而、武備大ニ整候而、上下一和仕
候故ニ而御座候、右兩条之相整申候儀者、全ク下野狩之祭事ニ有之候、乍慮外古今之成敗御考
も可被下、右躰之領主ニ而
神武以来之家筋連續仕候者、比類無之儀共ニ御座候、然るに私儀者、天正以来家運衰微仕申
候而、一己之力ニ而右之狩之式再興可仕儀も無之、連代　御當家之御恩を蒙り候儀、莫大之
儀ニ御座候得者、一家之傳として古ゟ秘来候事ニ御座候得共、中古　鎌倉将軍家之御求ニ付而
者其式を奉傳候例も御座候得者、御様子次第ニ者乍恐　御家ニ奉傳候而、御蔭を以　神勅
之行衛も空敷不相成様、御再興之儀重畳懇願ニ奉存候、若此儀被行候儀ニ御座』(改丁)候得者、阿
蘇家之光栄迄ニ而者無御座、乍恐
御國平安ニ諸事行届候基ニ而、夷狄降伏之御祭事も昔ニ立帰り　御國之御武備相整候而、御家
御長久之源と奉存候、右下野狩之式ハ、祭事之中に練兵を寓シ置候而、名目ハ祭事迄之儀ニ而
神祇を崇敬仕、上下之禮を糺シ申候事ニ付、一流之人心も和氣感動仕、銘々恭敬之心を生シ上
下和睦仕候而、おのつから大平之象をなし申候、左候而自然事御座候時ハ、練兵之實ハ整居

中候故、前段之通ニ御座候、然るを唯調練之名目迄ニ而練兵仕候得者、調練より外ニ者何之事も無之候ニ付、一流之人心ニ感動仕候者、殺伐之氣のミにて、おのづから末方迄もがさつニ相成、何となく人を犯シ凌キ候様之氣向迄盛ニ相成、遂ニ者不遜之勇気を生シ、和氣を失申候所ゟ上下之禮をもみだり、或ハ強訴徒』（改丁）黨等敷躰（不逞）も出来仕、役筋之命令も受不申様ニ成行候而、大平之象を失申候、故に上代ゟ兵政ハ禮中ニ寓シ置候哉と奉存候、たとへハ下野狩にても唯今御再興ニ相成と申候得者、一流之人心立かへり候而、和氣ニ感動仕、恭敬之心相増候より外他事無御座候、恭敬之心相増候時ハ、おのづから忠孝之心も厚ク相成申候而、弥以御國太平之基ニ而御座候、都而君父長上之命令ニ而も犯シ候様之者ハ、神祇を蔑如仕候者之上ニ御座候事ニ而、孝弟之人ハ上を犯シ不申、上を犯シ不申人ハ必孝弟之順徳有之候、古人も兵ハ凶器也、争ハ逆徳也と申候得者、軍争斗之調練ハ不可然事之様ニ乍憚奉存候、然るに幸御當國ニ者開祖大神之御掟有之、私儀もヶ様にして罷在候得者、前段之通、若御再興可被成下儀ニ相成候ハ、、』（改丁）後年幾久敷目出度　御繁栄之源と乍憚奉存候儀ニ御座候、然處、此儀自然御再興と申筋ニ相成候へハ、其取扱様ニ者、甚意味有之事と乍慮外相考申候、其子細ハ今にはかに御再興なと申唱にてハ實事ニかけ被行申間敷、唯何となく人之耳目を驚さず御再興ニ相成、年数を以成就仕様ニ無御座候而ハ、相整申間敷様奉存候、其時ニ至候ハヽ、良法可有御座候、此一条相整申候時者、誠ニ御祭事も相立、御調練も相整、いはゆる國之大事たる祀と戎之二禮相整申候得者、是よりして善事悉ク起リ可申様ニ奉存候、此儀御賢慮にハ如何被思召ニ而可有之哉難斗御座候得共、於私者、至極之儀と奉存候故、如此ニ御座候、御深思被成下度候、

祀戎

禎祥妖孽

一、聖經にも國家将《ニ》レ興《ント》必有《リ》二禎祥一、国家将《ニ》レ亡《ント》必《ス》有二妖孽一、禍福将《ニ》レ至《ント》善必先《ツ》知《ル》レ之《ヲ》、不善必先《スツ》知《ル》(改丁)』レ之《ヲ》と有之候、然れハ、よき事ハ吉事之前表、あしき事ハ凶事之前表ニ而、右之象あらハれ候儀ハ自然之道理ニ而御座候得者、禎祥妖孽ニ似寄たる儀も相見し候時ハ、乍慮外卿大夫之位にある諸君子ハ別而被盡御心候而、

君徳御輔翼御座候儀御専要と奉存候、然るに両三年之間之儀、竊ニ心を潜候而奉考候處、乍恐前文之通　君徳を奉稱、且當年ハ御入國ニ付豊年ニ而可有御座と一流歓㐂仕候者、誠ニ御國之禎祥ニ而善之先ッ知る所と奉恭賀候、然れ共、

松井・有吉・米田の三家

御隠居御家督之前後ニ當リ、時運とハ乍申、御家ニ而柱石と稱候松井・有吉・米田之三家共ニ不残死喪之憂御座候者、何様之筋ニ近ク可有御座候哉、加之

御家督後之初御年頭ニ　亥八郎様之(改丁)』御凶變有之、初　御入部ニ堀卿之告終未之儀ハ甚心痛仕候儀共ニ御座候、然れハ乍恐愚意を以奉考候得者、　御治世之御前表ニハ吉凶共ニ備リ居申候、左候へハ以来之儀御政事増ゝ相整候得者、弥以吉事をあらハし、若又御政事ニ欠闕御

座候ハヽ凶事を示シ可申哉も難斗、誠ニ先知之象可恐儀と奉存候、然れハ前文之狩之一条迄ニ限リ爲申筋も無御座、萬端政祭一致之旨を體しられ　御宮御尊信之儀、弥以厚ク被盡　御心候之儀、乍憚可然儀不及申事と奉存候、

御宮之儀ハ御國惣鎮之御守護神、

君公之儀ハ御國惣治之御主人ニ而被爲在候得者、其御間に聊御間隙無御座候得者、おのづから政祭一致之旨も生し候而、不慮之災害も未然ニ消滅仕候事ニ御座候、尤　御尊信と』(改丁)申儀ハ御案内之通惑溺仕候而、俗ニ申候神だゝき仕筋と者雲泥之違ニ而御座候段者、御明辨之事故閣筆申候、

一、前文之通一流　君公之御徳義を奉稱候ニ付而者、乍恐於鄙心ハ別而吉凶之境御氣遣申上候事ニ御座候、俗人ハ明君之御世にハ凶事起リ不申、定三月ニ定月夜之ごとく成、か様ニ存候徒も御座候得共、是ハ僻論之理屈にて、たとへ席上一旦之議論ニ者勝チ申候とも、實事にてハ無御座候、其子細ハ陰あれハ陽あり、昼あれハ夜あり、生あれハ死あり、吉あれハ凶ある儀、天道之常にして生ゝ循環仕候、尤私式にてハ吉凶禍福御座候とも高之知れ候程之儀ニ候得共、明君なと申候御方ニ者いはゆる喬木多風雨にて、吉凶禍福も其御身丈ケ之儀有之候儀、歴史之表ニ而も明白ニ御座候、たとへハ』(改丁)堯舜之洪水、周公之管蔡なと皆聖ゝ(聖)代之凶事にして、聖代だ

堯舜之洪水
周公之管蔡

けに其凶も大に常人ニ而ハ堪不申儀共ニ而、凡而吉凶禍福と申ものハ、陰陽昼夜之如く貴賤賢愚之差別なく、人として免る丶こと不能ものニ御座候、然れハ先ッ祀と戎之二道に御力を被入候而吉を長く凶を消し申度儀、甚懇願ニ奉存候、私儀も不肖なから連〻高大之御恩澤を蒙ﾘ候而、祀典を司候職分ニ罷在候得者、御模様次第ニハ微力を盡候而、御恩之一端をも奉報度御座候、夫込〔迄カ〕前文之通、政祭一致之旨大眼目ニ成不申候而者、徒祭ニ相成候事故、此境ニハ竊ニ心痛仕候、扨申も恐入候事なから　細川之御家ニハ御入國以来悪敷御くせ被爲在候、御治世長ｸ被爲在候得者、御子孫之御憂有之、たとへハ

妙解公　　霊感公なとハ今ニ至迄御賢徳を』〔改丁〕奉仰、御国中御恩澤ニ浴候儀ニ御座候處、

真源公　大詢公者御短命、況哉

隆徳公之御儀なとハ兎角申上様も無御座、其餘御誕生之御方〻様も或ハ御病身、或ハ御早世被遊候儀、連〻御国家御平安・御子孫御繁栄を奉祈候身分ニ取候而ハ、乍恐千萬奉悲痛候、

右之儀ニ付而者、乍恐

少将様御儀○〔○年来〕別而御苦脳〔悩〕被遊候御様子ニ竊ニ奉伺候筋も有之、頃年被遊

御社参候以来者、不肖之私式を御捨不被遊候而、望外之　　御懇命をも蒙ﾘ、乍恐申上候筋も御座候而、御祈禱勤修仕候儀ニ御座候處、

妙解公
霊感公
真源公
大詢公
隆徳公

少将様

太守様
蔵五郎様

少将様

太守様江も益御機嫌能　蔵五郎様江も御壮健ニ御成長之御様子奉承知恐悦無窮次第奉存候、然れ共前文之次第ニ御座候間、『(改丁)何とそ弥以政祭一致之旨を以丹精仕、後年幾久敷目出度　御國家御平安ニ御治世之御恩澤を蒙り申度、於私重畳奉祈願候所ゟ、ヶ様之儀も申述候事ニ御座候、

右之次第御賢慮にハ如何被思召候哉、筆頭ニ而ハ兎角難盡意味のミ有之、追而出府之節御内語可仕相含居候得共、先ッ主意之所入御聞置度如此御座候、尤文中多罪之過言、其内ニ者禁句も可有御座と者奉存候共、頃年来
少将様之御懇命を蒙り候而、御祈禱等申上候ニ付而者難黙止奉存候間、任御入魂内ゝ及御密談申候、萬一可然筋と思召候ハヽ、全ク貴君之御賢慮にして御工夫可被下候、若又難相立筋ニ御座候ハヽ、御懇意だけニ直ニ御火中『(改丁)堅ク御口外被下間敷候、何分筆頭迄ニ而ハ難盡、萬ゝ不遠期拝顔候、夫迄之内御熟覧被成置、御賢慮ハ御面談ニ可受貴教候、以上、

六月　　阿蘇大宮司

小山門㐂様

下野狩再興

犬追物

下野狩再興之儀、主意之大綱者、頃日相認入御内見候事ニ御座候得共、猶難黙止奉存候間、右再興之取扱様愚意之趣、再入御内聞度左ニ塵電覧候、不苦思召候ハヽ、宜御賢慮希申候、

抑右再興之儀、たとへ唯今

君命御座候とも實事ニ懸ヶ取立可申と仕候而者、段々差障りヶ間敷儀も出来可仕哉之様ニ僻案仕候、彼先年組立ニ相成候犬追物ニ仕候所、發端に』(改丁)君命を以興隆仕候様被　仰出候とも、乍恐於時宜遮障多ヶ相整申間敷様奉存候、然るに斎藤・恵良なと之傑士、同志相催し終身之力を入レ候而、漸々ニしらべ(調)立申候而、最初之内者皆々しらべがてら之内稽古ニ而御座候、数年をかさね大畧相整候上ニ而

上ゟ師役等被　仰付、式法厳重ニ被行申候儀ニ御座候、下野狩之儀も主意ハ頃日之通ニ御座候得共、唯今實事ニ懸ヶ取扱候所者、此犬追物之調子ニ而無御座候而者、於時宜彼是之當り障りも有之、相整申間敷哉と奉存候、仍而狩祭之儀も當分之間者、総而、内しらべ・内稽古ニ仕候而、年数を積ミ、再興被　仰付候而も不苦程ニ成行申候節、表立相達申度、左候得者、公私共ニ殊之外致し能ク、却而もやすく取立ニ相成可申候、併右再興之儀ハ御内々ハ於御問御聞置不被下候而者、内しらべも難仕有之候、且又右内しらべ・内稽古等仕候ニ付而も相應之費用者有之、勿論再興』(改丁)奉願迄ニハ餘斗之用脚も懸り申候得者、是ハ同志相催し有志之輩相

勤メ、并旧領《キウ》之由緒有之ヶ所〳〵江申談候而、内稽古打立申度、左候ヘハ、改而御出方ニ及不申候而、御國家太平御武運御長久之御祭式、全ク相整申儀ニ御座候、仍而後年表立相達再興仕期ニ相成候ハヽ、右力をいれ候面々ハ筋ニ應し可然様被仰付被下度、是亦御内々御聞置奉頼度候、此等之儀御支無御座候得者、事躰やすらかにして禮祭相整申儀ニ御座候間、重畳宜敷御工風之儀、偏ニ奉頼候、以上、

七月廿日　　　　阿蘇大宮司

小山門㐂様

』(改丁)

高本教授

同年十一月高本教授江差遣候書付

御内密申上候懇願之手扣

今度御軍律御しらべ御用懸り被為蒙　仰候、御行衛ニ付、頃日出府中御内話申上候筋有之、随而者、鄙意懇願之趣も申上候處、尤ニ被聞召候而、御賢慮・御教示も被成下、於私幸甚之至忝仕合奉存、則申上置候通手扣相認、左ニ奉入御内覧候、此上御賢慮之儀、偏ニ奉仰希申候、

一、安不忘危治不忘乱と申候者、古来ゟ之確言ニ候へハ、今度御軍律之御しらべ等被仰付候儀者、誠ニ重畳奉恐悦、殊更

霊感公之尊慮をも被爲継述候御儀ニ而、國之大事たる祀戎之御政事も相立候儀ニ付、乍恐私式ニ至迄、別而奉感服候御事ニ御座候、右ニ付候而者、御しらへ等も相済候上者、追而者御調練も被爲在ニ而可有御座哉、既ニ近年御備頭中之調練者、一手切(改丁)』之事ニ而御座候へとも、夫すら最初者、甚整兼候儀も多ク爲有之哉ニ薄々承及申候得者、御しらへ之上ハ乍憚御調練も可有御座哉と竊ニ奉考候、扨御備頭中之調練之趣者、竊ニ傍観仕候處、古法通之禮中ニハ不被寓候而、唯に軍形軍争等迄之調練之様子ニ相聞申候、夫ニ付乍慮外鄙意ニ存候儀者、兵者凶器也、争者逆徳也と申候得者、一流之人氣も禮和にハより不申、おのづから凶逆殺伐之氣のミ感動仕候而、或ハがさつニ相成品ニゟ候而者、長上をも犯シ凌キ候様之振ニ至リ、可申哉も難測儀共ニ御座候、聖代之練兵四時之猟祭に被寓候趣、周禮に相見え候所者、禮祭中に練兵を寓シ候へハ、士民共に和順之中に養立候事故、不知不識しておのづから和氣にのミ感動仕候而、前段之憂ハ無之様奉存候、易之師卦も坤順之内に坎険を包居候へハ、大傳にも險而順と有之、本義にも伏ニ至険於大順一ニ、蔵ニ不測於(改丁)』至静一ニ、と相見候而、是すなはち師之正躰と相聞申候、左候得者、後日御調練之期にも被爲至候ハヽ、定而如何様とそ禮中に被寓候而、

御先代様方御以来、御家名之御光烈をも被爲添候御儀ニ可有御座候哉と乍憚奉存候、就夫、
甚懇願ニ奉存候儀者、下野之狩之儀ニ御座候、右周禮獮祭之趣も大略下野狩之躰ニ近ク似寄候
所も御座候哉ニ相見申候得共、私式末学之徒詳ニ不仕候事故、異朝之儀ニ者有之、旁以其儀ハ
閣候而、下野狩之儀を申候、先生ニも兼而被知召候通
阿蘇大神者肥後開國之尊神ニ而
皇朝鎮護者不及申、健軍・甲佐・郡浦等ハ三韓征討之霊應ニ而彼所ニ御鎮座夷狄降伏等之儀ニ
至候而も古来ゟ
朝家之御尊敬も異于他候儀ニ而右下野狩之儀者、』（改丁）
大神之神勅にも命ニ後嗣一令レ無ノ廢スルレ其ノ禮ヲ一と申儀、由来も相見候而、誠以天下泰平朝敵退散最上
之祭禮ニ而候處、天正年中九州大乱之砌、私方之儀其節至而幼年ニ御座候而、遂ニ家運相傾キ申
候、以来不得止廢絶仕候而、連代此儀悲痛仕候、次第是亦被成御存知候通ニ御座候、仍而何卒
此折柄開國大神之神勅御座候、御國家平安之獮祭を御再興可被成上候ハヽ、誠以　神慮に
も相叶、萬々世御當家様御繁昌之御基と重畳奉恐悦、於私ハ深厚有難仕合奉存候、右下野狩
者宗徒備〔満カ〕・弓手備〔満カ〕・馬手備〔満カ〕とわかち、其内ニ者騎兵歩卒之義、差別も有之、責子ハ町段より
割出し農兵之形も有之、道押・宿陣、平場・嶮岨、山により、川に添候而、誠之調練此上無

道押
宿陣

御座候、往昔阿蘇家之武備盛にして
朝家之藩屏と罷成、天正年中迄家風長久仕候儀者全ク此猟祭ニ有之候、左候而表ニ立候所者、』(改丁)
開國大神之神制古例ニ従ひ候祭式ニ而御座候得者、一流之人心も和順恭敬にのミ感動仕候而、
所謂大順之化育中ニ罷在候得者、實ニ御國家平安之御基ニ而御座候、併ケ様ニ論シ申候得者、何
とか偏ニ家傳之儀のミを主張仕　御家之御軍律之儀を兎哉角と申候様ニも相聞可申哉ニ候
得共、曾以左様之意趣ニ者毛頭無御座候、元ゟ　御家之御軍律ニハ聊之御不足も可被爲在
様ハ無之事ニ御座候共、前文之通肥後
開國之大神御國惣鎮之御宮柄之御祭式、右之通御座候處、
御當家様御儀者、肥後國を被爲知食、御國　惣御主人様之御事故、此折柄を以、右之祭儀ニ
御心を被爲添被下候儀にも御座候ハヽ、祀與戎之二ッ共ニ相整候、のミならす御國惣鎮之
神慮にも相叶候而、別而御國家御平安御武運』(改丁)御長久之御基可有御座と奉存候而之懇願ニ御
座候条、此境者左様被聞召可被下候、自家之儀を自身ニ申述候儀者其憚不少候得共、兼而御
案内之通、往昔鎌倉之右大将之御時も、軍實を被閲候ため、當家江狩之式相傳之儀御懇望有
之候、時之将軍家之御事ニ御座候得者、たとへ當家之猟《狩》之式御求メ無御座候とも、何御不足も
有之間敷、如何様とも御しらへハ到来申儀と奉存候得共、

猟祭

富士野之狩

當家之猟祭者
神武天皇之皇孫たる
阿蘇大神以来之儀ニ而
大神之御儀者前文之次第ニ御座候得者、乍憚於鎌倉も御様子御座候而、當家之式を御求、富士野之狩を被行候御儀にも可有御座哉之様ニ奉考候間、幾重ニも御賢慮御勘考之程奉希候、且昨今密々承申候へハ、賀茂・八幡之臨時祭中古』(改丁)以来廢絶之所、何とか御再興ニも可相成、御模様ニ而公武共ニ御内々御しらへ御座候哉之趣ニほのかに承及申候、是以當時之将軍家之御事ニ御座候得者、天下泰平朝敵退散にハ如何様之御祀典御座候とも、乍恐台慮次第之御事ニ可有御座候處、平安城中ニ而訳御座候、御祭祀御再興之御内沙汰承及候而ハ、別而鄙心懇願之次第御憐祭之程、偏ニ仰高明申事ニ御座候、

一、右懇願之旨者、先生ニも尤ニ被聞召、幸此折柄之事故、筋々願出候方ニ而可有之段、頃日御内々御教示も被成下、先以難有次第奉存候、然處於鄙意懇願仕候者、右者何とぞ此方よりハ願出不申候而、如何様とぞ被仰付筋も御座候ハヽ、別而難有仕合奉存候間、犹(猶)仰御賢慮度、乍御面倒愚意申上候、其子細ハ右ニも申上候通、たとへ此祭儀無御座候とも　御家之』(改丁)御軍律ニ兎哉角可申上様も無御座、御模様も曲ニ不奉存候而、卒然と願出候儀者甚憚多奉存、扨

ハ自然此祭儀御再興之時節ニ至り可申候ハヽ、鎌倉之節之古例を以乍憚御相傳をも可申上哉
と之儀、右にも申上候通ニ御座候、然るに　鎌倉将軍家之御時も、御案内之通當家ゟ之願ニ付
狩之式御懇望と申儀ニ者無御座前段之趣を以　鎌倉ゟ御懇望被成候御事ニ御座候得者、乍恐
何卒此旧例を懇願ニ者奉存候、既ニ頃日御能拝見之儀ニたに奉願存候よりハ、先例之通拝見被
仰付候様有御座度と之御教示も蒙り候事ニ御座候へハ、別而右猟之一件者、於當家者、至而重
ク取扱申候儀ニ付、胸腹之懇願者、乍憚此節幸ニ　先生御用懸りも被爲蒙　仰候事故、如何
様とも御賢慮等ハ有御座間敷哉と、其所を重畳奉仰止候事ニ御座候、左候而者、御煩敷も可
被思召上と、其段者千万恐懼仕候へ共、』（改丁）畢竟ハ先代以来内外一形ならぬ御懇切之御行衛も
有之、先年
少将様御時御内密を以、下野狩之記録等御寫御座候次第も　先生江者被成御存知候通之
儀ニ付、旁以重畳御賢慮を冀申候、尤頃日も内々申上候通、大河原・小山なと江者、密々はな
し合申候所、随分受方よろしく澤村なとも尤ニ承知有之候由、承及候間、此上者乍憚幾重ニ
も　先生之御勘考を偏ニ奉願候、
前文之次第、乍御面倒、其内御熟覧被成下、犹（猶）不被差置御教示之程奉仰希候、来春ハ尚又出
府仕候而可奉伺、何分短筆難盡御座候間、餘情ハ乍憚御推察奉冀候、以上、

下野狩之記録
大河原・小山
澤村

十一月　阿蘇惟馨

先生　座前

（改丁、次の丁白紙）』

9　鷹山下野御狩鹿立鹿蔵地名比定書

鷹山下野御狩鹿立鹿蔵之事

落　水　米塚ゟ西

嵩之畠

草高野　落水乃北東ノフる《たる》ミやノヲト云所

小石畳　小石原か《サコ》馬水ノヘンかゟ少東

遣戸石

花　山　花の山と云ハ衛星嶽山上事也

捻　木

上《小》米塚

下《大》米塚

宝鹿内　トチノ木ノ上ノ山也、アラト山ノスソ南東ノ方ニ當ル、川上ノ方、

（改丁）』

小倉山 黒川村ノ上方竹ヤフ

高　野 音鹿責・早角・黒川三村ノ間小高き所

鈴　畠 早角大方竹ヤフノきハノ野也

白　水 鈴畠ノナラビ、（たゝし北ノ方也、

葛根原 南ノさはわ山平

』（改丁）

城之尾

櫓之尾

烏　山 ｜黒川ノ向川端ノ高き山也、

楢　原

堂　床

赤瀬戸之脇 別書赤瀬ト、有リ、烏山ノ下、

車帰之脇

』（改丁）

馬　水 早角ゟ北ノ方野中也、

蔵サメ 落水ノソバ、家アル下ノ平ハ也、

長羽山　下野村の東
袋鹿蔵　白水ノナラヒ、
水口
宮原　赤水馬場ノ奥　當時宮山村といふ、　ケスノ西ナラビ、
萱原
馬隠山　赤水村上キワ
弦巻山　長羽山ノ邉ノ事
山渋
栁〔柳〕原
直之口　此所ニテ猪トカレ候、シヽトきと云所候、
馬打上
馬立尾　鳥山ノ下たてノ、上
篠ヶ原
太郎野
尾上

』（改丁）
』（改丁）

入野
檜原
平良石
上楽道
下楽道
菖蒲山
冷水
前村
クワイツラ
以上四十八鹿蔵也
下野御狩名所
恒例塚　神人酒持參ノ處
（宮山村ノ上ハツレ
岩蔵　見物人ノ居所
宮ノ跡・宮ハ當時村内にアリ、少々林アリ）
木引地
（改丁）
（改丁）

一之川　ケス宮山ノ間細き流也、
下作渡
小　淵　赤水ノ西
比和多賀山
二　山
烏帽子形　古チ亀が淵ノ南
鳶池口
厳　塚
通　山　鬢抓ハ、ノ責子入山也、
物越之堀
馬　山
喜《黄》檗山
山　添　早角内ノ山ノ口着及屋敷床
鹿　渡　黒川村下
平　山

」（改丁）

池本

龜塚

亀迫

三方

田野〔町〕馬場

荷塚

中川

歴木原

入江崎

中道

水溜　早角村ノ内

茂道〔迫カ〕

隠山　赤水馬場ノ責子入山也、

殿塚　大迫トモ云

遠見迫　ヲキヲ見ル所也、

」（改丁）

」（改丁）

駒立畠　大畠ト云狩之日着到ヲ付ル所也、」（改丁）

豈　シカノハヤシト云

月毛ヶ渡

芦毛ヶ渡

渾〔濁カ〕川　赤水ハ、ノ南　高野ノ脇

一　幸

ヲイラノ口　御入ノ口ト云義赤水ハ、ヘ此所ヨリ御出也、

ト、ロキ原　上下ニ有

池之窪

籠之山　中ノハ、ノ責子入山也、」（改丁）

早一口　此所ヨリ鬚抓ハ、ニ南郷ヨリ上下共ヲロス

二合石　鬚抓ハ、ヘ打下候坂口也

後鷹原口　中ノハ、ヲロス口、

前中王口　同

前東　岩　同　長之原ノ内クラか、村西云申脇也、

クルミカヘリ野
戸淵之瀬渡上リ
五日《音》鹿責　小尾両所御狩前人留所
早　角
荒　瀬　ヲトカセノ南クホヤ野也、此所トウシヨウ下云所アリ、
一、東新堤大谷限、
　　真〔馬〕水打上候付早、
一、西大川限、
一、南　黒川内下赤水限、
一、北　無田と申所境アリ、
　　下野赤水ノ間二町斗、
一、責子塚松山三畝斗、
一、仕立山二反半斗、

』（改丁）

（挿図1）

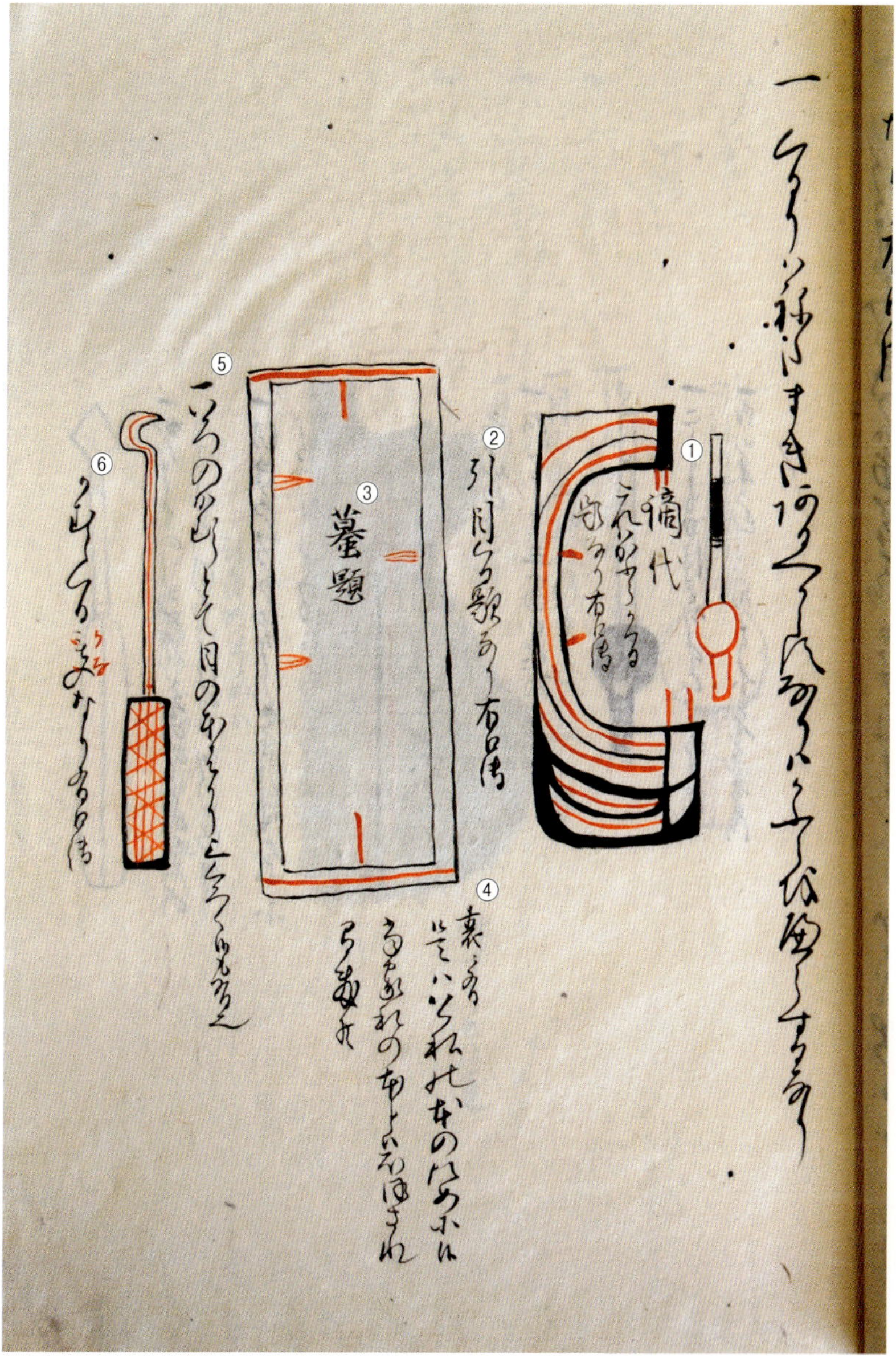

翻刻三四頁

（挿図2）

① あすくのつつみ名ものくろの…本之て
② ひきものふるまきを月なミ小…
③ 岩佐も大小るゝあり
④ 角かね
⑤ 好ちきハ三四尺に方白滑

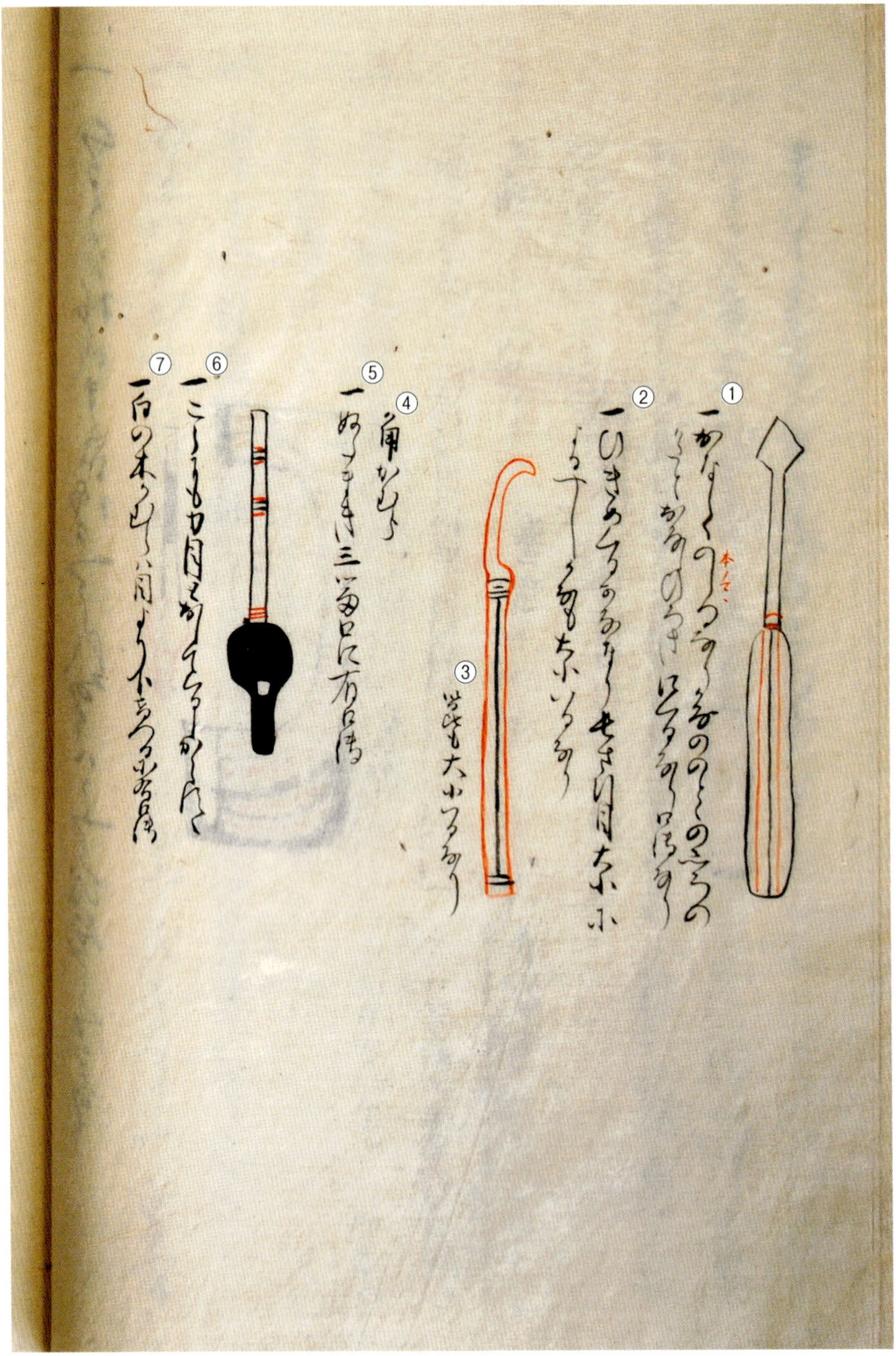

（挿図3）

① 雨むらさゝげ思花白鳥
② 一目の刀 袖のひき
③ 一そのえ
④ 一え
⑤ 一鍔
⑥ 一をやうけ
⑦ すゝのひき
⑧ ひきめをめい

右はふうりゆう也

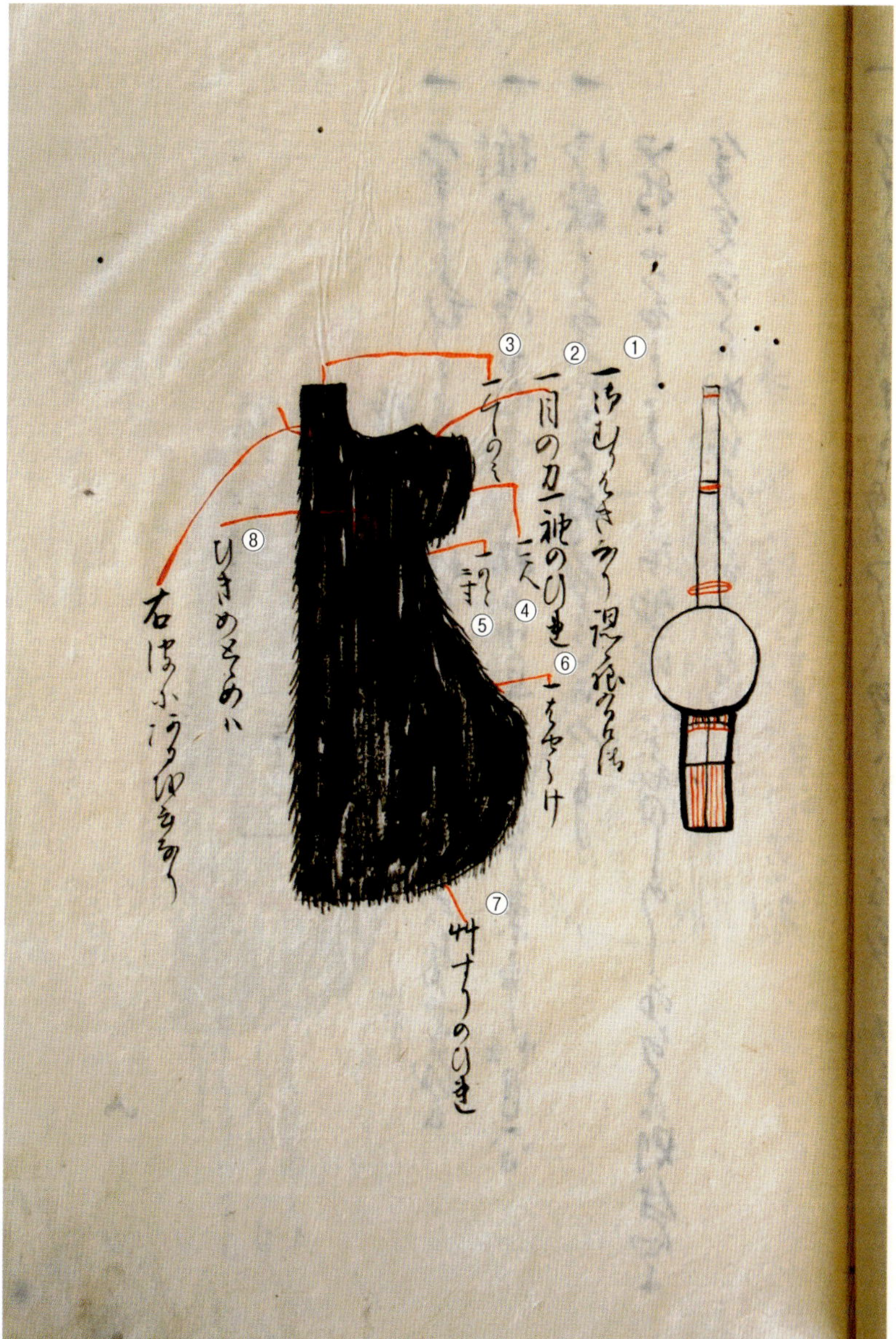

（挿図4）

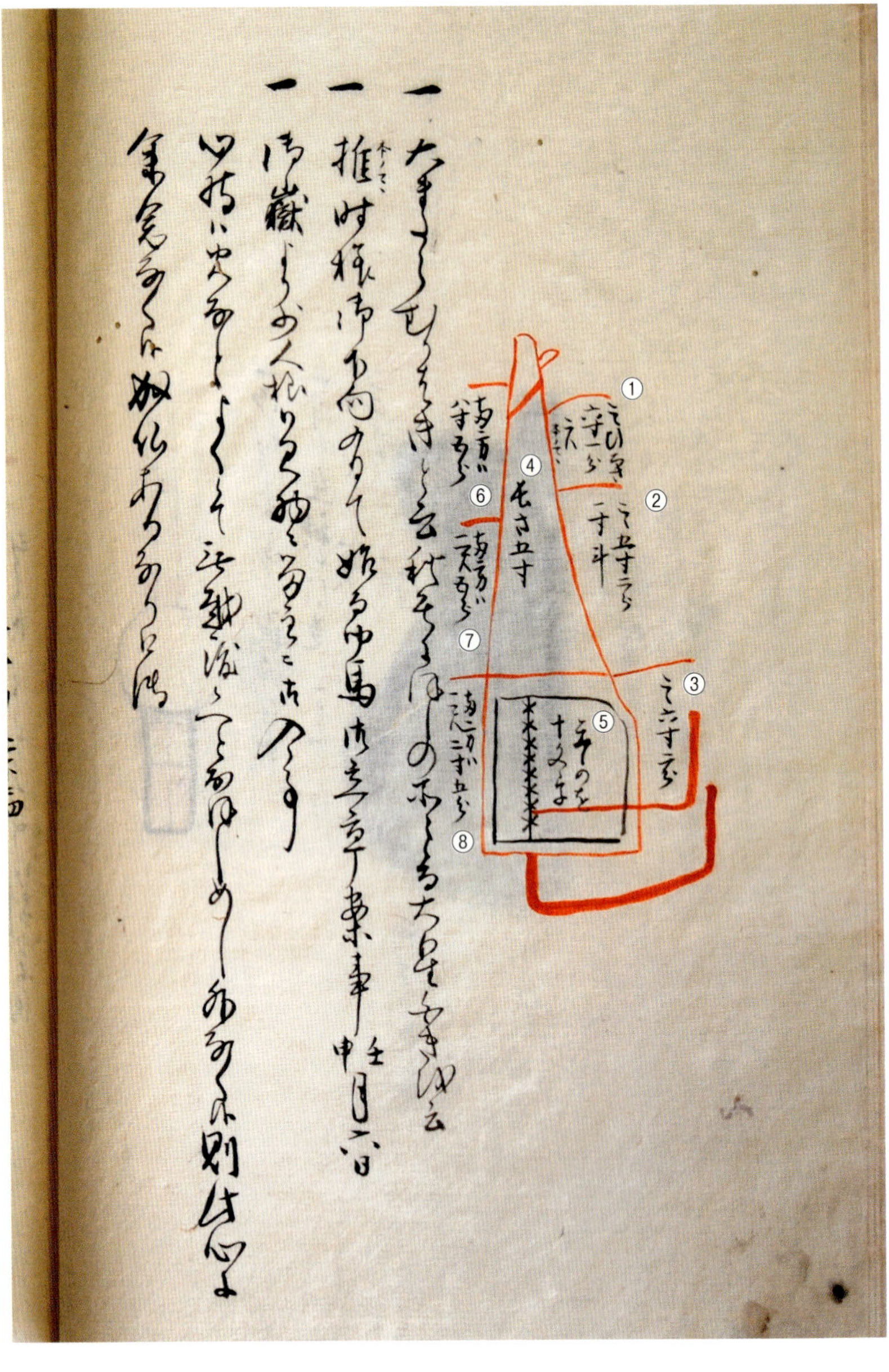

翻刻三五頁

（挿図5）

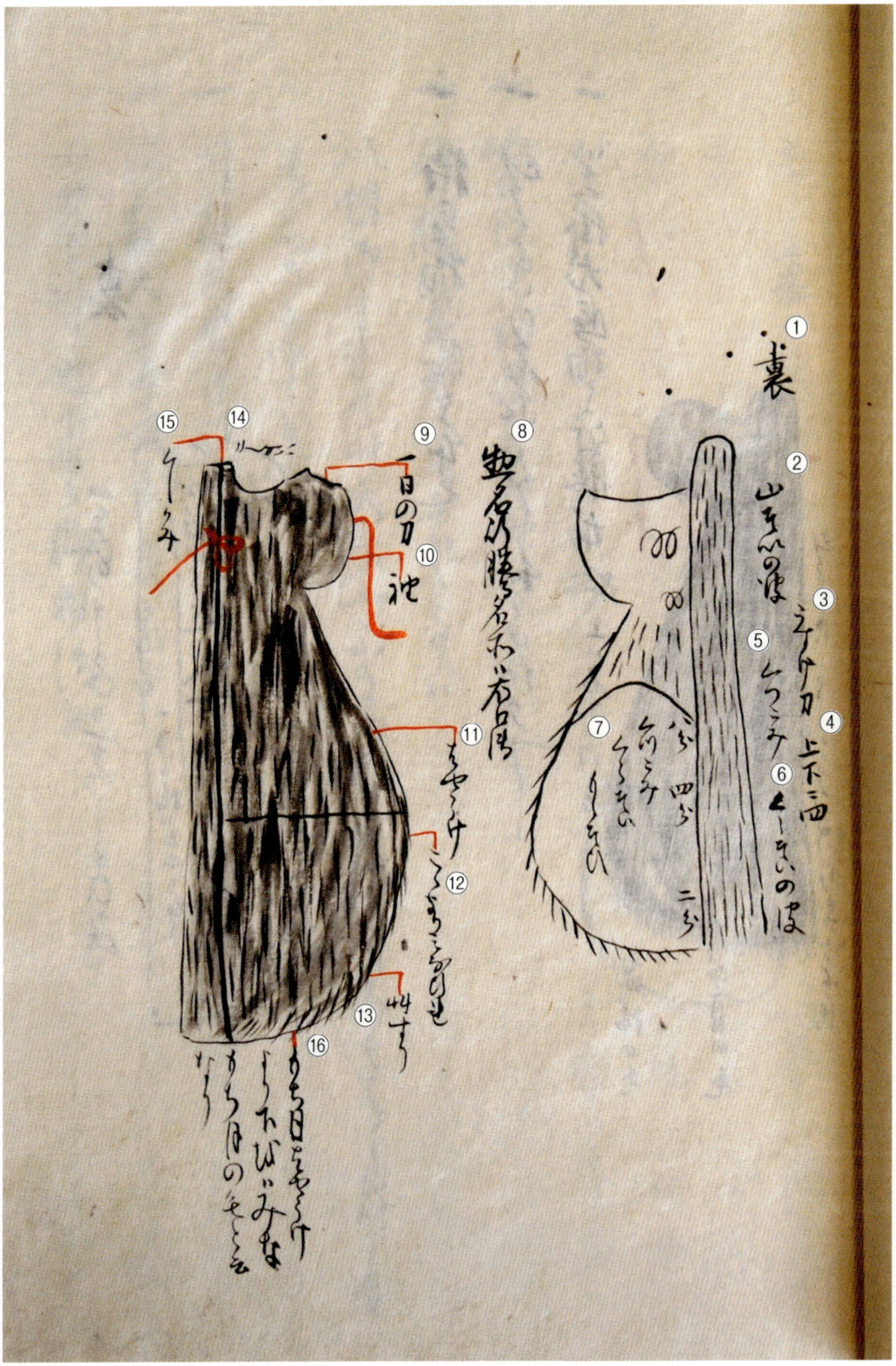

（挿図6〈右〉・7）

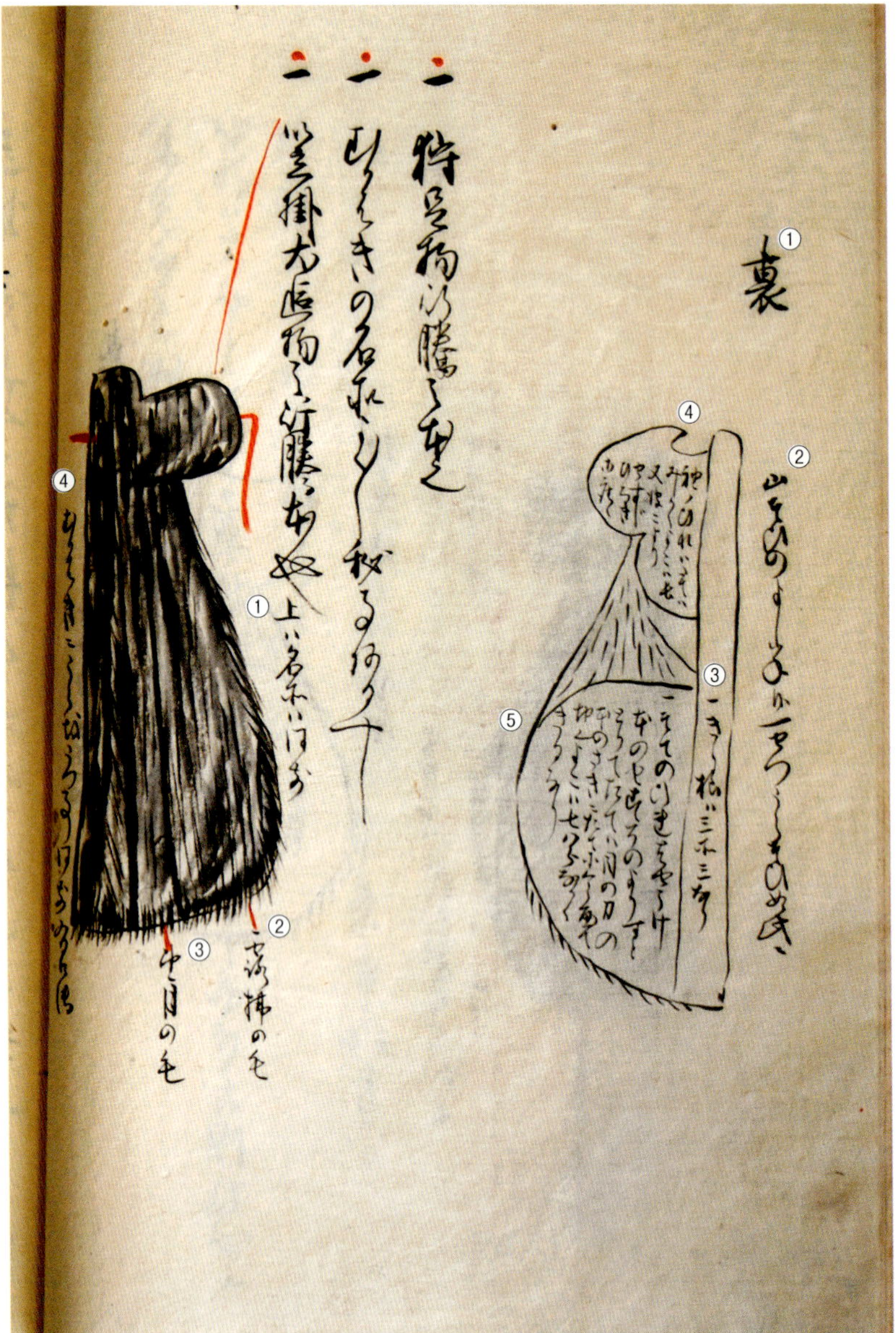

翻刻三六頁

一、此白ハ八如徳寺池也
一、行騰ハ簾ヤうまれ～る
　八幡御牛毛ハ時天を゛さ々するのうミの引月あさんし時、星
　もてうみんとう
一、阿蘇大宮司 惟國 吾宇子
一、阿蘇大宮司 惟方 本字 吾宮子
　小次ラ～也 中町 狩相清ハ

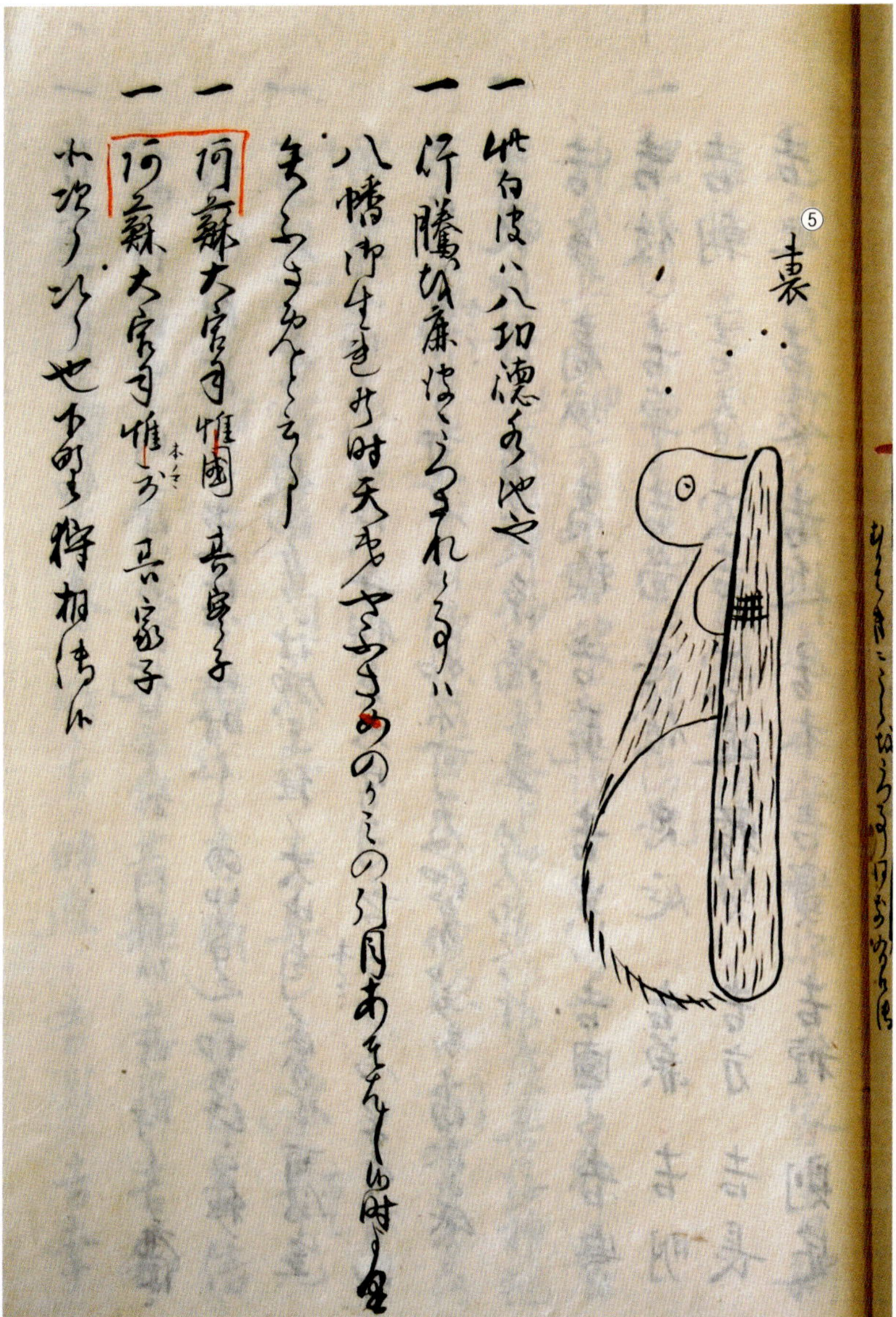

（挿図8）

　三伏毎通
地藏之時・文珠辰・四
　　　　　　　　同治羅大將軍
　　　　　　　　　　　　　　　藥師卯時・十
　　　　　　　　　　　　　　　深事羅大將軍
　　　　　　　　　　　　　　　　　　　　普日賢五〜
　　　　　　　　　　　　　　　　　　　　摩丁尾羅大將軍
　　　　　　　　　　　　　　　　　　　　　　　　金剛午刃
　　　　　　　　　　　　　　　　　　　　　　　　真達羅大將
　五　　　　　　　　　　　　　　　　　　　　　　　招杜羅大將
釈迦子時
毘鷲羅大將
真實々々秘事可秘々帷次

一不可有他涉持見えたり
二日戌日　三日巳日同黒火日　天日然々青睡了忍る儻

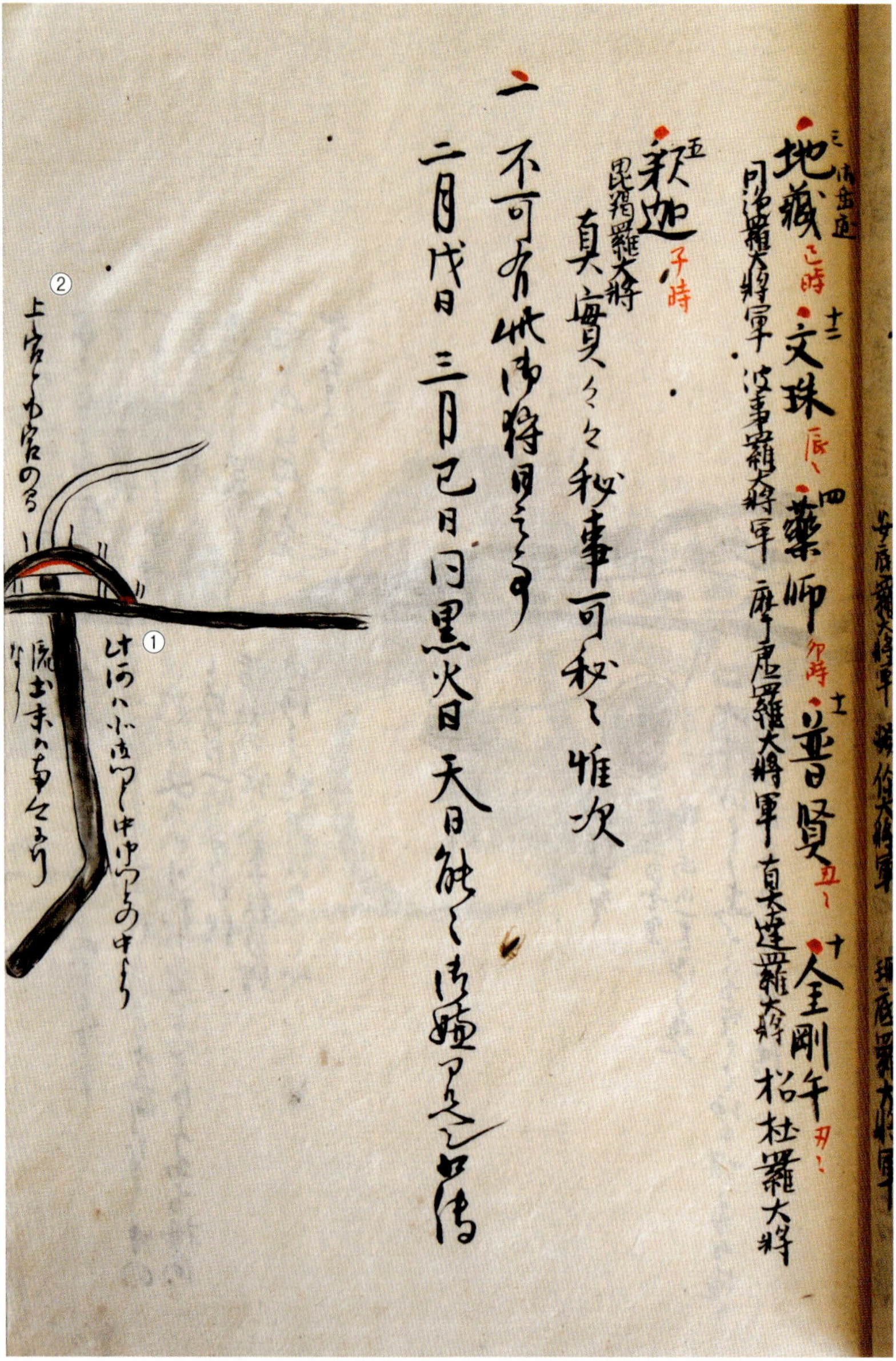

（挿図9）

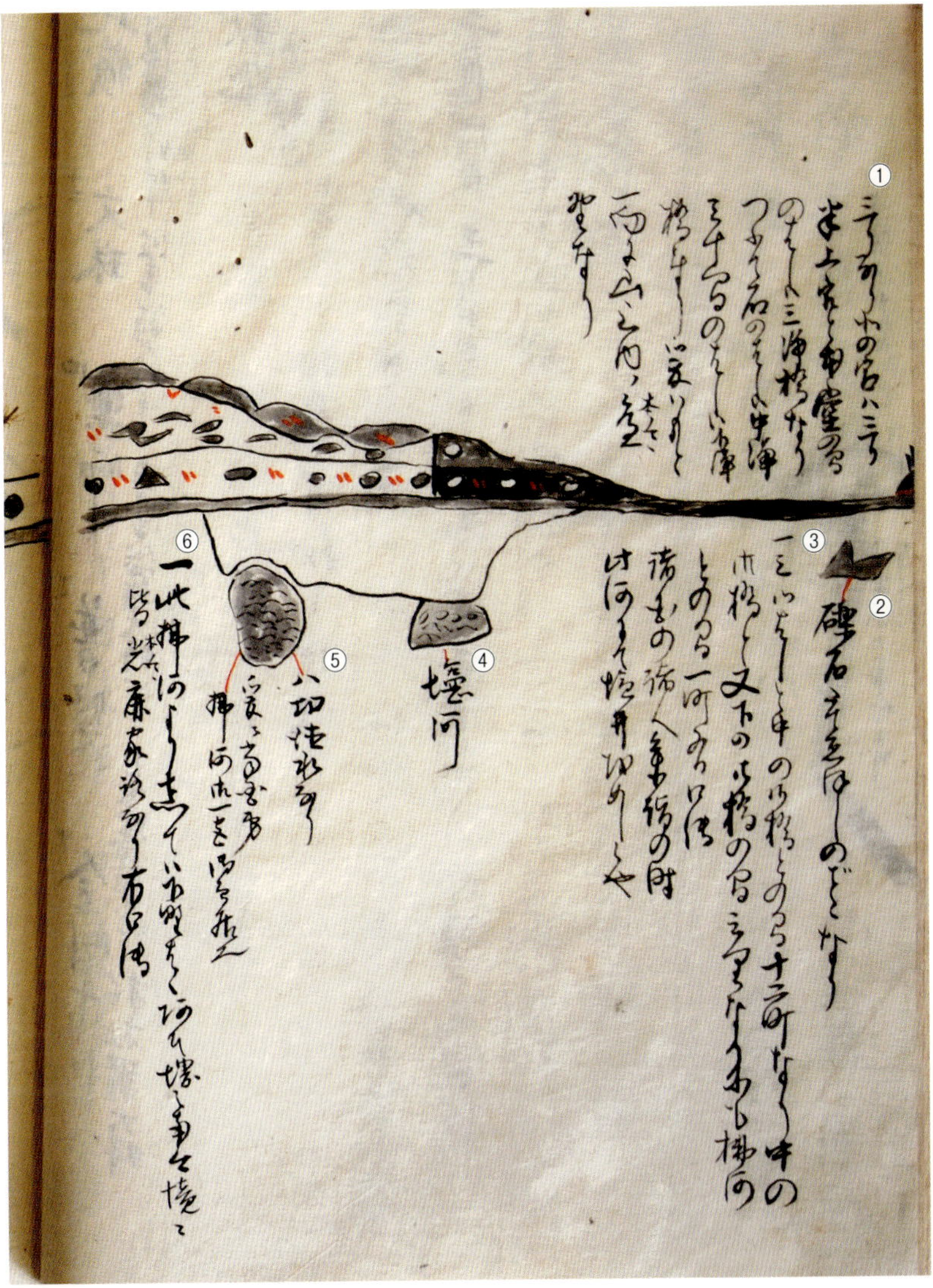

翻刻三九〜四〇頁

（挿図10）

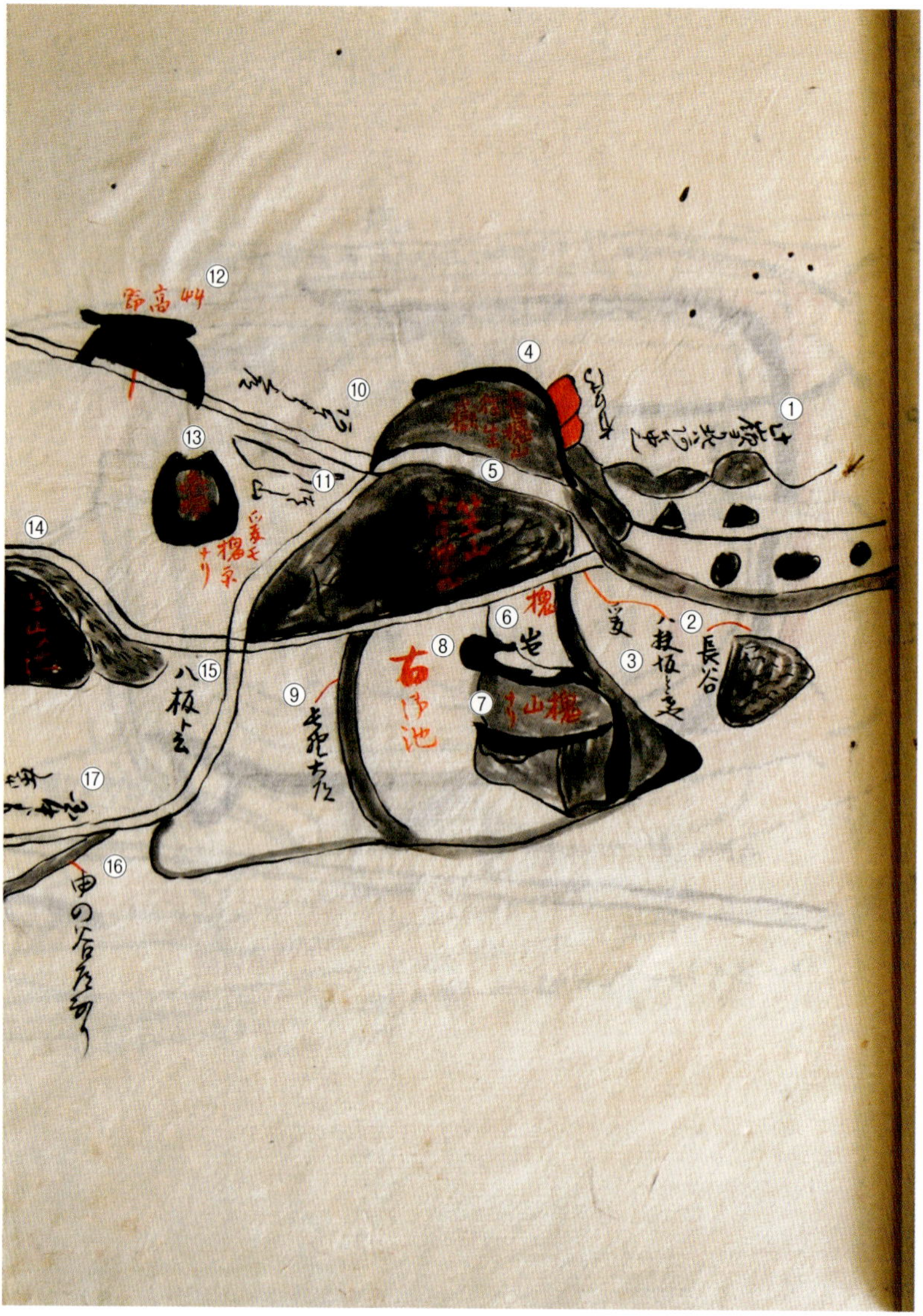

翻刻四〇頁

（挿図11）

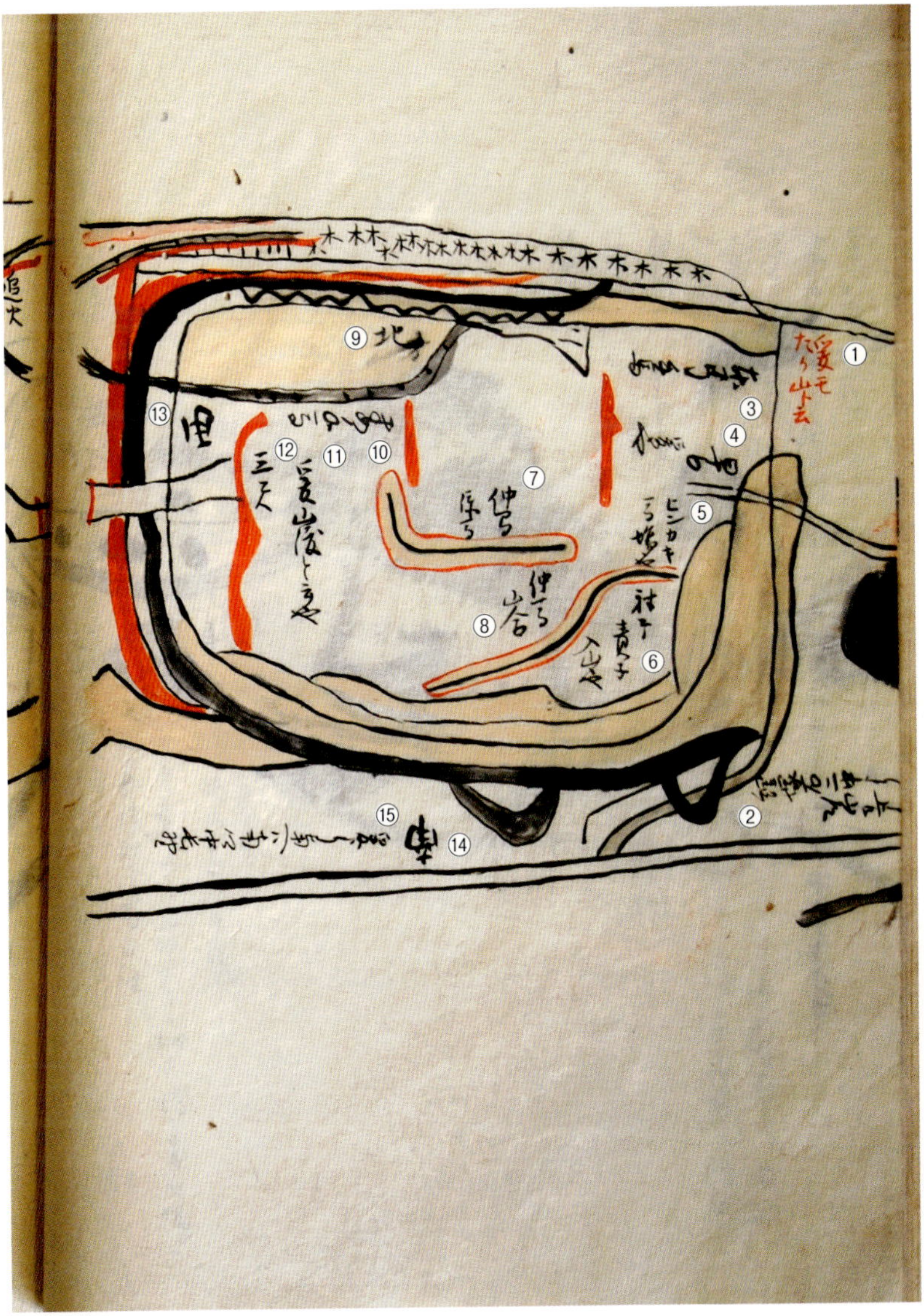

翻刻四〇頁

（挿図12）

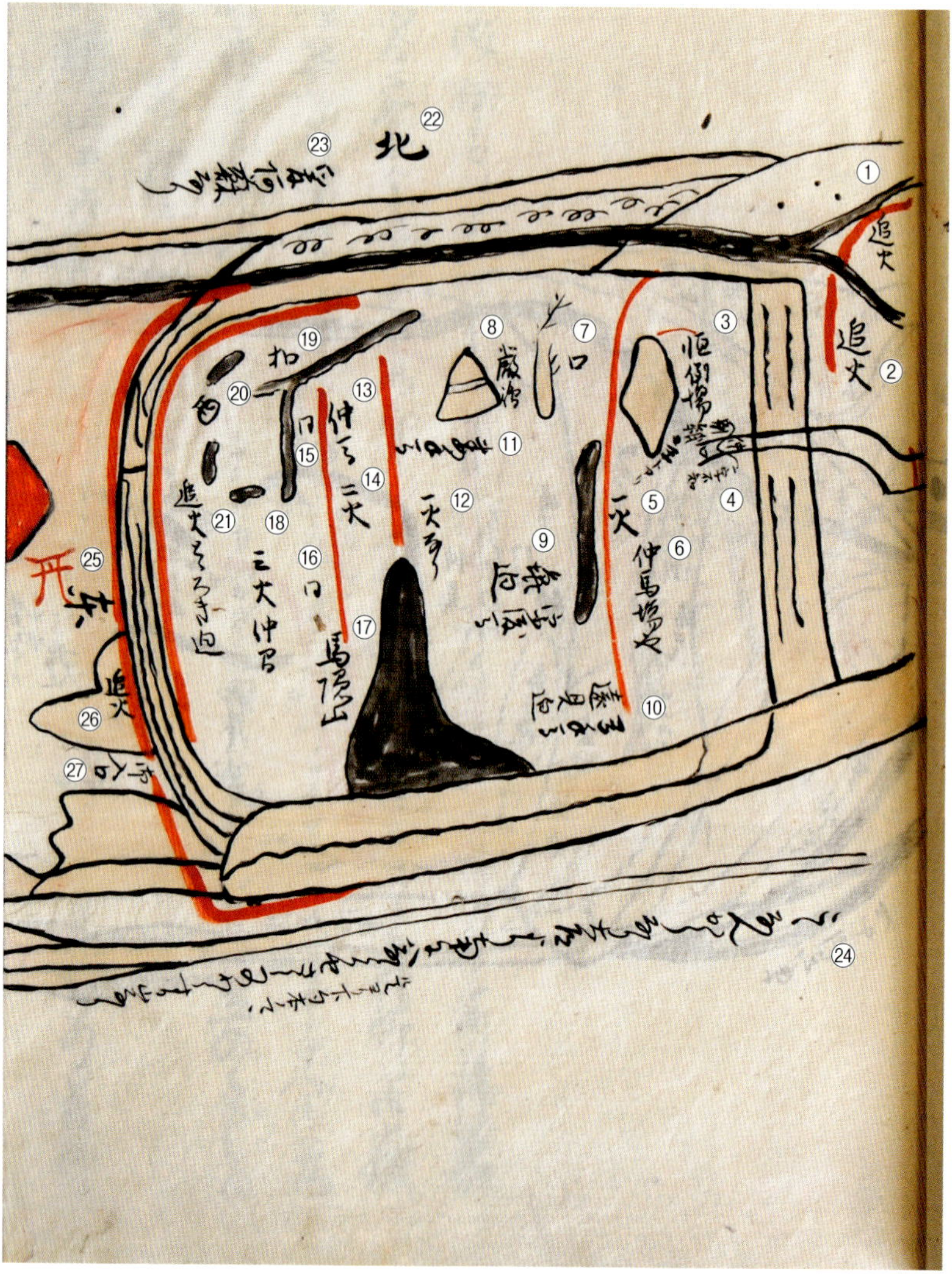

（挿図13）

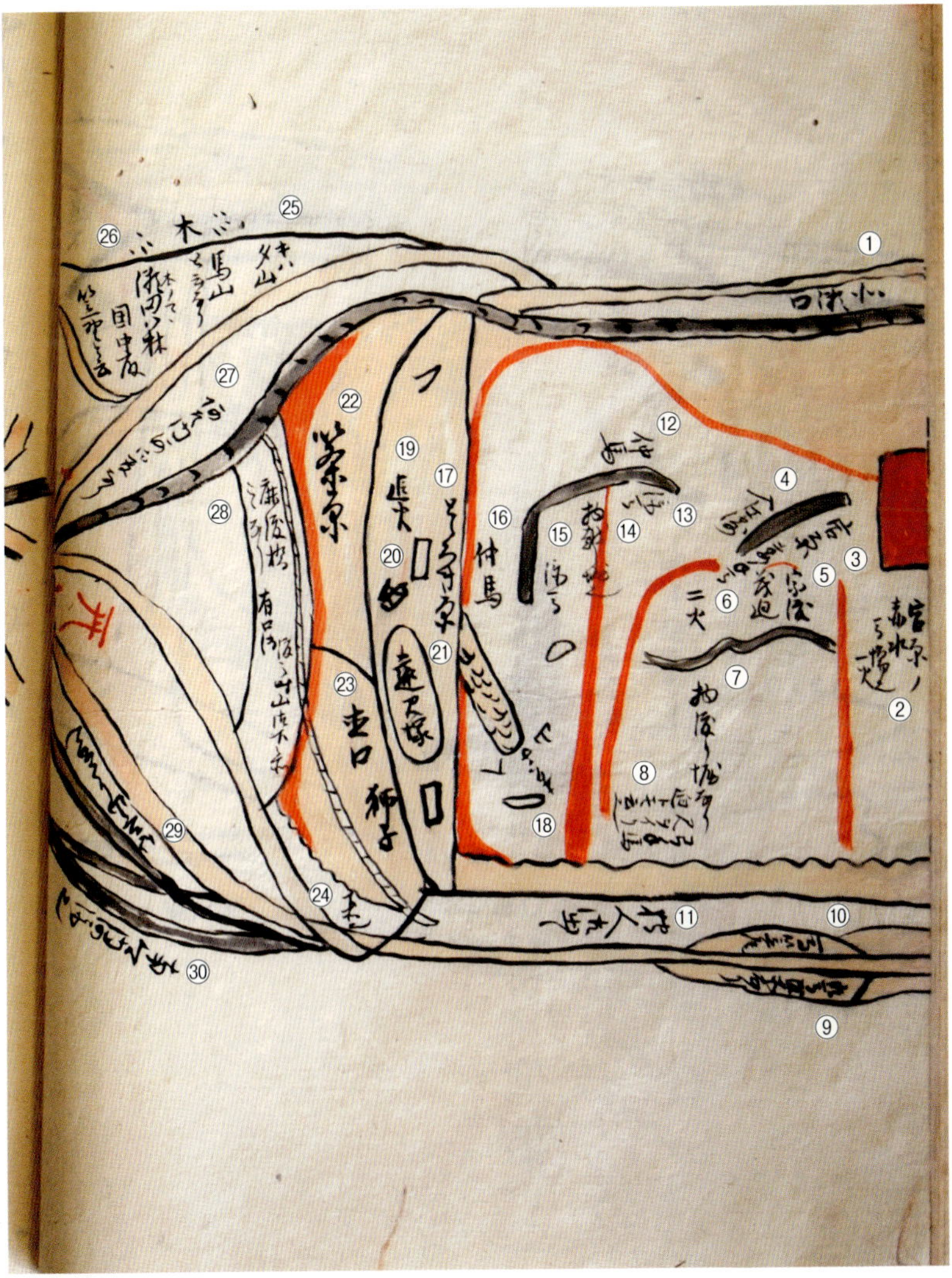

翻刻四一頁

（挿図14）

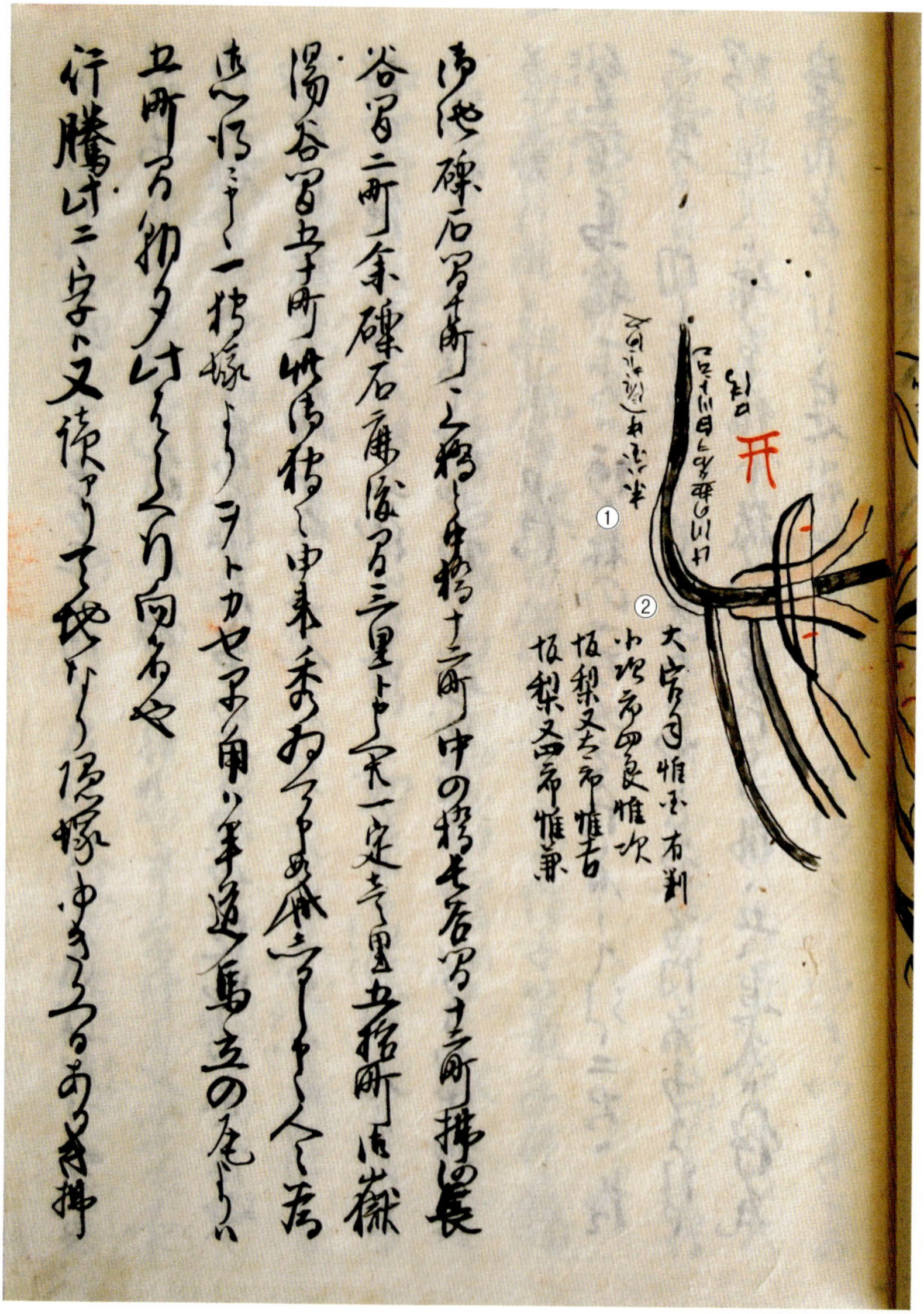

翻刻四一頁

（挿図15）

（挿図16）

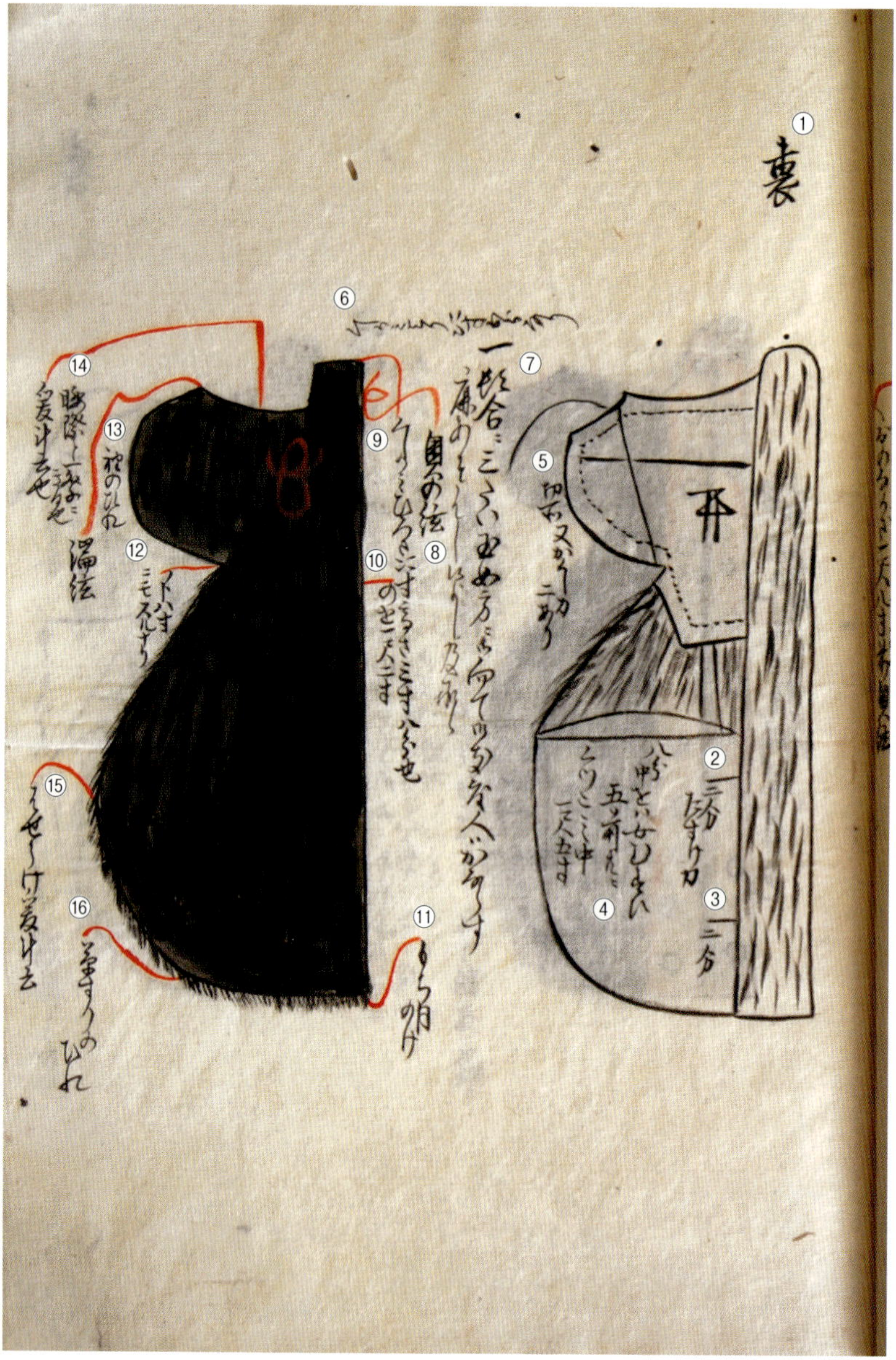

翻刻七二〜三頁

（挿図17）

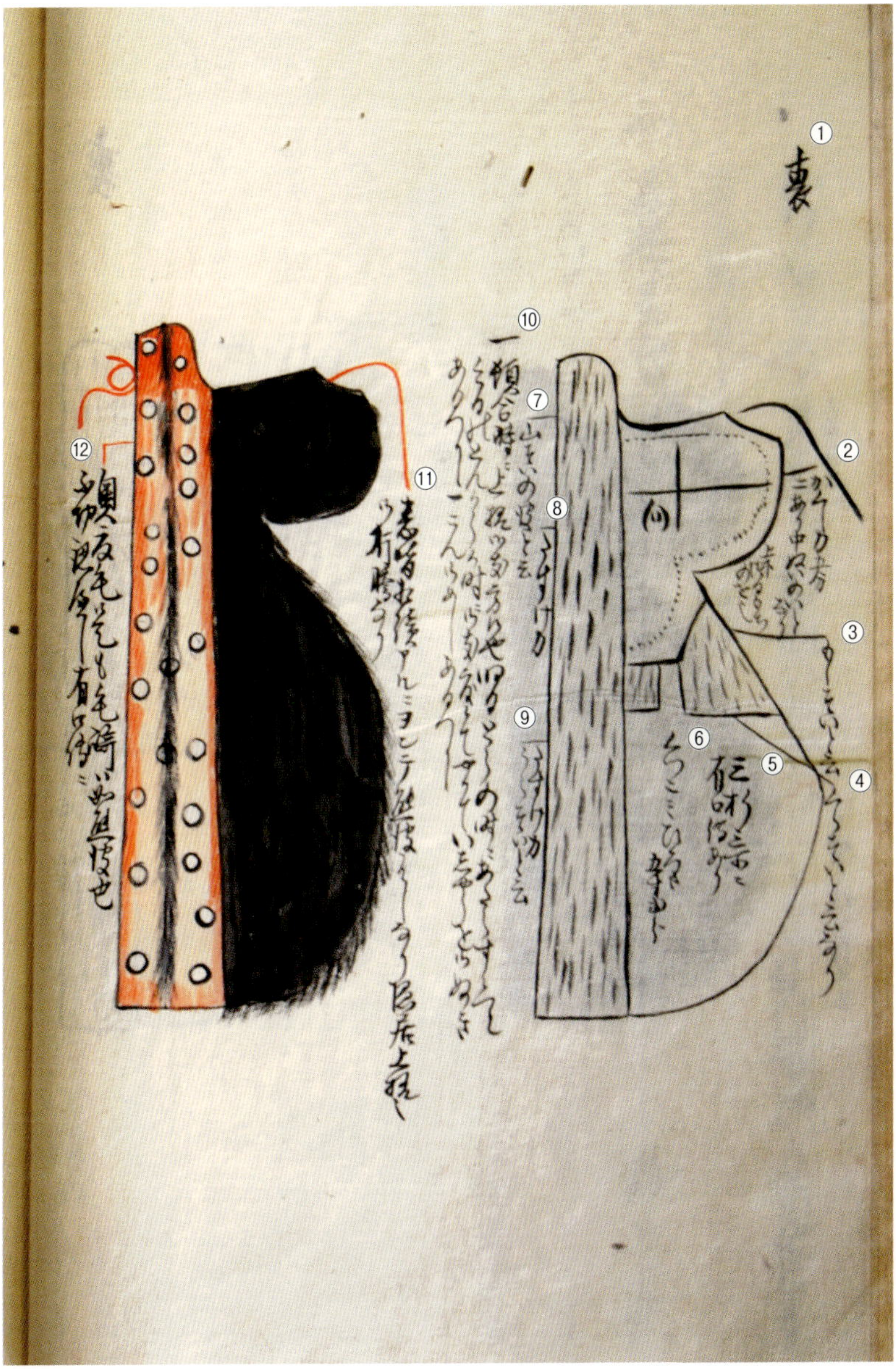

翻刻七三頁

（挿図18）

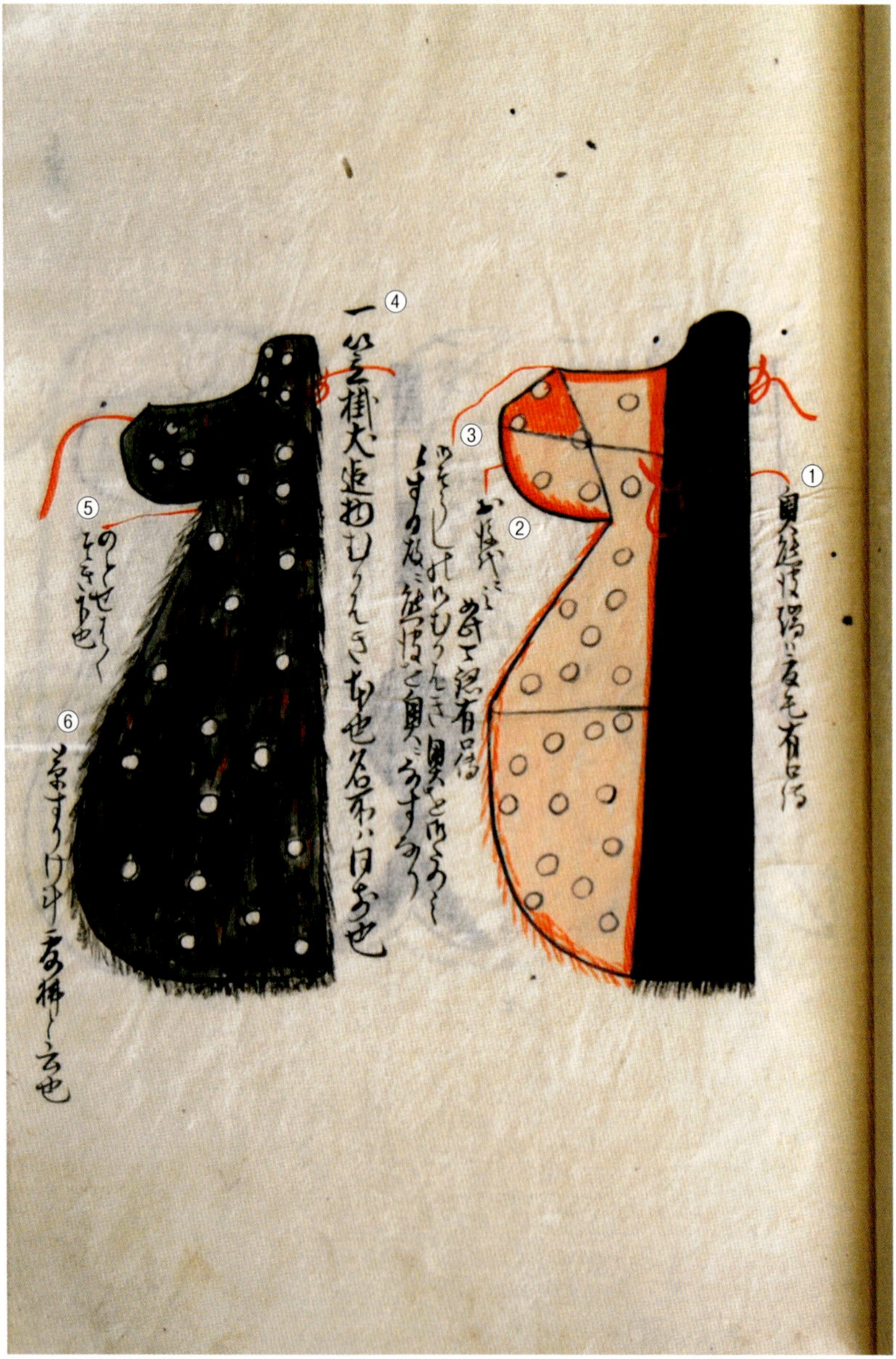

翻刻七三～四頁

（挿図19）

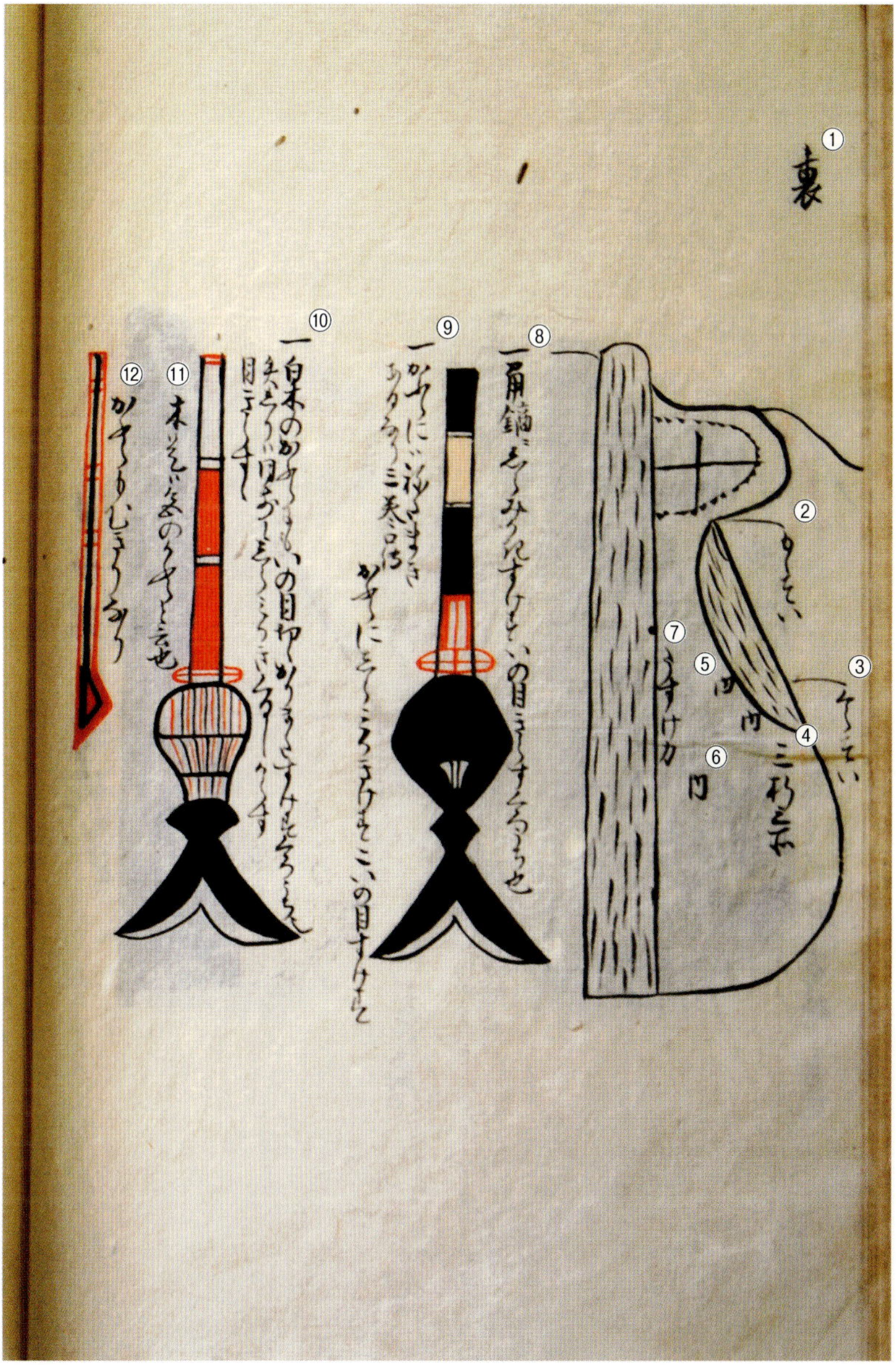

翻刻七四頁

（挿図20）

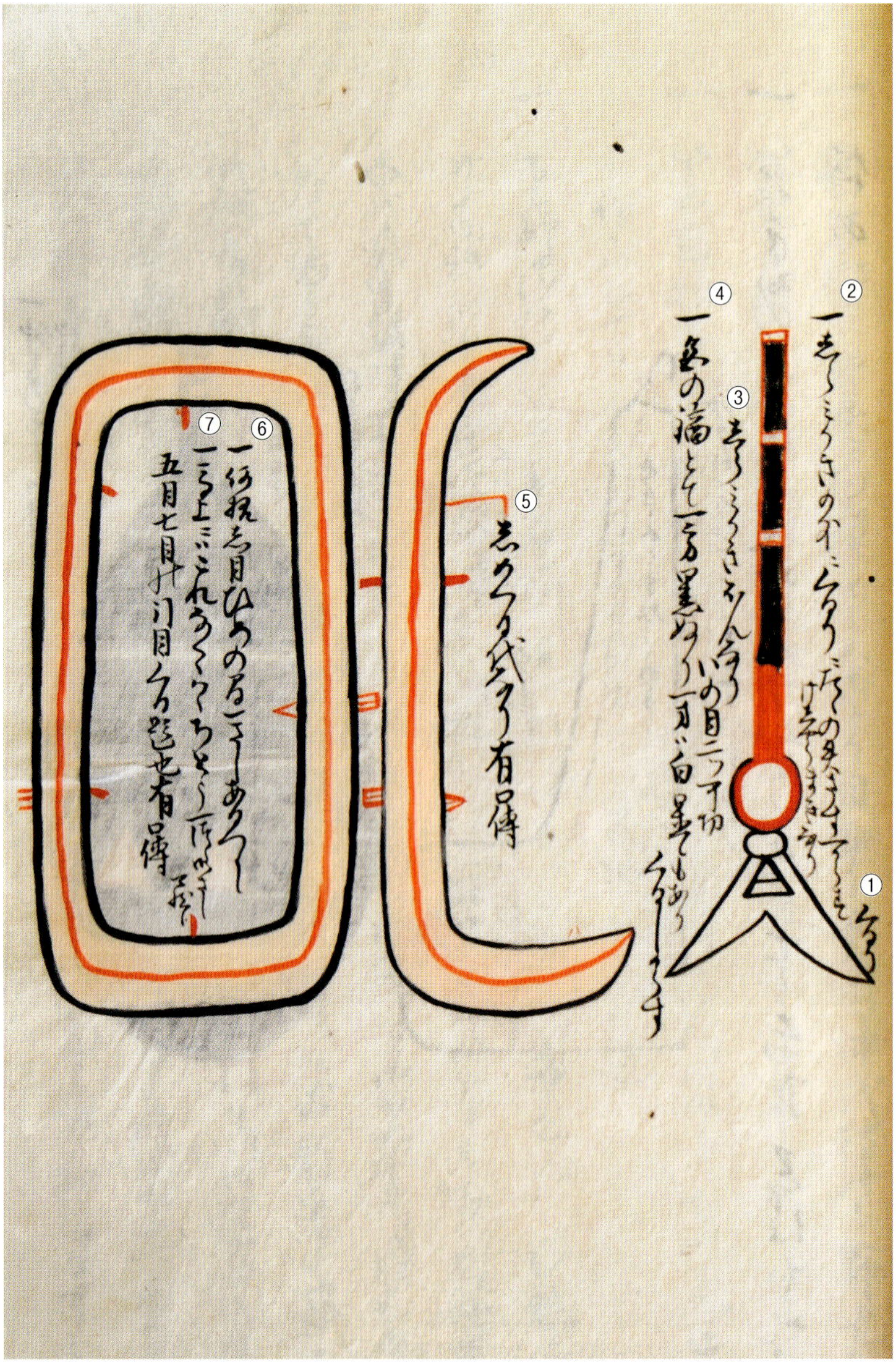

翻刻七四頁

（挿図21）

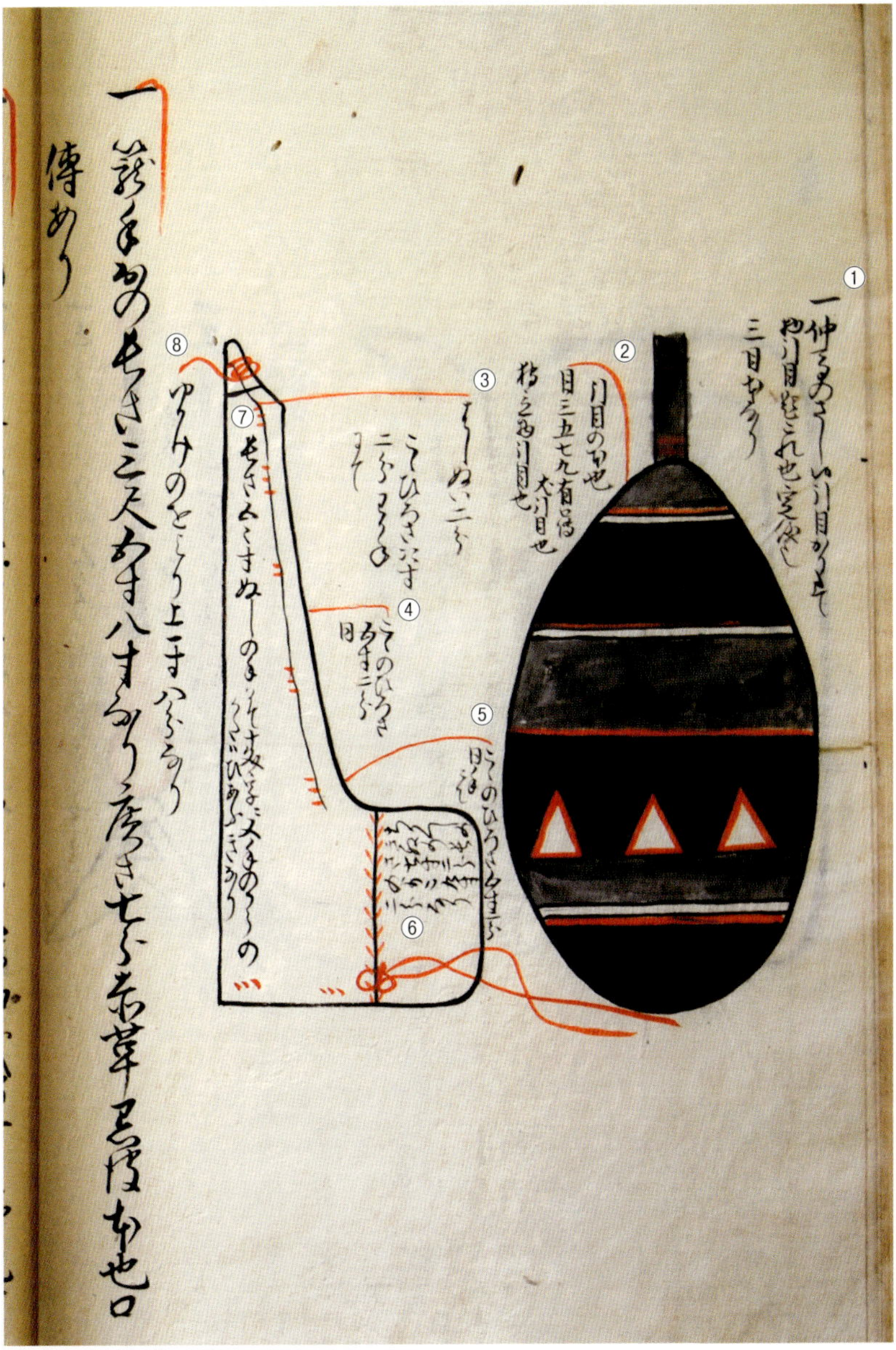

翻刻七四～五頁

（挿図22）

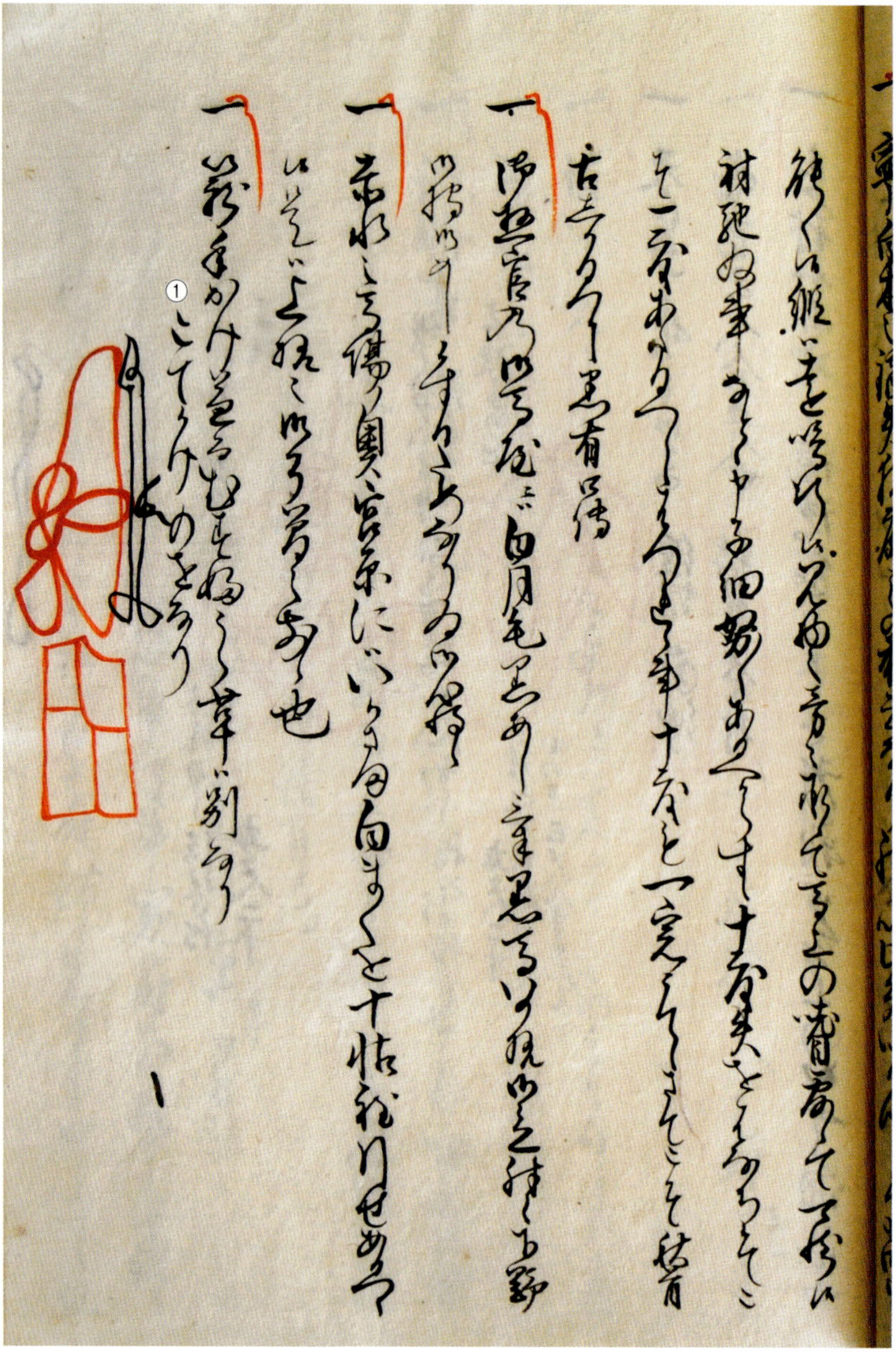

翻刻八一頁

（挿図23）

挿図

一、天皇ヲ指ヲ申ス
　稚名ノ人合五人也

一、ト村ノ節次ノ鬮現金ヲトシテ札翻ニ位王ノ名ヲ鬮ニ出ル也

④ 役人ヲ申トル人ハ面ヲセス八男ヲ申方
⑤ 秋ヲの人
③ 𠮷
① 𠮷ヲ申方
② ろんひゃ結扱ヲ行　立人ニ手
⑥ 結扱ヲ行方　その外三天八寸ゑむヲ

| 經坊 | 家續 |
| 秋翠 | 今村 |

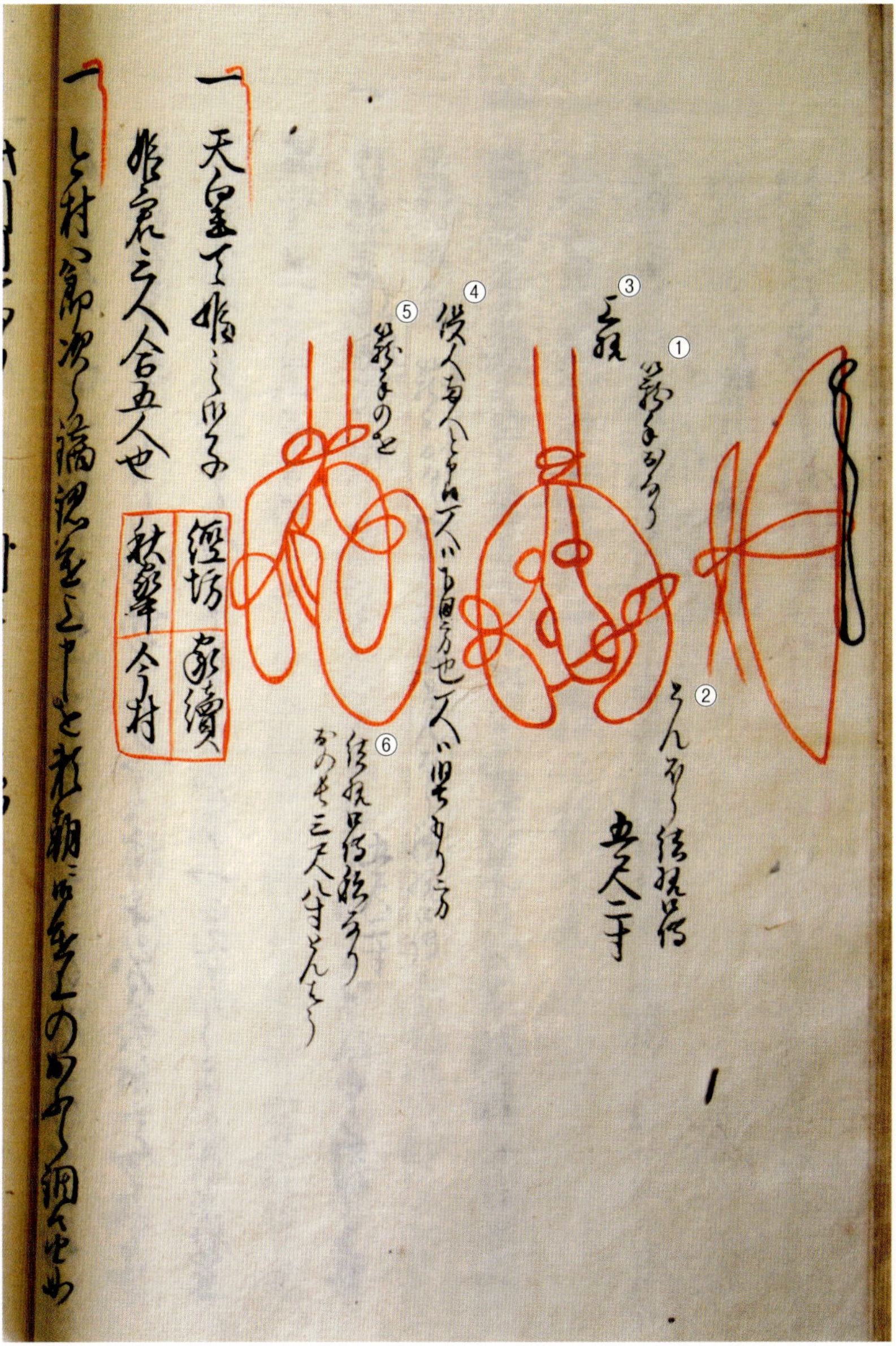

二三年まうり、すけもんらうくらう居る事も

一候間きく人何程かも十三にえ人をて百仁死匠年七千人多子
　ゟ形ら菌事の若候二千余人死ん、討目之不可額と人云々
内一あっ乃居

一ろうきさこ四京にせこもく人をわさすれら

一開眼祭てる十三月の同まゝてく千祝神祇
　り二人みのめるの方（ソ）る事クみととける事事

　ゑる結の糸の大鼎にそつけ
　　　　　てんくくに

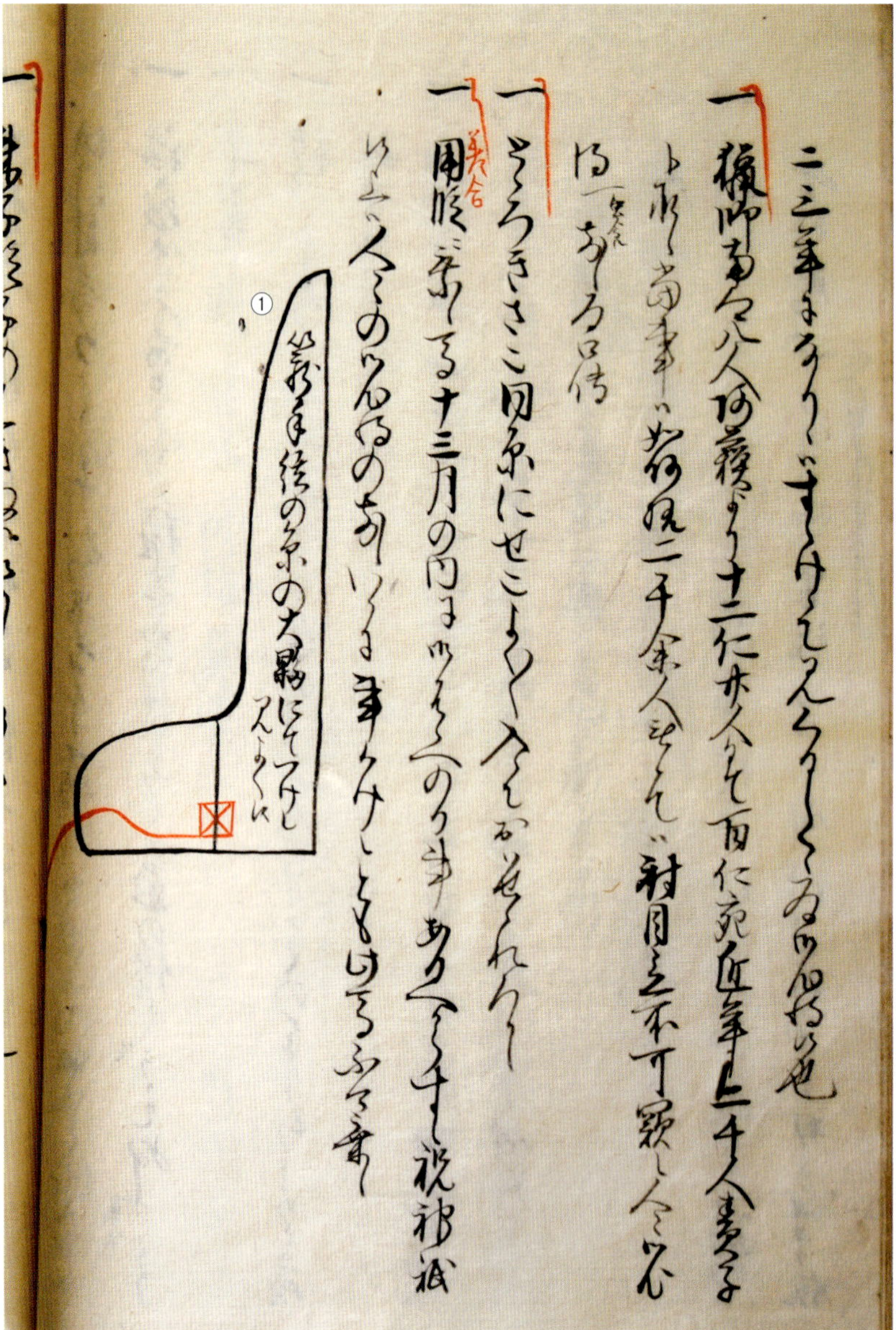

（挿図25）

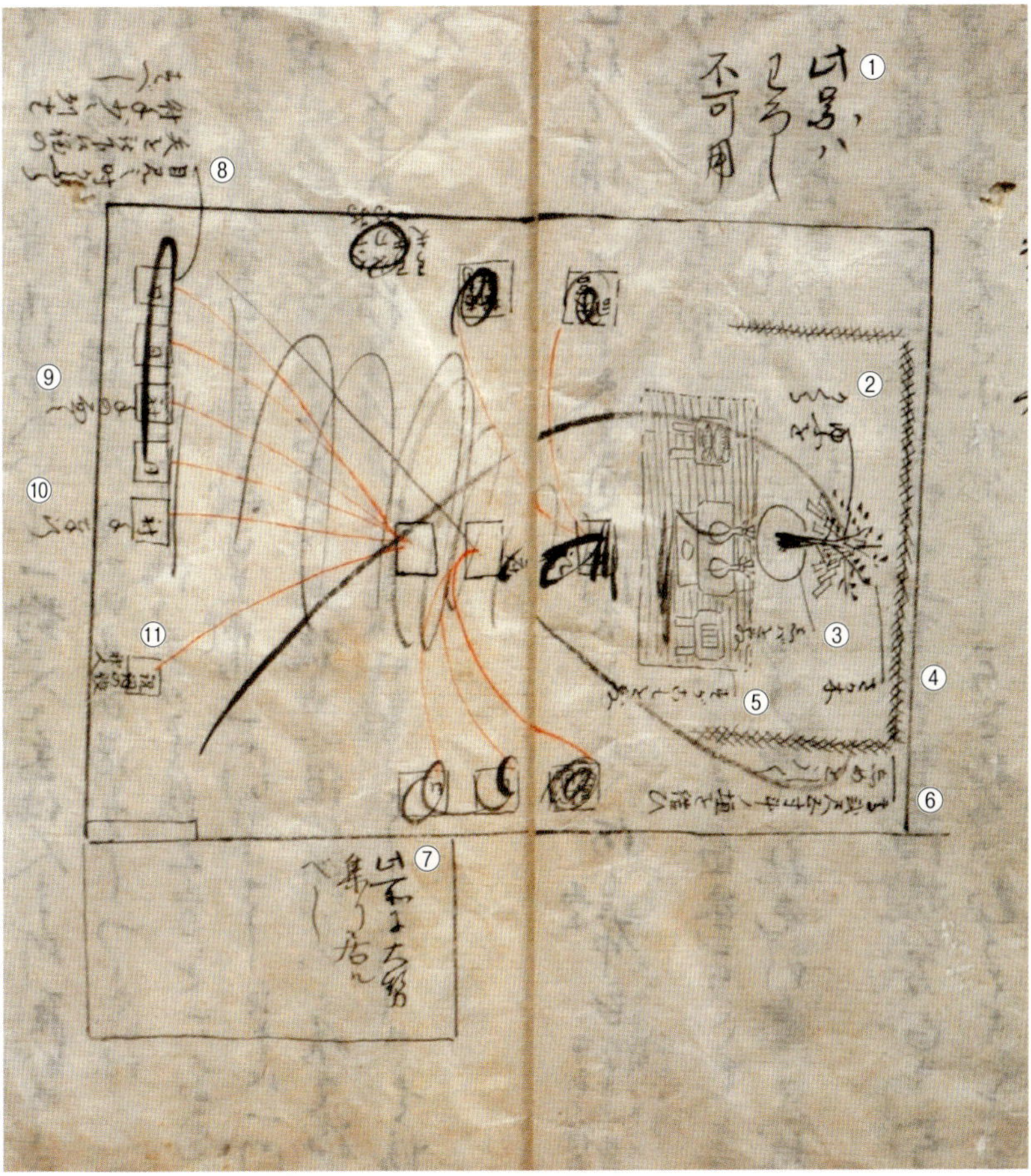

翻刻一九六頁

（挿図26）

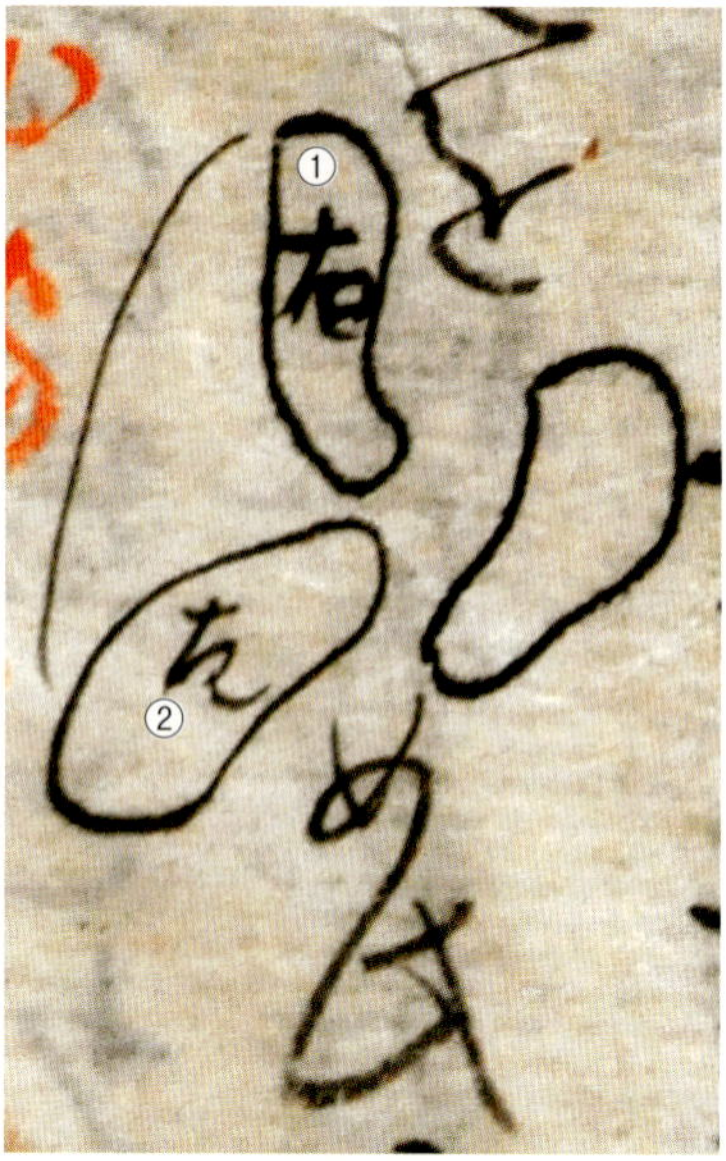

翻刻一九六頁

（挿図27）

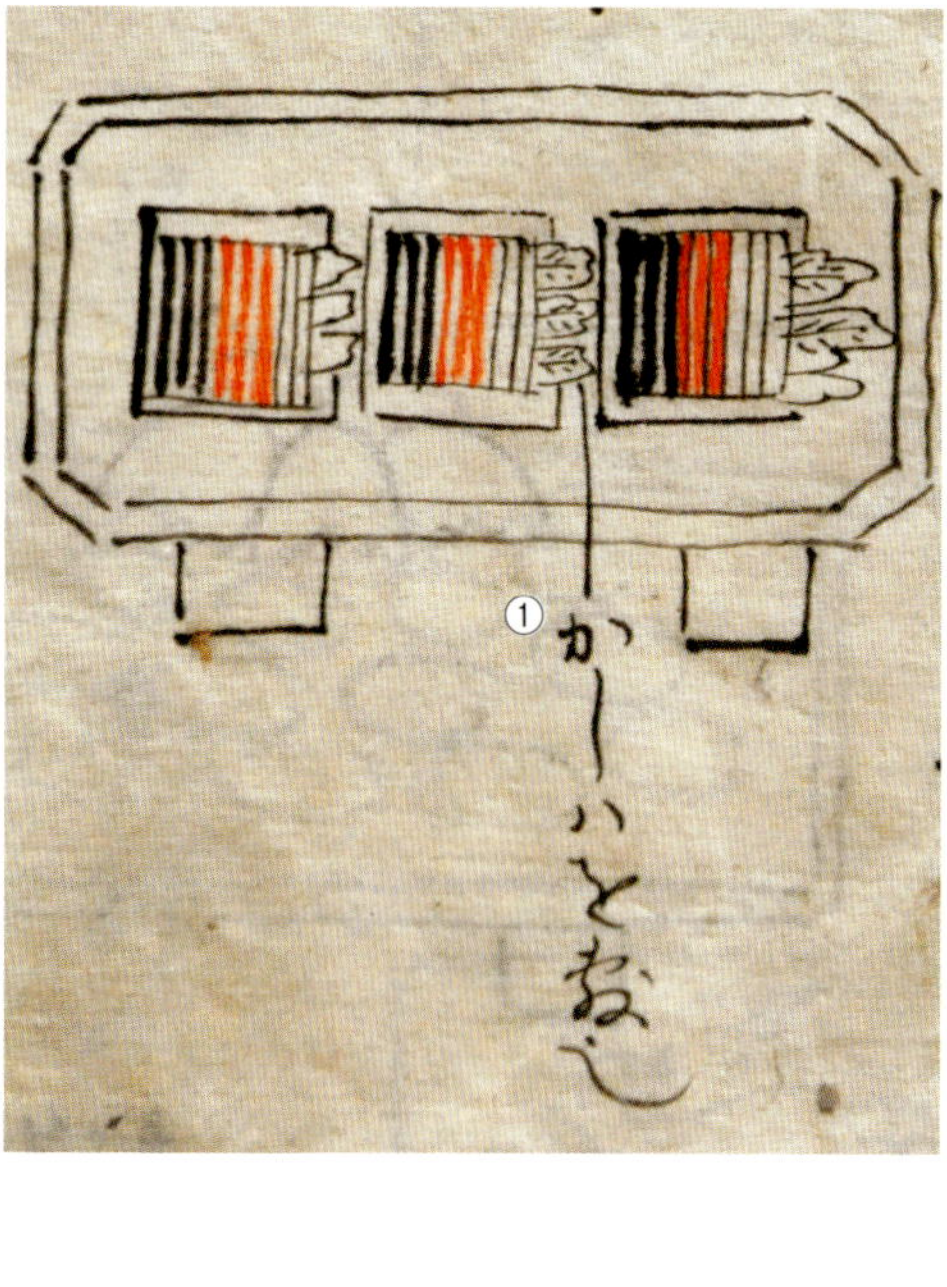

翻刻一九八頁

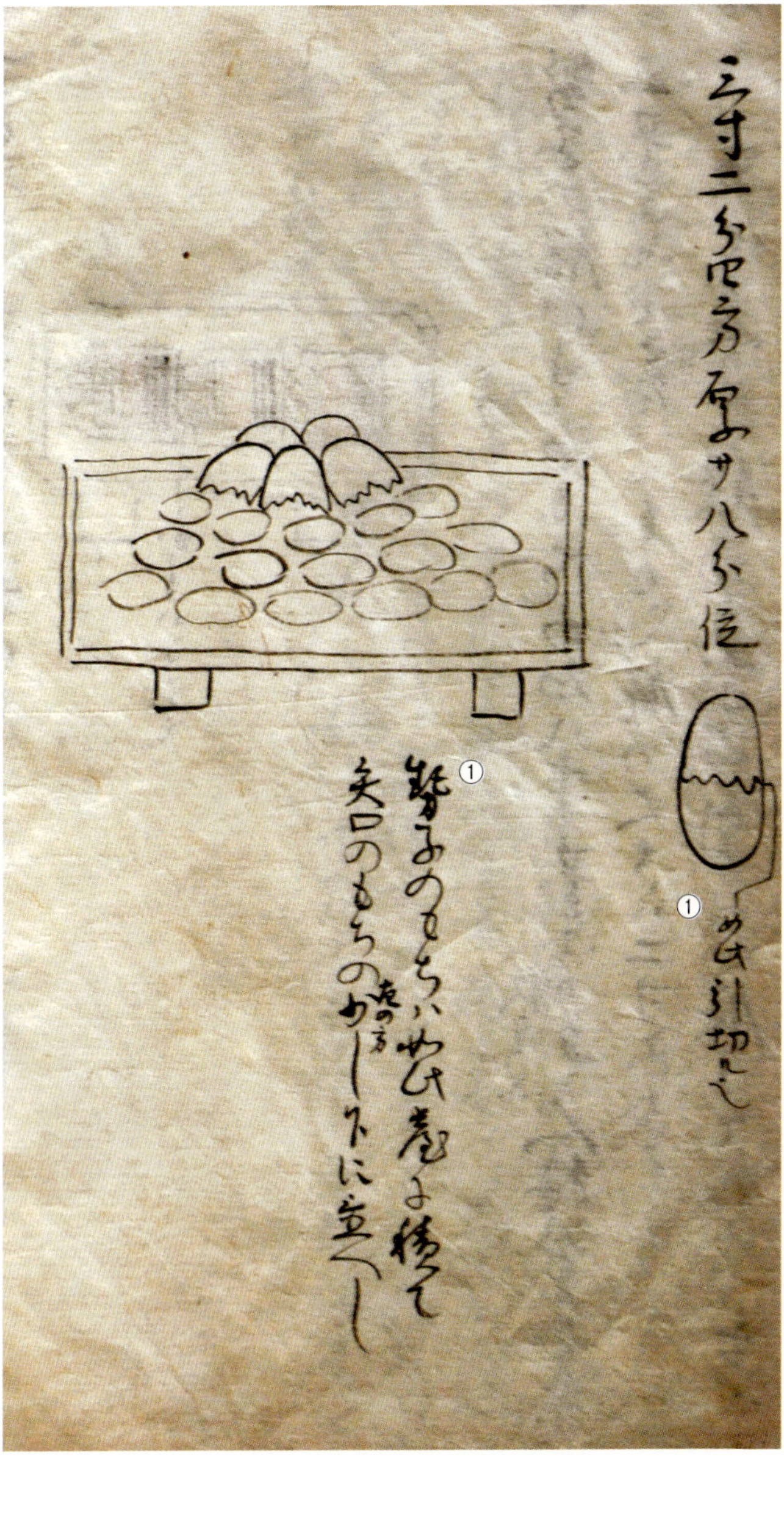

〈挿図28〈右〉・29〉

翻刻一九八〜九頁

（挿図30〈上〉・31）

翻刻一九九頁

（挿図32）

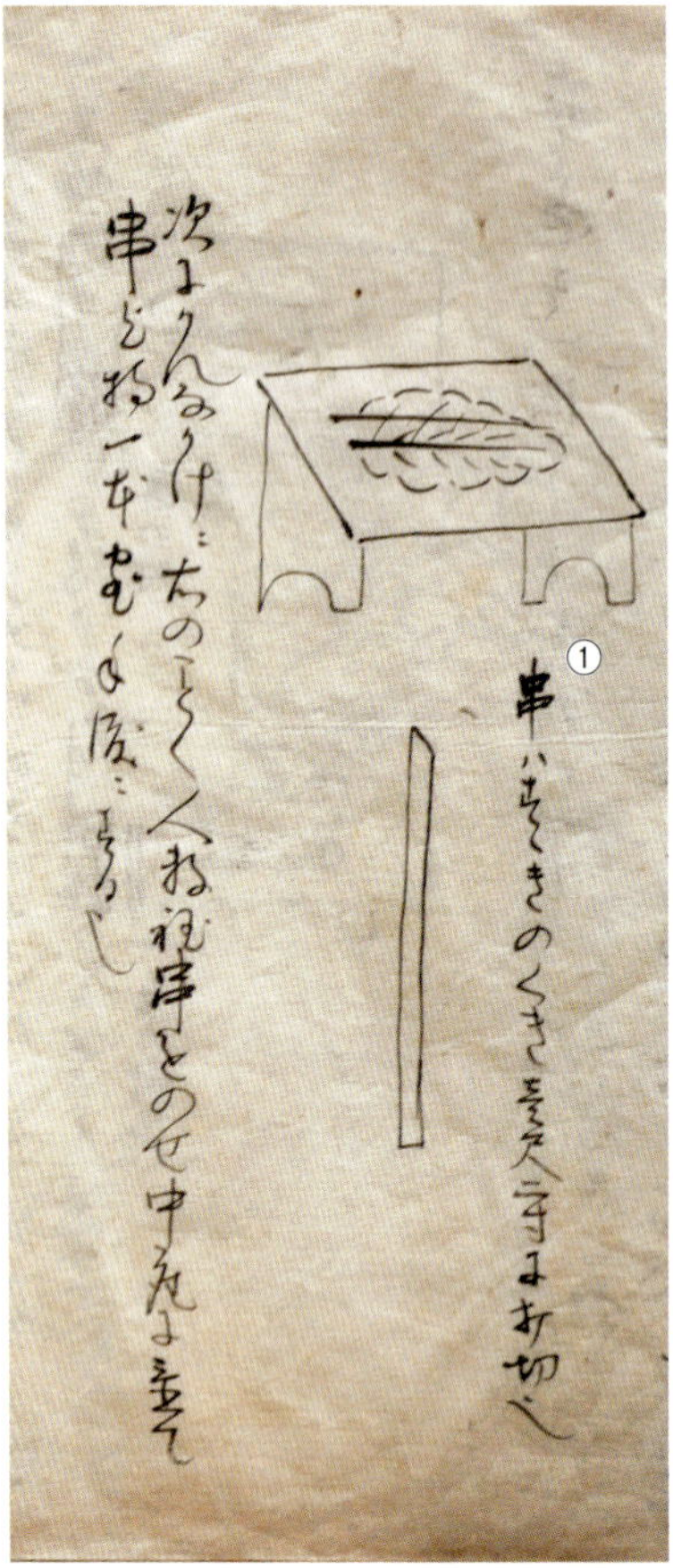

翻刻一九九頁

史料の用語・地名等の解説

【あ行】

あかせ　赤瀬
現在遺称地としては、南阿蘇村大字立野字赤瀬、字西赤瀬、北赤瀬、赤瀬ノ上などがある。

あかにた　赤丹田　熊本県阿蘇市波野大字赤仁田か。

あかみずのばば　赤水馬場
下野の三の馬場の一つで最後に入る馬場。はての馬場、終の馬場という。現在の阿蘇市赤水地区に推定される。この馬場に入る口は「おいらの口」という。くに木原、入江崎という名所がある。

あしげが　芦毛ヵ渡　南阿蘇村河陽濁川にあった瀬。

あそけけいず　阿蘇家系図　↓別添系図参照

あそしな　阿蘇品　阿蘇市宮地の北部の三野の阿蘇品。

あそのごんだいぐうじ　阿蘇権大宮司
神武天皇の子、彦八井耳命、草部吉見神の子孫。阿蘇下宮のある宮地に館を構え、阿蘇下宮の祭祀を司る。草部を称する。下野狩では、矢部・南郷に館を置く大宮司と阿蘇の権大宮司は、鬢掻馬場の入口早一口の二合石で合流し、そのとき、権大宮司が大宮司に扇を捧げた。ここで歌を唄い、三の馬場での贄狩は始まった。

あまくさ　天草　熊本県天草市を中心とする天草諸島。

あやの　綾野　阿蘇市の手野近辺。

あらせ　荒瀬
ときに早角・音鹿責の集落とともに狩（猟）祭に参加した。現在遺称地は確認できない。阿蘇家所蔵文書の鷹山下野狩鹿立鹿蔵之事では、荒瀬は「ヲトカセノ南クホヤ野也、此所トウミヨウ下云所アリ」とあり、荒瀬の南とする説もある。しかし、筆者は、黒川の集落ではないかとも推測する。根拠は、『下野狩日記』には現在の坊中の近くの黒川は見えても下野近くの黒川が見えない。黒川は社頭鹿渡橋がある地で古くから集落があったと思われるからである。

いいべのはま　飯辺の浜の明神
「いへのはま」とも見える。飯辺の浜の地名が確認できないが、「いへのはま乙姫明神」とあることから阿蘇市大字乙姫の集落を指すか。なお、「浜神社」という社が阿蘇黒川の集落の中にもあり、春三月の田作神事の際に立ち寄る重要なお宮である。

いくら　井倉　熊本県玉名市伊倉北方・伊倉南方。

いけのくぼ　池ノ窪
南阿蘇村乙ヶ瀬集落の上、吉岡の一角にある地名。

いちげ　市下　熊本県南阿蘇村市下。

いちのかわ　一の河
現在の阿蘇市永草の市ノ川が遺称地。二〇〇九年春、総合地球環境学研究所が市ノ川池奥でボーリングを行った結果、長い割合安定した池であったことがわかった。一幸も「一のこう」と読み、この一の河を指した可能性がある。
いちこう　一幸　↓いちのかわ　一の河
いづくしつか　厳塚
狩祭（猟祭）を行う塚。祭礼は、乙津ヶ瀬（音鹿責）、沢津野（早角）、および荒瀬の集落が担当。薦原口、薦池原の中間にある塚。現在遺称地なし。
いで　井手　阿蘇市中通の井手。
いとうちゅうえもん　伊藤忠右衛門
熊本藩主細川宗孝の御側取次役を務めた。延享四年（一七四七）、江戸城内で細川宗孝が板倉修理によって刺殺されたときも登城の供として出仕していた。この事件を契機に落髪し致仕した。
いまむらし　今村氏
草部吉見の子孫。下野狩に使用する鏑を認めるのは、今村家の家役である。
いりえさき　入江崎　赤水の馬場の内。下野の名所。
いりの　入野
北鹿立のうち。阿蘇に宮地と宮山に入野姓は多い。場所未詳。
いわくら　岩倉
下野狩で騎馬の神官などがアピールを行い、これを多くの人々が観覧した場所。阿蘇市宮山地区の東に字岩倉がある。米塚の溶岩の先端がせり出した場所で、溶岩の岩が窪地を囲むように並び、これがスタンド（桟敷席）として使用されたとも考えられる。
いわくらのすざき　岩蔵のすさき
赤水の馬場の妻手の馬が立つ所。これから五段ばかりおいて弓手の馬が立つ。岩蔵の北側付近か。
いわさか　岩坂　熊本県菊池郡大津町大字岩坂。
うえの　上野　熊本県上益城郡御船町大字上野。
うえのごかしょ　上野五ヶ所
遺称地未詳。御船町大字上野に関係するか。
うえはしろうだゆう　上羽四郎大夫
十八世紀半ば～十九世紀初頭に活躍した熊本藩士。牧之允、蔀《しとみ》ともいう。禄高三五〇石、外一五〇石。奉行職を務める。延享三年（一七四六）十二月～文化元年（一八〇四）四月の間、高橋町奉行。
うきしまはら　浮島原
駿河国にあった広大な湿原。静岡県沼津市原から吉原にかけてあった。
うしみね　牛峯
中世の阿蘇の北郷に見える村。阿蘇谷東部の外輪山にかけての地域にあったと思われる、遺称地未詳。
うぞえのかみ　卯添の神　↓にしのみやじんじゃ　西野宮神社

うちこしのはら　うちこしの原
甲佐・かたしたの人の下野狩稽古場。
うまかくしやま　馬隠し山
中の馬場にある地名。とがり矢の形に似ているところから、「とかり矢山」ともいう。現在の阿蘇市大字赤水の字馬隠のことか。
うまやま　馬山　→まやま　馬山
うわこめつか　上米塚　米塚の上方に小さな塚がある。
えぼしかたち　烏帽子形　烏帽子岳のことか。
えら　恵良
南北朝期に阿蘇大宮司となる恵良氏の名字の地。阿蘇南郷谷のうちか。遺称地未詳。
おいけ　御池
御嶽の霊池のことか。阿蘇中岳山頂の火口湖を指す。
おいらのくち　おいらの口(御入口)
赤水の馬場への入口。遺称地はない。
おうくつまらそんじゃ　殃屈摩羅尊者
サンスクリット語の「アングリマーラ」の音写。「央掘摩羅」尊者、「鴦掘魔」尊者などとも音写。コーサラ国シラーヴァスティー（舎衛城）の出身。釈迦の弟子。修行し最高の悟りを得た人物であるが、もとは、多くの人を殺す残酷な賊であった。しかし、釈迦に出会い殺そうとしたが、逆に諭され出家し弟子となった。
おおくま・こぐま　大熊・小熊　→たずはらしゃ　田鶴原社
おおの　大野
熊本県山都町蘇陽大字大野。ここには幣立社がある。
おおの　大野
阿蘇の南郷のうち。高森町大字下切字下大野原・東大野原が遺称地か。
おおまめふだ　大豆札　阿蘇市大字中坂梨豆札付近か。
おおやま　大山　阿蘇市南坂梨のうち。
おごもり　小籠(尾小森)　阿蘇市大字手野のうち小籠。
おぐに　小国　熊本県小国町小国。
おぐらやま　小倉山
南阿蘇村大字北小倉山・南小倉山が遺称地か。
おさと　小里　阿蘇市内牧の北。
おじん　小陣
遺称地未詳。阿蘇氏の一族小陣氏は山都町馬見原に住す。
おのうえ　尾上　熊本市尾ノ上か。
おちみず　落水
東之鹿立のうち。鬢掻地区通称という。ここには後藤姓の家が数軒あり、社祠（健磐龍命）があった。また、米塚の西ともいう（「鷹山下野御狩鹿立鹿蔵之事」阿蘇家所蔵文書／二三五頁）。
おとがせ　音鹿責
下野狩場の中にあった集落。現在の南阿蘇村大字河陽の乙ヶ瀬集落。ここの人々が早角の集落とともに厳塚で狩（猟）祭を行った。

おとひめしゃ　乙姫社
阿蘇市乙姫に鎮座する神社。祭神は天人の女ともいわれ、阿蘇五宮の惟人命の妃若比咩命である。創建は仁寿元年（八五一）ともされる。

おのだ　小野田　阿蘇市小野田地区。

おばやし　小林　熊本県大津町大林か。

おぶちのせわたりあがり　小渕の瀬渡り上り
「小渕　赤水ノ西」（阿蘇家所蔵文書　鷹山下野狩鹿立鹿蔵之事）。とあり、現在、阿蘇市大字赤水と南阿蘇村大字下野の境界に両大字に「男渕」の地名がある。的石集落の近くにも字「渡り上り」がある。どちらかは不明であるが、下野三馬場を通る「中道」の入口である。

【か行】

かいとう　かいとう　熊本県宇土市海東。

かくれつか　隠塚　下野狩場の地名であるが、遺称地未詳。

かくれやま　隠れ山（隠山）　赤水の馬場の責籠（勢子）入の山。

かさやま　笠山
下野狩三馬場図（『下野狩日記』上）には「往生嶽」の南隣に「笠山」が描かれている。現在の杵島岳のことと推定される。

かしわ　柏　熊本県山都町蘇陽柏か。

かぜおいみや　風追宮
風追宮は、国造神社の境内にある。上御蔵・下御蔵という古墳の下に社殿があり、風追の宣明（宣命）という神官がいた。古墳の石室を使って風追祭が行われた。

かつねがはら　かつね原（葛根原）
南阿蘇村沢津野、乙ヶ瀬集落の付近。沢津野集落の西に葛原の地名がある。

かなごりがみ　金凝神
神武天皇の皇子、綏靖天皇。神沼河耳命（かむぬなかわのみこと）。阿蘇下宮の十二宮として祀られる。

かみいで　上井手　阿蘇市上井手地区。

かみたけわら　上竹原　阿蘇市上竹原。

かみこめづか　上米塚　→うわこめつか　上米塚

かみのはし　上橋
御嶽と上宮の間にあった橋、上の御橋ともいう。位置不明。上宮（現在の山上広場の上にある阿蘇山上神社と西願殿寺の奥の院）と御堂（古坊中の中か）の間の三浄橋（上浄橋ヵ）のことを指すとすれば、古坊中と上宮の間にある川にかかる橋か。

かみがくみち　上楽道　北鹿立のうち。遺称地未詳。

かめさこ　亀迫　中の馬場の宗徒馬が立つ所。遺称地未確認。

かめづか　亀塚
亀塚の地名は残存していない。下野狩三馬場図（『下野狩日記』所収）によれば、現在の米塚辺りの小山となる。逆にこの図に米塚が描かれていないので、亀塚＝米塚と考えてよいだろう。

からすやま　烏山

西之鹿立のうち。遺称地未詳。馬山と混同されている。「鷹山下野御狩鹿立鹿蔵之事」（阿蘇家文書）には「黒川ノ向川端ノ高き山也」とあり、烏山の下に赤瀬之脇があると書かれている。

かりあつまり　狩集　阿蘇市手野の狩集。

かりお　狩尾　熊本県阿蘇市大字狩尾。

きざき　木崎　熊本県益城町赤井木崎か。

北坂梨　阿蘇市北坂梨。

きびきじ　木引地

「鬢掻大道、木引地、一ノ河」と記載され、鬢掻と一ノ河の間に位置していたと考えられる。「木引地」は木を引く路と考えられ、鷹山の槻（欅）の材を切り出し下宮や鹿渡橋の建造に使用したのではなかろうか。木引地の下の一ノ河の池は木材を落とし集積するには都合がよい池である。

きたみや　北宮

阿蘇市手野にある国造神社のこと。片角明神ともいう。国造神社は国造明神の速瓶玉命とその妃雨宮神とその子高橋神・火宮を祀る。境内の摂社には鯰神社がある。北宮は本来、この鯰を祀る神社として出発した。この鯰に下野狩の鹿の肉が贄として供えられ、神社の前の木にこの鹿の左の股の肉が吊された。『下野狩日記』下では、北宮の祝と国造神社の祝が木に鹿の肉をかける役を担い、両社の祝は別々になっている。

きはたやま　きはた山（喜端山・黄檗）

「馬山ふもときハた山」（『下野狩日記』上）とある。馬山は二重峠の南の山とみられ、その麓を「きはた」といったと見られる。下野狩三馬場図（『下野狩日記』上）にも鹿渡橋の西の山として「きはた山」の隣に「馬山と云うなり」と書かれている。

きやま　木山　熊本県益城町木山。

ぎょう・しゅんのこうずい　堯・舜の洪水

中国の伝説の皇帝、堯と舜の時代に起きた洪水で禹の父を採用し治水に当らせたが失敗し、その子禹がこれを継ぎ成功した。これによって、舜はその地位を禅譲し、殷という国が生まれた。

きょうぼう　経坊

阿蘇下宮の社頭の北にあった阿蘇宮の供僧の坊。青龍寺とも言い、経坊本堂には、十一面観音菩薩が安置されていた。宮地の田中家に堂が再興され、ここに十一面観音菩薩は安置されている。

くぎの　久木野　熊本県南阿蘇村大字河陰久木野地区。

くさかべ　草部

熊本県阿蘇郡高森町草部。国龍神を祀る草部吉見社がある。

くさかべのよしみしゃ　草部吉見社

熊本県高森町草部にある神社。国龍（吉見）神を祀る。国龍神は神武天皇の子彦八井耳命のこと。阿蘇社の祖神健磐龍命の伯父で、娘を神健磐龍命に嫁がせたという。国龍神は阿蘇の宮地の年禰社では年禰神（歳神）として祀られ、阿蘇の三月の神事「田作り神事」の一方の主役であり、中国の農業神「神農」（炎帝）に見立てられる。

くさたかの　草高野
下野三馬場図によれば、上宮から鷹山（乙姫）方面へ降りる道の途中にある。落水の北東ともいう。

くにきばる　くにき原（くに木原・歴木原・くぬ木原）
妻手の馬を立てるところ。赤水の馬場のうち。遺称地未詳。

くぼた　くほ田　熊本県菊陽町久保田。

くまぐん　求麻郡　熊本県球磨郡。

くまさき　熊崎　遺称地未詳。

くよう　九曜
九曜星の略。日・月・木・火・土・金・水の七星に羅睺・計都の二星を加えたもの。仏教の暦法から起こり、陰陽師が人の生年に配当して運命の吉凶を占うようになった。

くらさめ　蔵サメ（蔵さめ）　西之鹿立のうち。遺称地未詳。「鷹山下野御狩鹿立鹿蔵之事」（阿蘇家所蔵）では「落水ノソバ」とする。

くらはら　蔵原　阿蘇市大字蔵原。

くるみかえりのの　くるミかえりの野
現在の車帰のことか。二重峠の下付近にある野。

くろかわ　黒川　上竹原のうち。現在の阿蘇市黒川。

くるり　鈎
鈎矢のこと。水鳥を射るときに使用した矢。小形の目無し鏑の先に小さな雁俣を付けたもの。

けいと　計斗（計都）　→らごう　羅睺

げぐう　下宮
阿蘇市宮地にある現在の阿蘇神社のことを指す。健磐龍命以下十二神を祀る。欅造りの楼門・社殿などは国の重要文化財となっている。社頭鹿渡橋や上宮の建物とともに鷹山の神木槻（欅）を使用し造られてきた。祭神は、一宮健盤龍命、二宮阿蘇比咩神、三宮彦八井耳命（吉見神・国龍神）、四宮比咩御子神、五宮惟人命（彦御子神）、六宮若比咩神、七宮新彦命、八宮新比咩神、九宮若彦神、十宮弥比咩神、十一宮速瓶玉命（国造神・比宮神）、十二宮綏靖天皇（金凝神）である。

けずりもの　削物　干肉などの乾燥させた動物の肉など。

けんぐんしゃ　健軍社　→たけみや　健宮

こいしたたみ　小石畳
東之鹿立のうち。遺称地未詳。南阿蘇村馬水の東辺か。

こうてい　黄帝
中国の最初の皇帝。黄帝は雷神として決起し、中央の天帝となった。黄帝の神話の中心をなすのは炎帝（黄帝の異母兄弟ともいわれる）との戦争である。中でも炎帝の子孫蚩尤との争いがもっとも熾烈であった。

こうさしゃ　甲佐社
熊本県上益城郡甲佐町上揚に鎮座する阿蘇四社の一つ。肥後二宮。郡浦社・健軍社とともに阿蘇社の末社の一つ。主祀神は健磐龍命の御子八井耳玉命（甲佐明神）。

こうし　合志　熊本県合志市。

こうのうらしゃ　郡浦社
熊本県宇土市三角町（旧宇土郡）に鎮座する。阿蘇四社の一つ。肥後三宮。甲佐社・健軍社とともに阿蘇社の末社の一つ。主祀神は蒲智比咩命（かまちひめみこと）、惟人命（阿蘇五宮）の母神ともいう。配祀神は健磐龍命、速瓶玉命、神武天皇である。阿蘇の祭祀には、郡浦から魚を貢納してきた。

こうれいづか　恒例塚
中の馬場の岩蔵を東に二町ほどの所に恒例塚がある。遺称地なし。阿蘇の神人が酒をもって来て祭を行う。

こくぞうじんじゃ　国造神社　↓はやみがたまのみこと　速瓶玉命

こくちょう　こくちやう
国庁のことか。地名は残っていないが、熊本市に国府の地名はある。

こば　木葉　熊本県玉東町大字木葉。

こまたてはた　駒立畠(まただて畠)
大畠ともいう。登狩の日に着到を確認する場所。

こもり　小森　熊本県西原村大字小森。

こもりのやま　籠の山　中の馬場の責籠（勢子）入の山。

こもいけはる　薦池口
中の馬場の東の山岩蔵を下ったところに、薦原口と薦池口がある。遺称地未詳。阿蘇市大字永草に岩倉があり、その北の地域か。

こもはらくち　薦原口
中の馬場の東の山岩蔵を下ったところに、薦原口と薦池口がある。遺称地未詳。阿蘇市大字永草に岩倉があり、その北の地域か。

こやすかわにょたいのみや　子安河女躰の宮
鷹山の子安河の女躰の宮は、現在の乙姫の子安河原の女体観音の場所とみられる。子安河原には、涸れ川の中に等身大の人形の岩が横たわっている。これを女体観音という。なお、子安川原の字は大字黒川にもある。

こやまもんき　小山門喜
名は公繁、門喜と称す。熊本藩で寛政五年（一七九三）～文化六年（一八〇九）まで芦北・八代・上益城・飽田詫摩の郡代を歴任、文化六年（一八〇九）以降は奉行職を務める。禄三〇〇石。郡代のとき所々新田の開墾を行う。天保二年（一八三一）八月八日没す。享年六十三。墓は熊本市外五町尼光塔。

これひと　惟人
阿蘇国造速瓶玉命の子である。母は国造神社の祭神雨宮ともいわれるが、郡浦社の祭神蒲智比咩命ともいう。神武天皇の子孫で、吉見大明神の子孫でもあり、阿蘇氏の直接の始祖とみなされる。阿蘇神社（下宮）十二宮の五宮。阿蘇山上の上宮の三社の三番目に祀られ、本地は毘沙門天である。

ごんだいぐうじ　権大宮司　↓あそのごんだいぐうじ　**阿蘇権大宮司**

【さ行】

さいかまい　最花米　↓はつおまい　**最花米**

さかなし　坂梨　阿蘇市南坂梨、北坂梨。

ささはら　さゝの原（篠原）

下野狩三馬場図には、直口に接し、その西に描かれている。遺称地なし。南阿蘇村下野地区のうちであろう。篠ヶ原という。

さんじゅうろくぜんしん　三十六善神

仏語。仏道に志して三帰戒を受ける人を、多くの仲間を率いて、守護してくれるといわれる三十六部の護法神王。

さんどく　三毒　↓どんしんち　**貪瞋痴**

しかわたりのはし　鹿渡の橋　↓すがるのはし　**鹿渡の橋**

しきみ　色見　熊本県高森町大字色見・上色見が遺称地。

しげさと　茂里（しけさと）

赤水の馬場の宗徒馬が立つ所、岩蔵から七・八町の所をいう。遺称地未詳。

しちよう　七曜　↓くよう　**九曜**

しぶかわ　渋河　南郷のうちか。不明。

しもがくみち　下楽道　北鹿立のうち。遺称地未詳。

しもこめづか　下米塚　阿蘇市の往生ヶ岳南西の米塚のことか。

しもじょう　下城　熊本県小国町下城。

しもだ　下田　熊本県南阿蘇村河陽下田地区

しもだし　下田氏

南郷谷の下田の西野宮を総括する社家。下田権大宮司といわれ、草部吉見の子真人の子孫。下野狩の狩奉行を務める。下野狩場、南を下田方が管轄し、北方を阿蘇権大宮司が管轄した。

しものおんはし　下の御橋

中の御橋から三里離れている。社頭鹿渡橋（南阿蘇村黒川橋場橋）の別名か。

しものおんみや　霜の御宮

火焚き神事が行われる霜宮。阿蘇市役犬原にある。健磐龍命に逆らった鬼八が霜を降らせるとして、このお宮で火焚き神事が少女の手で行われた。

しもやまだ　下山田　阿蘇市山田地区。手野の西。

しゆう　蚩尤

炎帝の子孫。炎帝（神農）が黄帝に敗北した後、その子孫蚩尤が蜂起する。蚩尤は五種類の兵器（戈・矛・戟・酋矛・夷矛）を発明したという。激戦の末、黄帝に捕まり、首を切られ、胴と別に葬られたといわれる。

しゅうこうのかんさい　周公の管蔡

周公とは、周の武王の死後、幼帝成王を補佐した周公旦を指す。管と蔡は、周公旦の兄弟で管叔鮮と蔡叔度のことで、この二人は武庚を担ぎ、成王を摂政した周公旦に対して乱を企てた。これに対して、周公旦は実の兄管を殺し、弟の祭を流罪として、この乱を鎮めた。孔子は、この周公旦の政治を理想としたという。

じゅうにぐう　十二宮

阿蘇神社（下宮）の一の神殿には、健磐龍命（一宮）国龍神（三宮）彦御子神（五宮）神彦神（七宮）若彦神（九宮）、二の神殿には、阿蘇都比咩命（二宮）比咩御子神（四宮）若比咩神（六宮）新比咩神（八宮）弥比咩神（十宮）、三の神殿（別殿・諸神社）速瓶玉命（十一宮）金凝神（十二宮）諸神（「延喜式」三一三二座）が鎮座する。

じゅうにしんしょう　十二神将

仏語。薬師如来の名号を聞いて仏教に帰依し、薬師堂を受持する者を守護し願いを遂げさせるという十二の大将。宮毘羅（くびら）…本地は弥勒菩薩で子神。伐折羅（ばさら）…本地は阿弥陀如来で丑神。迷企羅（めきら）…本地は勢至で寅神。安底羅（あんてら）…本地は観音菩薩で卯神。頞儞羅（あじら）…本地は如意輪観音菩薩で辰神。珊底羅（さんてら）…本地は虚空蔵菩薩で巳神。因陀羅…本地は地蔵菩薩で午神。波夷羅（はいら）…本地は文殊菩薩で未神。摩虎羅（まこら）…本地は大威徳明王で申神。真達羅（しんだら）…本地は普賢菩薩で酉神。招杜羅（しょうとら）…本地は大日如来で戌神。毘羯羅（びから）…本地は釈迦如来で亥神。

しゅくようきょう　宿曜経

密教の経典。インドの経典を不空が訳したものといわれるが、中国での撰述ともいわれ、その成立は明らかでない。七曜、十二宮、二十八宿の関係によって、日々の吉兆を定め、誕生日による人の運命を占う方法を説いた書。中国では密教や道教で宿曜経をよりどころにする一種の占星術が流行り、平安時代には日本に伝わり大いに流行した。

じょうぐう　上宮

阿蘇の中岳火口にある阿蘇宮の上宮。現火口と旧火口の三か所にかつて社があり、それぞれ中宝池（健盤龍命、本地十面観音菩薩）、北宝池（比咩明神、本地弥勒菩薩）、法施崎（彦御子明神〈大宮司祖惟人〉、本地毘沙門天）を祀り、天宮の祝が祭祀を担当した。狭義にはこれが上宮である。また、火口下の現在のロープウェー駅の北側には、中宮と一体となった御山獄の本堂があった。ここは天台の寺院であり、三十七坊があったという。その中心を成満院・学頭坊といった。この本堂の建物は阿蘇の聖山鷹山の槻木（欅）を材として造ることになっていた。天正年中以後の噴火などの天災と阿蘇宮の没落で坊中は衰退した。加藤氏時代、阿蘇宮が復興されると、西巌殿寺を中心に阿蘇の山下黒川の地に坊中も再建され、かつての坊中の跡を「古坊中」というようになった。

じょうどじ　浄土寺　阿蘇市古閑の浄土寺か。

しょうぶやま　菖蒲山　下野狩馬のうち。鬢掻馬場の南辺りか。

じょうのお　城之尾　阿蘇市蛇の尾か。

じょうどじ　浄土寺　阿蘇市南坂梨のうち。

しらかわ　白川

阿蘇南郷を流れ、熊本へいたる河の名称。また、地域名では南阿蘇村の大字名にもある。

しんげんこう　真源公　熊本藩主細川光尚の院号。

しんのう　神農

中国を支配した五帝の最初の帝である黄帝と争った炎帝のこと。俗に「人の体に牛の頭」といわれる。「神農のとき、天から粟が降ってきた。神農は耕して粟を植え、斧や鉞を作り、犂や鋤を作り、草叢を開墾した。その後、五穀や百果が実った」。また、薬草を究め、医薬の祖となる。阿蘇では吉見神のことを指す。

すがるのはし　鹿渡の橋

現在、この名は残っていない。『下野狩日記』には、「社頭鹿渡橋」とあり、阿蘇宮中の入口と認識されていた。また、上宮の上の御橋、中の御橋に対して、下の御橋ともいわれ、上宮へあがる御嶽の大道の起点であった。鹿渡橋は特別な橋で、上宮・下宮とともに霊山鷹山の神木槻木（欅）を材に造られることが決まりとなっていた。「阿蘇下野狩覚」（『下野御狩旧記抜書』）では、この橋を「スガル」とふりがなしている。また、江戸時代末の史料とみられる「鷹山下野狩鹿立鹿蔵」（阿蘇家所蔵）の地名では、鹿渡は「黒川の下」とある。『下野狩旧記抜書』では、「赤瀬戸之脇」の別名として「鹿渡」とある。このことから、鹿渡の橋は、数鹿流の滝の上、南阿蘇村の黒川の集落の下にある橋で、橋場橋といわれる橋と推定される。橋場橋の場所は阿蘇の北側のカルデラを流れてきた黒川の流れの川幅が下流部で最も狭い場所である。橋のたもとには社（厳島社）が鎮座しており、社頭にふさわしい景観を残している。西願殿寺文書には、中世の鹿渡橋に関する詳しい史料が残っている。

すがわら　菅原　西之鹿立のうち。遺称地未詳。

すきさき　鋤崎　現在の南阿蘇村大字河陽字鋤崎が遺称地。

すぐのくち　直口

狩りに参加した神官等は、ここで鹿・猪を解体し、権大宮司の役として牛馬で肉を宮蔵まで運び、これを分配した。現在は、直口の地名は残っていないが、南阿蘇村と阿蘇市の境に「ししとき」の関連地名がある。南阿蘇村大字河陽字猪解、阿蘇市赤水鹿解河原。

すずはた　鈴畑　南阿蘇村大字河陽字鈴畑。

せき　積

阿蘇の南郷のうち。現在の南阿蘇村大字吉田字上積・積下、大字一関の下積が遺称地か。

せきはら　積原

南郷の人の下野狩稽古場。現在の南阿蘇村大字吉田字上積・積下、大字一関の下磧が遺称地か。

せこいりのやま　責籠入の山

鬢掻の馬場は通山、中の馬場は籠の山、赤水の馬場は隠れ山。

せた　瀬田　熊本県大津町瀬田。

せんみょう　宣明　阿蘇の神官の名称。

そうかんしき　物官職

阿蘇神社の祭祀、所領の頂点に立つ職名。

そうづの　早角

下野狩場の中にあった集落。現在の沢津野《さわづの》。ここの人々が音鹿責の集落とともに塚で狩（猟）祭を行った。沢津野の集落には早角神社がある。

【た行】

だいこうおう　大光王

「華厳経」に見えるインドの王。国家を修める道は、自分も民も「心」を修めることであると語ったという。

たいじゅんこう　大詢公　熊本藩主細川治年の院号。

だいもん　大門　阿蘇市大字三野字大門。

たかくしめんだいぼさつ　高久四面大菩薩

肥前国高来郡雲仙岳に鎮座する姫神。温泉《うんぜん》四面神社のことと思われ、満明寺が別当寺である。四面の由来は中央に大日如来を置き、四面大菩薩は、四面に阿閦如来・宝生如来・阿弥陀如来・釈迦如来を配したところから来るといわれる。行基が四面大菩薩を勧請したといわれる。『下野狩日記』下巻では、神武天皇の妻神とされ、これを南郷下田の西野宮に勧請したといわれる。

たかせ　高瀬　熊本県玉名市高瀬。

たかみち　高路　熊本県玉名市岱明町大字高道か。

たかの　高野　南阿蘇村大字河陽字高野。

たかもときょうじゅ　高本教授

高本紫溟のこと。名は順、字は子友という。熊本藩士二〇〇石。代々医を業とし、先祖は朝鮮王の庶族で李姓であった。はじめ宮地古神の山中に庵を結び、萬松蘆といったが、のち熊本に出て藩学時習館の教授となった。当代一流の国学者であり、長瀬真幸・本居宣長・高山彦九郎らと親交があり、歌の贈答が多い。もと原田姓の高本氏をついで高本を名乗る。文化十年（一八一三）に没、墓は本名寺にある。高本教授宛阿蘇大宮司惟馨の文化九年（一八一二）十一月の書状（「下野狩再興願記録写」所収／二二九〜三五頁）は、紫溟が亡くなる前年のものである。

たかもり　高森　高森町大字高森。

たかもりはら　高森原

南郷の人の下野狩稽古場。現在の高森町のうち。

たかやま　たか山（鷹山・高山）

鷹山、高山と書き、高峯原ともいう。宮山の吉松明神が鷹山の地主神。鷹山には、吉松明神が保護する槻や樫や楢の木は生える広大な森があった。下野に設置された阿蘇十二宮の神馬の牧は「鷹山の牧」ともいわれ、鷹山と下野は一体のものであった。現在は遺称なし。近世の史料では、「鷹山ト云者垂玉ヨリ湯谷迄之間山之総名」とある（「阿蘇宮旧記・下野御狩記録之内抜書」『下野御狩旧記抜書』）。しかし、垂玉から湯谷では、烏帽子岳の山麓の山で、南郷谷の山ということになるが、「鷹山子安河」という史料があり、阿蘇谷の往生ヶ岳、杵島岳の山麓も鷹山である。「鷹山子安河」には女体宮があり、阿蘇宮の田作神事では、ここから、女体の宮を運び、年禰大明神と神婚させ、五穀を産ましめたという。このとき、鷹山の樫は神の持参する柴として「みそ木」と呼ばれた。また、阿蘇の上宮、下宮、鹿渡橋の材木は、この山の槻（欅）材が使用された。さらに、楢の木も大切にされ、神事に使用する楢柴などに用いられた。おそらく、阿蘇の五岳の西側の山の総称であり、それは、神の森を指していたと考えられる。

たぐち　田口　熊本県甲佐町大字田口。

たけいわたつのみこと　健磐龍命

神武天皇の神八井耳命の子で阿蘇氏（阿蘇君）の祖神である。九州では、火君や大分君が神八井耳命の子孫といわれる。『続日本後紀』承和七年（八四〇）九月二十一日条に「健磐龍命神霊池」とあり、はじめ健磐龍命神は阿蘇山上の上宮の神霊池に鎮座した。

阿蘇品保夫説によれば、この山の神である健磐龍命の「龍」もこの水を動かす神に結びつけられたものであろうという。しかし、健磐龍命という名は、「タテイワタツ」は水神のイメージではなく、「竪岩立つ」として、阿蘇最高峰の高岳の上にあった大石柱（高さ一二一メートル余、貞観八年に崩れた記録）のイメージがその由来になったとし、本来は、神霊池が「アソヒメ神」であったが、社殿が出来てから入れ替わったとする。やがて宮地の地に下宮が成立すると、下宮十二社の主神として鎮座する。本来自然神であったものが阿蘇氏の祖神とが結合した神が生まれる。

たけさき　竹崎　南阿蘇村竹崎。

たけのはた　嵩之畑（嵩のはた）　東之鹿立のうち。遺称地未詳。

たけみや　健宮（健軍宮）

熊本市健軍本町（旧詫麻郡）に鎮座する健軍社の古名。甲佐社・郡浦社とともに阿蘇四社といわれる。阿蘇社の三末社のひとつ。祭神は阿蘇社（下宮）と同じく阿蘇十二神を祀る。

たけわら　竹原　阿蘇市大字竹原。

たしろ　田代　熊本県上益城郡御船町大字田代。

たずはらしゃ　田鶴原社

阿蘇市宮地の阿蘇神社の馬場の北の鳥居から五〇〇メートルほど北に鎮座。現在は、新彦神（七宮）、比咩御子神（四宮）、若比咩神（六宮）、弥比咩神（十宮）、新比咩神（八宮）の五社を祀る。『下野狩旧記抜書』では、「靏原七社」、「下野狩根本記写」（阿蘇家所蔵／二〇三頁）では、「田鶴原　七社」とあり、かつては、七社を祀っていた。残りの二社は、霍原社の末社で、主祭神の新彦神の畜犬大熊・小熊とみられる。この犬は大黒・小黒とも言い、下野の鬢搔馬場へ入る入口、早一口の二合石に隠れているという特別な犬である。「阿蘇宮略記」（『肥後國誌』所収）によれば、昔、田鶴原には清らかな泉が湧いていた。ある時、天女が三人舞降り、ここで水浴びをしていた。これを見ていた新彦神（七宮）が衣を隠し、一人の天女が天へ昇れなくなり、新彦神と夫婦になり、天姫（八宮・新比咩神）と天王（九宮・若彦神）を産んだ。天王は成人して鷹山（宮山）の吉松姫を娶り、子供の一人は一祝に、一人は権官の北宮祝となったという。「阿蘇由来略」では、この天女は登場せず、新彦神は弥比咩神と結婚し、新比咩神と若彦神を産んだとする。また、「下野狩由来記写」（阿蘇家所蔵／二一六頁）では、天女は五人で、田鶴原において天女を見初めたのは阿蘇大明神ということになっている。

たての　立野　熊本県南阿蘇村大字立野。

たまな　玉名　熊本県玉名市。

たれたま　垂玉　南阿蘇村垂玉、ここには温泉がある。

たろうの　太郎野　鬢搔の上の地名か。

ちかみ　ちか見　熊本県熊本市近見。

ちくよう　竹用　竹葉のこと。酒を入れ持ち歩いた竹筒。

つきげがせ　月毛ヵ渡　南阿蘇村濁川にあった瀬。

つくりわたし　作渡　一ノ河（市の川）の近くの地名。

つぶていし　礫石　御嶽付近にあった立烏帽子の形をした岩。近くの中御橋があった。

つのかぶら　角鏑　鹿の角で作った鏑。

つもり　津森　熊本県上益城郡益城町大字寺中津森。

つるはらしゃ　霍原社　↓たずはらしゃ　田鶴原社

つるはらななしゃ　霍原七社　↓たずはら　田鶴原社

つるまきやま　弦巻山　阿蘇市大字赤水字弦巻山。

ての　手野　阿蘇市大字手野。

てんかび　天火日　民間暦でいう凶日。天に火気がはなはだしく家作工事や種まきに悪い日。

てんぎゅう　天宮　阿蘇山の火口の神霊地において、上宮の祭祀を担当した天宮祝が麓の阿蘇神社（下宮）にいた。

とおみつか　遠見塚　とゝろき原の中、東方。

とおみさこ　遠見迫　中の馬場、弓手の馬が立つ所。下野狩三馬場図では馬隠山の東に記載されている。

とおりやま　通山　鬢搔の馬場の責籠（勢子）入の山。遺称地はないが、鬢搔馬場の南東部か。

としねのかみ　歳祢神

草部吉見神は年祢神ともいわれる。年祢神は阿蘇市宮地の阿蘇神社の北東六〇〇メートルほどのところに鎮座する。草部吉見神は阿蘇宮三宮で、年祢神として田作神事のとき、阿蘇社殿の中で鷹山から女躰宮を迎え、これと神婚し、これによって阿蘇の地に五穀が生み出されると信じられていた。

としのかみのその　年神苑

阿蘇市宮地阿蘇神社の北東にある歳禰神の社がある辺りか。

とどろきばる　とゝろき原

三の馬場の中に二か所ある。下野狩三馬場図には、赤水馬場のうちの篠原と直口の北に描かれている。現在遺称地なし。塚南阿蘇村下野地区と阿蘇赤水地区の境付近であろう。もう一か所は、中の馬場の西端付近。

とのつか　殿塚

大迫ともいう（阿蘇家所蔵文書　鷹山下野狩鹿立鹿蔵之事）。赤水の集落の黒川の対岸の集落殿塚が遺称地か。

ともち　砥用　熊本県美里町砥用。

とりこ　鳥子　熊本県西原村大字鳥子。

どんしんち　貪瞋痴

仏教でいう三毒。貪欲・瞋恚・愚痴を指す。

【な行】

なかしゅく　中宿

下野狩の際に大宮司や神官が逗留する宿所が設置された場所。現在、「中宿」の地名はないが、南阿蘇村の大字長野字陣内の隣接地に「上中」「下中」の字がある。下中に接して長野の「今市」がある。この場所は、社頭の鹿渡橋（橋場橋）のある黒川から沢津野・乙ヶ瀬を通り長野の中心「陣内」へいたる道が通る。

ながたに　長谷

阿蘇市大字永草の字永谷東と永谷西が遺称地か。

なかのはし　中橋

中の御橋ともいう。上の御橋から十二町離れている。位置不明。下野狩三馬場図には、つぶて石橋（中浄）が見え、この橋が中の橋とすれば礫石の傍にあったと見られる。

ながの　長野　南阿蘇村大字長野。

なかのばば　中馬場

下野狩三の馬場の一つ。鬟掻の馬場から移り、第二番に入る馬場。小物の馬場ともいう。この馬場へ入る入口を「中王口」という。

ながはやま　長羽山

西之鹿立のうち。阿蘇市赤水宮山地区の阿蘇プリンスホテルゴルフ場の西側を長葉山という。

なかみち　中道

「彼三之馬場江中道候」とあり、下野三馬場を通過する道であり、狩が近くなったら、この道を閉鎖、乙ヶ瀬の近くの道と小渕の瀬渡り上りに人を立てることになっている。小渕の瀬渡り上りとは、赤水と下野境に男渕があり、また、的石の近くにある瀬の渡り口を「渡り上り」という。どちらかは断定できないが、江戸時代の史料では「小渕」を赤水の西に推定しており、鷹山下野御狩蔵は権大宮司と下田方が二分して支配したが、捻木とこの小渕が境となっている。下野と赤水の境界の男渕とすれば、現在もこのラインが阿蘇市と南阿蘇村を分ける境界として機能している。その意味で、赤水の西の男渕を「小渕」とするのが妥当であろう。三馬場の最初である鬣掻馬場は「早一口」から入り、次の中の馬場は「中王口」から入る。最後の赤水馬場は「御入口」から入る。これら馬場の中を通り抜ける道が中通と推定されている。

なかむら　中村
阿蘇の南郷のうち。現在の熊本県高森町大字中字東中村・中村・西中村・南中村が遺称地か。

なかやま　中山　　熊本県上益城郡甲佐町大字中山。

ならはら　楢原
北之鹿立のうち。楢山は阿蘇市赤水の宮山地区の字名にある。

ならお　楢尾　　楢尾岳か。未詳。

なんかん　南関　　熊本県南関町。

なんごうぎおん　南郷祇園
阿蘇南郷谷、南阿蘇村一関の八坂社（北山社・祇園社）と考えられる。この神社は、中世以前までは南郷谷の総鎮守であった。下野狩関係の史料に登場する「祇園宣明」は、この神社の社司である。

にごうのいし　二合の石
鬣掻の馬場、早一口にある石。大黒・小黒というただならぬ猟犬が隠れている場所。

にごりがわ　濁川
『下野狩日記』には、赤水馬場より南にある川と書かれる。現在の南阿蘇村の濁川のことであろう。

にしきの　錦野　　熊本県菊池郡大津町大字錦野。

にしのみや　西野宮(西宮)
「南郷西野宮明神ハ下野、馬場牧野を被守候御神也」（『下野狩日記』上）とあり、西野宮は下野の馬場牧野の守護神であると認識されていた。別名卯の添の神といった。祭神は肥前国の高久四面大菩薩（神武天皇の妻神）で、神武天皇との約束で西野宮に勧請したといわれる。現在西野宮神社は南阿蘇村の下田地区の東に鎮座している。また、下田の西の喜多村には卯添神社がある。西野宮は下田権大宮司の管轄した神社であり、本来は、下田権大宮司の館（南阿蘇村正伝寺の通称陣内）近くあったといわれている。現在の場所に移動したのは、明確ではないが中世末の阿蘇家の没落からまもない時期であろうか。

　南阿蘇村の歴史民俗資料館には、延徳二年（一四九〇）の銘をもつ西野宮神社の梵鐘が保管されている。この鐘には「大日本國鎮西肥後州阿蘇之南郷西宮御宝殿前謹奉施入（中略）阿蘇三社大

宮司宇治朝臣惟憲　大願主下田右衛門尉宇治能續」とあり、追銘には、「斯鐘依辛未歳弓箭在豊後州事十六年在示現間皈畢　貴事太多可貴信可敬也、于大永六年九月十日　阿蘇三社大宮司宇治朝臣惟豊願主下田豊前守能宗」とある。この銘によれば、延徳二年鐘は永正七年（一五一〇）の戦いで豊後に持ち去られたが、大永二年（一五二二）に阿蘇惟豊は取り戻し、西野宮に再度奉納した。

　また、西野宮には、古代から近世にいたる男女神像が一七体安置されている。古いものは平安期に遡る像もあり、この神社の古さを示している（『長陽村史』）。

にしのはら　西野原　　鷹山下野原ともいう。下野のこと。

につか　につか(荷塚)

本来、「につか」は罪所と言い、阿蘇の湖の大鯰の骨を納めた塚を指す。「あか水はにつかのいわれなり」とある。江戸時代の史料では、赤水のうちの地名と考えている。赤水は黒川の流れを指し、その源流にある阿蘇山の山上または、北宮（本来阿蘇の湖の鯰を祀る）の境内にある上御蔵・下御蔵を「荷塚」と呼んだと思われ、そこから始まる黒川の流れを指し、結果として赤水のことを指したのであろう。

にょたいのみや　女躰宮　↓たかやま　鷹山

ねじぎ　捻木(子チ木)

鷹山子チ木とあり、鷹山の中の地名である。下野の支配は阿蘇の権大宮司と下田方で二分されているが、一方の端が小渕であり、もう一方が、この子チ木である。杵島岳の付近か。

の　箆　　矢の竹の部分、矢柄。

のお　野尾　　一宮町大字萩の草字野尾野が遺称地か。

のなか　野中　　阿蘇市北坂梨のうちの野中か。

【は行】

はいづかその　灰塚苑　　阿蘇市大字黒川丁に灰塚がある。

はくすい　白水

南阿蘇村大字吉田白水地区があるが、ここではなく、南阿蘇大字河陽字鈴畠の北側、袋ヶ蔵の隣接地か。

はちくどくのみず　八功徳水

払川のことか。下野狩三馬場図参照。

はつおまい　最花米　　初穂米、神仏へ奉納する米。

はなやま　花山

烏帽子岳の頂上をいう（阿蘇家所蔵文書　鷹山下野狩鹿立鹿蔵之事）。南阿蘇村の大字河陽字花山が遺称。

はやいちくち　早一口

鬣掻の馬場へ入る入口。現在この地名はないが、岩倉と西小無田の間に一の口の地名はある。

はやみがたまのみこと　速瓶玉命

『先代旧事本紀』の巻十「国造本紀」には、神武天皇の皇子神八井耳命の孫、速瓶玉命を阿蘇国造する記事が見える。速瓶玉命は阿蘇氏の直接的始祖とされ、これを祀る国造神社は、阿蘇神社（下宮）のある宮地の北方、手野集落に鎮座する。国造神社は速瓶玉命とその妻神雨宮とその子、高橋神と火（日）宮神の四柱を祀る。北宮ともいうが、北宮と国造神社は別物であり、北宮は本来阿蘇の湖に住んでいた鯰を祭神としていた。現在も境内摂社として鯰神社がある。北宮には、下野狩の際に射殺した鹿の左の腿肉を捧げ贄とした。

はらいかわ　払川

阿蘇山上の上宮、御嶽に参詣する人々が塩井をめす所、中橋から一町の所。八功徳水ともいう。

ひきめ　引目

蟇目とも書く。紡錘形の先端を削いだ形の木製の鏑。また、それを付けた矢。朴・桐などで作り、内部を刳り数個の穴を開けてある。射ると音を立てて飛ぶことから降魔の法に用いられ、獲物を傷つけないことから笠懸・犬追物に用いられた。

ひやみず　冷水(ひや水)

鬢掻の大道の上辺りある地名。遺称地未確認。蔵原・下竹原の人が「登狩」をする場所（『下野狩旧記抜書』）。

ひらやまいけもと　平山池本　笠山（杵島岳）の西に位置する。

ひらいし　平良石　北鹿立のうち。遺称地未詳。

ひろいし　広石　阿蘇市大字三野字広石。

ひわたかやま　ヒワタカ山　馬水（南阿蘇村河陽字御馬水）の東あたりか。

びんがきのばば　鬢掻馬場

下野狩の三の馬場のうち、第一に狩を行う馬場。始めの馬場、むしろの馬場ともいう。阿蘇市宮山地区の字鬢掻・上鬢掻・中鬢掻・下鬢掻などがその遺称地と推定される。その入口は「早一口」という。鬢掻には現在小さな集落があるが、かなり広い平地が開けている。

ふくろかぐら　袋鹿蔵　南阿蘇村下野字袋鹿蔵。

ふこうずそうほ　深水宗甫

相良家の家臣。梅北の乱後「乱の背後に阿蘇家あり」とする讒言を行い、これにより、阿蘇家の当主惟光はわずか十三歳にて秀吉の命により文禄元年（一五九二）八月花岡山山頂で殺された。

ふだ　布田　熊本県西原村大字布田。

ふたごいし　二子石　南阿蘇村大字久石二子石地区。

ふどうその　不動苑

恒例塚で祭祀をする神人の苑の一つ。場所不明。

へぼのきはら　へほの木原

南郷の人の下野狩の稽古場。南郷谷では、遺称地未詳。ただし、阿蘇市の坂梨の地名に平保木（へぼのき）がある。

ほうがうち　寶鹿内

「トチノ木ノ近ノ山也、アラト山ノスソ南東ノ間ニ當ル、川上ノ方」とある（阿蘇家所蔵文書　鷹山下野狩鹿立鹿蔵之事）。

ほくかん　北関　現福岡県山川町北関。もとは肥後国に属す。

【ま行】

まあしお　馬足尾　→またてお　馬立尾

まいのかん　儛官

『下野狩日記』下では「儛官御大子天王・天姫也」とある。田鶴原社の伝えでは、田鶴原（靏原）の清らかな泉に舞い降りた天女と夫婦になった新彦神（七宮）との間に生まれたのが天姫（八宮・新比咩神）と天王（九宮・若彦神）といわれる。このことから、儛官とは、天から舞い降りた天女と結婚した新彦神のことを指したという説がみられる（『下野狩旧記抜書』）。

まかくしやま　馬隠山　→うまかくしやま　馬隠し山

まかの　まか野　熊本県宇城市松橋町曲野《まがの》か。

まつざき　松崎　阿蘇市波野大字小園字松崎。

またてお　馬立尾

『下野狩日記』などに馬足尾も出てくるが、馬立尾と同じか。どちらが正しいかは不明。遺称地未詳。「烏山の下、立野の上」という説がある。下野内の地名。

まといし　的石

阿蘇市大字跡ヶ瀬のうち。健磐龍命が矢を射た的石。鬼八の伝説が残る。

まひと　真人

草部吉見の子孫で、下田権大宮司、吉見権大宮司、阿蘇権大宮司の祖。

まみず　馬水　南阿蘇村大字下野字御馬水、上馬水が遺称地か。

まやま　馬山

「馬山の立くるみミかへりの野」（『下野狩日記』下）にある。「くるミかえりの野」は二重峠の下の字車帰と見られ、馬山は二重峠あたりの山をさすと思われる。下野狩三馬場図（『下野狩日記』上）にも鹿渡橋の西の山として「きはた山」の隣に「馬山と云うなり」と書かれている。

まりしてん　摩利支天

仏語。摩利支尊天。陽炎の神格化で、身を隠して障礙（障害）を除き、常に日に仕えるとしてインドの民間で信仰された神。日本では、中世に武士の守護神として信仰され、その形像は多くは三面六臂、または八臂の女神像に作る。

みくぼ　三窪　阿蘇市大字三久保。

みずたまり　水タマリ

阿蘇市大字赤水の宮山地区の字水溜、南阿蘇村大字河陽字水溜、同沢津野集落の天神社付近の水溜が遺称地か。どちらかは不明であるが、阿蘇家所蔵文書の鷹山下野狩鹿立鹿蔵之事では、早角村のうちとする。しかし、「中のは丶の弓手馬の仲馬ハみつたまりと云所也」（『下野狩日記』上）。この水溜は、中の馬場のうちと考えられ、阿蘇市赤水の宮山地区にある「水溜」とすべきであろう。

みたけ　御嶽
阿蘇の上宮のある山。現在の阿蘇中岳を指す。阿蘇の原始信仰の中核となる。ここに上宮、御嶽の御堂がある。
みたけのおおみち　御嶽の大道
南安蘇村黒川集落の社頭鹿渡橋（橋場橋）から御嶽上宮を結ぶ道と推定される。
みつながし　光永氏
阿蘇氏の一族。阿蘇大宮司資長の弟阿蘇惟理を祖とする。阿蘇領津森の津森城主。
みなくち　水口　南阿蘇村大字河陽字水口、沢津野集落の西。
みなみさかなし　南坂梨　阿蘇市南坂梨。
みなみはら　南原
阿蘇郷の下野狩の稽古場。南郷のうち。熊本県高森町大字高森字南原が遺称地か。
みふね　御船　熊本県御船町。
みやかわし　宮川氏
神武天皇の子、彦八井耳命、草部吉見神の子孫。阿蘇下宮（阿蘇宮）の社司。大夫職など神官・権官を務める。他に、北宮祝・矢村祝・年禰祝など。
みやはら　宮原
赤水馬場の奥、近世宮山村のこと、枳村《げずむら》の西に位置する（阿蘇家所蔵文書　鷹山下野狩鹿立鹿蔵之事）。ここには元宮跡（吉松神社元宮）があり、二〇〇七年に別府大学文化財研究所が発掘を行い、江戸時代初期に遡る神社跡を確認、さらに遡る可能性もある。
みやはら　宮原
小国の人たちの下野狩の稽古場。小国町宮原が遺称地か。
みょうおういん　妙応院　熊本藩主細川綱利の院号。
みょうげこう　妙解公　熊本藩主細川忠利の院号。
むねとま　宗徒馬
宗戸馬、宗渡馬とも書く。下野の狩では三の馬場で騎馬を三手に分け狩りを行う。その中央を占めるのが宗徒馬の騎馬団であり、大宮司一門衆がこれを勤めた。狩衣（布衣）を着け、折烏帽子で秋毛行縢を着けた。その人数は五十～六十。
むらやま　村山　熊本県高森町村山。
むらやまし　村山氏
阿蘇氏の一族で、室町時代、阿蘇家代々の奉行人・家宰を務める。阿蘇郡高森町の村山を苗字の地とする。『下野狩日記』は村山丹波守惟久によって書写された。家宰として阿蘇家記録類の管理を行っていたと思われる。
めかぶら　的矢の矢じりの一種。
めてま　妻手馬
下野の狩では三の馬場で騎馬を三手に分け狩りを行う。その右手を担当する騎馬団。折烏帽子に袢の色は水色または白色であった。行縢の人数は数百人。

【や行】

やぐらのお　八蔵之尾（櫓之尾）
阿蘇市赤水の蛇の尾のことと思われる城之尾の近くと考えられる。

やなぎはら　柳原　西之鹿立のうち。遺称地未詳。

やのしげざえもん　矢野茂左衛門
熊本藩御用絵師。名は茂安。雪舟の流を受ける雲谷派矢野流の三代目。元禄二年（一六八九）に召し出され、元禄十一年（一六九八）公儀絵図改めに際しては、肥後国中および豊後国内の細川領地の絵図を描き、宝永三年（一七〇六）には、藩の画奉行となる。しかし、六代目藩主宣紀のとき、幕府御用絵師狩野派への流儀替えを命じられ、狩野半蔵に弟子入りしたが、流儀替えはならず、矢野派は茂安一代限りとして辛うじて存続が認められるという事態に追い込まれた。その後、茂安の矢野流は四代目雪叟（安良）によって再興されるが、御用絵師矢野家は、それまできびしい状況にあった。それでも茂安が曹洞宗大慈寺など寺院の画幅の製作にかかわっている。下野狩屏風はそのような状況下にあった三代目茂安および雪叟（安良）のかかわった作品と推測される。

やべ　野部（矢部・夜部）
山都町矢部。浜には阿蘇氏の館があった。

やまが　山鹿　熊本県山鹿市。

やまざき　山崎　南郷のうち。

やましぶ　山渋　西之鹿立のうち。遺称地未詳。

やまそい　山添
早角（沢津野）の山の口へ付く屋敷の名称。南阿蘇村大字河陽字山添。

やまにし　山西
阿蘇山のカルデラの西外、立野より西の阿蘇の所領か。現阿蘇郡西原村の中に山西の地名があり、西原村一帯を指すとも考えられる。

やむらし　矢村氏
阿蘇神社の北にある矢村社の祝を務める社司。この家も今村氏と同様に、下野狩に使用する鏑を認める家であった。

やむらしゃ　矢村社
阿蘇市の宮地の中町に鎮座。阿蘇大明神（健磐竜命）が宮を定めるときに矢を放った所（「阿蘇宮由来略」）、また、手野から天に向かって矢を放ち、落ち、そこに宮居を定めたという説がある。祭神は比咩神（二宮）、比咩御子神（四宮）、国龍神（三宮）などの草部吉見神とその家族神が祀られる。

やりといし　遣戸石　東之鹿立のうち。遺称地未詳。

ゆのうら　湯浦　阿蘇市大字湯浦。

ゆのたに　湯谷　南阿蘇村の大字長野字湯の谷。

ゆんでま　弓手馬
下野狩では三の馬場で騎馬を三手に分け狩りを行う。この左側を担当した騎馬団。装束は折烏帽子に袢は枇杷色、薄柿。行縢の人数は数百人。

よしまつみょうじん　吉松明神

鷹山の地主神、現在は阿蘇市大字赤水字宮山に鎮座する。その前は、そこから二〇〇メートルほど南にある元宮跡に鎮座していた。

よしみしゃ　吉見神　↓くさかべのよしみしゃ　草部吉見社

【ら行】

りょうじんじゃ　両神社

熊本県小国町に鎮座する。速瓶玉命の子、高橋神と日（火）宮神を祀る。高橋神は阿蘇の北郷を治めて高橋山の宮を定めたところから高橋神という。

れいかんこう　霊感公　　熊本藩主細川重賢の院号。

ろくやおん　鹿野苑

鹿苑ともいう。インドのベナレスの郊外のサールナートのこと。ブッダが成道した後、五人の修行者に最初に説法し弟子とした仏教の聖地。このとき鹿も一緒に説法を聞いたといわれる。アショカ王が前三世紀にダーメーク・ストゥーパを創建し、その後伽藍が造られ巨大な寺院となっていたが、イスラム教徒によって破壊された。玄奘の『大唐西域記』には、その伝承が記録されている。鹿野苑に棲んでいた鹿の群は狩猟を好む王に悩まされていた。そこで、鹿の王は、無用の殺生を止めるため、この国王と契約して毎日一頭の鹿を順番を決め差し出すことにした。あるとき、身ごもった雌鹿がその番となり、鹿王は母鹿の身代わりになった。それを知った国王は自分の殺生を恥じて鹿をとることを止めた。それが鹿の楽園、鹿野苑の由来という。

らごう　羅睺

羅睺《らごう》と計都《けいと》というのは、日蝕を起こすと信じられている星のこと。もとはヒンズー教の神で、神々が海をかきまわしてアムリタという命の水を手に入れる神話に登場する。羅睺星は忿怒の相をあらわし、青牛に乗り、両手に日月を捧げている。計都星は忿怒強盛の相をあらわし、青龍に乗り、両手に日月を捧げている。

らせつにょ　羅刹女

仏語。羅刹の女。仏教の護持神として十羅刹女がある。また、人を食う鬼女で、非常に美しい容姿をもつ。

りゅうとくこう　隆徳公　　熊本藩主細川宗孝の院号。

【わ行】

わこうどうじん　和光同塵

仏語。仏菩薩が衆生を救うため、本来の威光をやわらげ、仮の姿を俗世にあらわすこと。「本地垂迹」はその具体的顕現。

※『神道大系神社編五十　阿蘇・英彦山』（神道大系編纂会、一九八七年）所収図による

阿蘇家系図

（表題）「仲田信憲編
阿蘇系圖　全」

阿蘇系圖

∴神日本磐余彦天皇—神八井耳命（御母事代主命女多々良五十鈴媛命）—彦八井耳命—武宇都彦命—武速前命

敷多奈彦命—武惠賀前命—武諸木命—武敷美命—大渟古足尼命（多朝臣祖）

武五百建命（又言健磐龍命）瑞籬宮天皇御宇定㆓賜科野國造㆒

健男組命　瑞籬宮天皇御宇定㆓賜火國造㆒

健忍毘古命　肥宿禰等祖　火國造

健後上命　志賀穴穂宮天皇朝廷定㆓賜伊余國造㆒

健借馬命

仲臣子上命　同上定㆓賜仲國造㆒　縣連　縣主前利連島田臣　伊勢船來直丹羽臣等ノ祖—大荒田命—玉媛命健稻種命妻

一速瓶玉命　瑞籬宮天皇御宇定㆓賜阿蘇國造㆒

健稻背命　科野國造—健甕冨命—諸日古命—莒止理命—伊勢古乃君

世襲彦乃君—金弓乃君—目子乃君—伊閉古　譯語田宮天皇御宇供奉　爲㆓他田舍人造㆒

麻背　金刺宮天皇御宇供奉　爲㆓金刺舍人造㆒—某　金刺連祖　雙槻宮天皇御宇科野國諏訪神奉仕

老　郡擬少領　從六位下

渟理　大領　正六位上　藤原宮朝廷戊戌年補大領　在任二十一年

- 武許呂坂命 志賀高穴穂宮天皇定ﾆ賜石城國造一
  - 蝦夷
    - 歳足
      - 田麿
        - 稲成
        - 浄秋
        - 浄繼
    - 三田次
    - 山代
      - 乙人
        - 野麿
    - 千鳥
      - 鳥
  - 甘良麿
  - 大嶌 擬少領 外從七位下
    - 足主 望月牧監 外從六位上
      - 禰麿 少領 正六位上
        - 廣足
        - 鵜足 大領 從六位上
          - 村雄 主張（マヽ）
            - 藤雄 擬少領 外從五位下
              - 相依 大領 外正六位下 延喜七年八月廿一日卒 年七十八
                - 善樹 右馬少允 信乃省 正六位下
                - 眞樹 國造次郎
                  - 眞縄 飽田太郎
              - 雄風 甲斐史生 正七位下
            - 成雄 左馬寮馬部
            - 持雄
            - 山雄
    - 國麿
      - 大繼
        - 魚守
      - 黒麿

- 種麿 伊那郡主張（マヽ） 外從八位下
  - 男依 主張（マヽ） 正七位上
    - 千世賣

- 直刀自 采女 從五位上

好依 郡司判官代
- 常見 國司兵衛
  - 延常 右近將監
    - 重常 佗田太郎 寛治五年從二八幡太郎一於二奥州一勳功
    - 重廉 跡目次郎
    - 重清 三郎
- 女子 信乃少目神人部國勝妻

好眞 右衞門尉
- 好行 右馬允
  - 信行 左近允
    - 信忠 中津乘又太郎 中津乘飯田知久等ノ祖 母中津乘太郎爲二貞女一 源頼繼猶子因稱二源氏一
  - 信久 上野目
  - 秀行 三郎大夫
  - 眞行 四郎

二 健渟彦命 阿蘇國造
- 三 美穂主命 同上
  - 四 健維人命 同上
    - 味吹乃君 阿蘇君姓
      - 健都根乃君
        - 宇志瓶乃君
    - 五 倉主乃君 高津宮天皇定宇治部爲二宇治部君一
      - 六 小國乃君
        - 七 石金乃君

八 赤目子
- 九 鳥見
  - 十 小杖
    - 十一 眞里古 阿蘇評督
      - 十二 角足 朱鳥二年二月爲二阿蘇評督一賜二宇治宿禰姓一
        - 十三 平田麿 阿蘇郡擬大領 阿蘇宮司 外從七位上
        - 阿伎良 阿蘇郡主帳 大初位上
          - 木村 擬少領
          - 天彦
            - 田人
        - 兼足
          - 淨麿 阿蘇郡主政
            - 濱麿

宮足

宮雄―秋男

味村 阿蘇牧監

十四 武男 阿蘇宮神主 従八位下 延暦十九年任二神主一

十五 安足 阿蘇宮神主

十六 田村 阿蘇宮神主

十七 繼村 阿蘇宮権神主

梁麿

道村 阿蘇宮権神主

十八 建人 阿蘇宮神主 従七位下

路直 阿蘇宮権神主 従七位上

十九 共直 阿蘇宮司 正六位上 貞観七年官符叙二正六位上一

友佐

友利

二十 友成 阿蘇宮大宮司 外従五位下 延喜三年二月叙爵

二十一 友仲 阿蘇宮大宮司

友助 阿蘇宮祝

惟行 阿蘇宮権神主

則眞

是員

友夏(カ) 阿蘇宮祝

友公

儀人 阿蘇宮権祝

道人

惟助 阿蘇宮権神主

惟親 阿蘇郡主帳 稱二税所公文一

惟信 年預

- 惟通 阿蘇郡主帳
  - 惟經 同上
    - 惟遠 同上
      - 惟雅
      - 惟綱
        - 惟員
      - 惟廣
        - 惟仁
        - 惟房
- 惟名

- 二十二 友孝 阿蘇宮大宮司 從五位下
  - 二十三 友眞 阿蘇宮大宮司 正七位上 母阿蘇忠友女
    - 二十四 友房 阿蘇宮大宮司 從五位下
      - 惟平
      - 二十五 惟俊 阿蘇大宮司 從四位下
        - 二十六 惟宣 阿蘇大宮司 從五位下
          - 二十七 資永 阿蘇宮大宮司 從五位下
            - 二十八 惟安 阿蘇宮大宮司 從五位下
              - 惟政
              - 二十九 惟繼 阿蘇宮大宮司 從五位上 正治二年四月再任
              - 惟方
            - 惟門 五郎
          - 光永
      - 惟滿 阿蘇宮權禰宜
        - 惟房
          - 成房
        - 惟國
          - 國秀
            - 國則
            - 惟則
          - 國孝
        - 賴國
      - 惟經
    - 惟允 阿蘇宮權禰宜
      - 元祐 權禰宜
    - 友恆 阿蘇宮祝
      - 恆富 祝
        - 恆延 權禰宜
          - 恆光
          - 恆久
        - 恆員 祝
    - 基實
      - 實長
      - 實光
  - 友扶 田所檢校
    - 滋扶
    - 宅扶
    - 廣友

- 三十 惟義　阿蘇宮大宮司　従五位下
  - 惟盛　三郎
    - 惟繼　稱二津屋十郎一
    - 惟成　上島彌次郎
      - 惟秀
        - 惟幸　彦三郎
        - 惟邦　彦五郎
        - 惟頼　彦八郎
    - 惟久　稱二津屋又太郎一
  - 惟光　六郎
  - 惟忠　大宮司　太郎　仁治三年十月義絶
    - 惟家
      - 惟重　竹永六郎
      - 惟貞　四郎
  - 惟景　阿蘇宮大宮司　弘安之役出兵有レ功
    - 惟資　次郎
      - 惟種　惠良九郎　母惠良彌四郎妹　父歿後彌四郎育レ之
        - 三十六 三十八 惟澄　惠良小次郎　筑後權守　筑後守　阿蘇宮大宮司　爲二惟時義子一　建武延元以降奉レ勅勤王、興國四年學レ族應レ賊惟澄獨守レ義於二甲佐城一
        - 惟雄　惠良小三郎　豊前權守　正平六年蘆北地頭職
        - 惟永　惠良彌次郎　豊後國朽網地頭職
        - 惟賢　彌三郎
        - 惟清　彌四郎
    - 三十二 惟國　阿蘇八郎　大宮司
      - 惟長　八郎
        - 惟有
          - 惟眞
    - 惟春　阿蘇宮大宮司　阪梨（マヽ）九郎　建武中尊氏立レ之
      - 某　阪梨（マヽ）九郎

三十三
三十五
惟時　阿蘇宮大宮司　正三位
足利高氏六波羅攻并建武二年新田義貞筥根竹下合戦等ニ従フテ勤王、延元三年拜二天顔一、興國四年降二尊氏一、正平四年歸順、同八年於二筑前國飯盛山一討死

三十四
惟直　八郎　阿蘇宮大宮司
元弘三年奉二大塔宮令旨一勤王、延元元年三月二日於二肥前國小杵郡天山一與二尊氏一多々良濱合戦之時自害

惟成　大宮司　九郎
延元々年三月二日於二肥前國一討死

女子　大宮司小次郎惟澄妻

三十七
三十九
惟村　肥後守
阿蘇宮大宮司　従三位
母大宮司惟時女
前大宮司惟時為レ子、正平十五年降二足利氏一、同十九年歸順後又降二足利氏一

四十
惟郷　東家　中務大輔
阿蘇大宮司　従三位
應永三十年拜二天顔一、文明二年六月十二日薨

四十一
惟忠　又次郎
阿蘇大宮司
文明十七年五月卒

宗心　僧

惟武　阿蘇宮大宮司　従四位上
奉二征西府令旨一勤王、天授三年八月於二筑前國蜷打一戦死

惟政

惟兼　同上
阿蘇宮大宮司　従五位下

四十二
惟歳　阿蘇宮大宮司
大宮司惟忠為レ子

惟清　又九郎

惟里　彌太郎

女子

惟輔　大宮司太郎

惟弘　阿會七郎
於二大和國一而死、子孫繁殖

四十三
惟家　阿蘇宮大宮司
大宮司惟歳嗣

四十四
惟憲　阿蘇宮大宮司
初名惟藤

四十五
惟長　阿蘇宮大宮司　従四位下
初継二菊池氏一號二肥後守武經一、後復歸出家萬休齊、天文九年卒

女子　甲佐城主大宮司惟前妻

女子　宇土城主村上伯耆守重行妻

四十七
惟將　阿蘇宮大宮司　從四位下
母東氏、初名惟勝
天正十一年十二月二日卒

四十八
惟種　阿蘇宮大宮司
母同上

四十九
惟光　八郎　阿蘇宮大宮司
母犬飼備後守女
文祿二年薩北賊起、相良氏臣深水宗甫爲風聞、豐公在名護陳中聞信之、令加藤氏臣下川又右ヱ門殺之北岡祇園山、時年十二

五十
惟善　松鶴丸　阿蘇宮大宮司
母同上
慶長五年七月加藤清正請徳川氏爲大宮司給三百五十石、承應三年九月十三日卒

女子　入田信濃守妻

女子　鶴子　早世
母仁田水維玄女

某　龍房丸　早世

某　左兵衞　早世

四十六
惟豊　阿蘇宮大宮司　從二位
永祿二年十一月七日薨

女子　村上彈正大弼武顯妻

惟前　阿蘇宮大宮司　從四位上
領甲佐堅志田砥用中山等

惟賢　阿蘇宮大宮司
入道玄興
奔薩摩國

惟尙　新九郎阿蘇主殿
仕島津氏

女子　最勝寺右京亮妻

惟高

女子　歌子　早世

五十二
友隆　宮内大輔　阿蘇宮大宮司　正四位下
母眞下七兵衞元義女
享保元年二月辭大宮司
同三年六月廿五日卒

某　善麿　早世
母阪崎濱左ヱ門成方養女

女子　松子　早世

女子　金子　早世

五十一
友貞　中務權大輔　阿蘇宮大宮司　從四位上
母同上
寛永元年十二月六日卒

某　土之助　早世

某　萬千代　早世

友歳　梶之助　上島求馬
母同上
元祿十四年七月卒

五十三
友名　彦八郎　中務大輔
阿蘇宮大宮司　從五位下
母家女房　大宮司友隆為二子
享保十一年十二月十九日卒

某　上島

女子　楠子　早世

女子　千代子　早世

惟眞　大里儀大夫
母同上
仕二細川忠利朝臣一
給二家祿二百石一

惟仲　大里牛右ヱ門
母

惟榮　大里牛右ヱ門
母三本氏

五十四
眞楫　宮內權大輔
阿蘇宮大宮司
從五位下　初名惟成
大宮司友名爲レ子、明和
二年二月廿八日卒

惟公　大里角二
母家女房

惟幹　右金吾

惟一
實香山氏

五十五
惟典　阿蘇宮大宮司　從五位上
母
初名惟陳
大宮司眞楫爲レ子、寛政五年九月廿六日卒

女子　早世

惟相　惠良左源太
母同上
元祿十五年卒　無レ嗣

惟志
實澤村正常男

惟志
母本家惟馨姪

女子　淑子　早世

女子　愛子　中川久照妻

五十六
惟馨　嗣君阿蘇宮大宮司　從三位
母三宅氏
享和三年奏請復二姓阿蘇公一
文政三年四月三日薨

女子　秀子
始嫁二岩間氏一後離別

惟功　清丸　中務丞　從五位上
母坂本氏　文化十三年卒

女子　貞子　早世

五十七
惟賞　千代丸　筑後守　阿蘇宮大宮司　從五位上
母同上　文政五年六月二日卒

女子
光子
大里角二惟一妻

女
須代子
大里惟志妻

女子
具子
奥平貞國妻

女子
達子
沼田胤昭妻　自殺

某
惠良富千代　早世

五十八
惟治
上島三千丸　阿蘇宮大宮司　正四位下
母
晩稱二峽雲一

惟孫
上島備前
嘉永七年卒

五十九
惟敦
阿蘇神社宮司　從五位
母三淵澄昭女

女子
美那　早世
母同

惟興
豊三郎
母同　明治十四年夏阿蘇神社禰宜ニ任ズ

英麿
早世
母同

直鎮
初名時千代、松野孫三郎　松野亘養子
明治十年西南ノ役官軍ニ抗シ日州高千穂郷内ニテ自殺

女子
夏子
母同

女子
家子
母同

惟章
上島知彼童
母家女房

寛若　早世
母有吉立生女

六十
惟孝　幼名三千丸　従五位
母同上
明治十三年元服、同十六年夏改名　阿蘇神社宮司ニ任ス

六十一
伊麿　母正二位細川護久卿二女靜子　明治十九年出生

惟敎　鶴千代
母同上

右、異本阿蘇系圖、仲田信憲氏編纂也、

右、異本阿蘇系圖壹册九枚、北小國村北里榮喜氏藏本を敷寫す、昭和五年十月八日起筆、九日深更寫了、

上妻博之識

あとがき

二〇〇六年から、私は大学共同利用機関法人人間文化研究機構に所属する総合地球環境学研究所のプロジェクト研究にコアメンバーとして参加することになった。そのテーマは「日本列島における人間―自然相互関係の歴史的・文化的検討」である。この研究全体は、サハリン、北海道、東北、中部、近畿、九州、沖縄の七つの地域班と全体の問題を論じる三班を設定する大プロジェクト研究である。私は、九州班の班長として、阿蘇・くじゅうをはじめ九州の山岳地帯に広がる草原地帯を舞台にその草原の利用と維持の問題を中心に、地質学、植生学、考古学、歴史学、民俗学、地理学などの諸分野の研究者を集め、調査・検討を進めてきた。

この調査の際に出合ったのが下野狩神事という阿蘇宮の神事である。この神事は、天正六年（一五七八）を最後に廃絶したが、中世を通じて阿蘇最大の神事であり、この神事を怠ると、阿蘇家は危機に瀕するという重大神事であった。また、焼き狩神事というもので今日の三月の野焼きと密接に関係したものであり、今も続く阿蘇宮の火振り神事すなわち田作神事に連動するものであった。そこで、この神事の検討が阿蘇・くじゅうの草原の歴史の解明につながると考えた。

一方、私は、二〇〇七年からは、科学研究費の基盤研究Cで「環境歴史学からみた「森」と「原」「野」に関する研究」を行ってきた。こちらでは、古代・中世の歴史や文学の資料から、「森」と「原」「野」の関係について、地方に広がる「原」「野」と京都などの都市部の周辺に展開する「野」と「森」を比較しながら検討を行ってきた。阿蘇においても、総合地球環境学研究所の研究と連携させながら、フィールド調査と新史料の検討に努めることになった。

この二つの研究において、下野狩神事の検討は最も重要な研究課題となった。この基礎史料が永青文庫本の『下野狩日記』上・下、『下野狩旧記抜書』、及び阿蘇宮司家所蔵の下野狩関係の記録・文書である。これまで、下野狩については、主に杉本尚雄、阿蘇品保夫、村崎真智子、佐藤征子など諸氏の研究があり、また、現地の宮川三友氏の地道な調査・研究があったが、その基礎となる史料は、神道大系や阿蘇町史に公刊された『下野狩集説秘録』（江戸時代の編纂）しかなかったこともあり、上記の中世の狩の実像を伝えた史料はこれまで公開されてはいなかったため、下野狩の実像が解明されているとはいえない段階にあった。

そこで、二〇〇七年に永青文庫本の『下野狩日記』上・下、『下野狩旧記抜書』の調査を行い、その後、講読を大学院の飯沼ゼミを中心に行った。特に、この翻刻作業に当たって、当時、飯沼ゼミに在籍していた三谷紘平、山口佐和子、安田豊等の協力を得て原稿を四年の歳月をかけて作成した。その過程で、阿蘇神社の池浦秀隆氏、熊本大学准教授春田直紀氏、別府大学学長豊田寛三氏にも格別のご協力をいただいた。

さらに、今回の公刊にあたっては、本書の収載した史料を所蔵する永青文庫、及び阿蘇宮司阿蘇惟之氏には、格別のご配慮をいただき刊行する運びになった。記して感謝したい。

併せて、本書は、独立行政法人日本学術振興会平成二十三年度科学研究費助成事業（科学研究費補助金（研究成果公開促進費））の交付を受けて刊行するものであることを明記する。最後に、刊行を引き受けてくれた思文閣出版にもさまざまなご配慮をいただき感謝する次第である。

平成二十四年二月吉日

飯沼賢司

◎編者略歴◎

飯沼賢司（いいぬま・けんじ）

1953年長野県に生まれる．早稲田大学文学部（日本史専修）卒業，同大学院文学研究科博士課程日本史専攻に進学．

1985年，早稲田大学文学部助手，非常勤講師を経て，1987年に大分県立宇佐風土記の丘歴史民俗資料館研究員となる．この時期から，宇佐・国東の研究，八幡神の研究を始める．

1993年，別府大学助教授に就任．1997年，別府大学教授．この時期から，環境歴史学を提唱．2008年より，別府大学大学院文学研究科長．

〔**専門**〕日本古代中世史，環境歴史学，家族史．

〔**主要業績**〕『大分県の歴史』山川出版社，『八幡神とはなにか』角川書店，『環境歴史学とはなにか』山川出版社，『岩波講座日本通史』岩波書店，『講座日本史』東京大学出版会．

阿《あ》蘇《そ》下野狩《しもののかり》史《し》料《りょう》集《しゅう》

2012（平成24）年 2 月29日発行

定価：本体7,500円（税別）

編　者　飯沼賢司

発行者　田中　大

発行所　株式会社　思文閣出版
〒605-0089 京都市東山区元町355
電話 075-751-1781（代表）

印　刷
製　本　株式会社 図書印刷 同朋舎

ISBN978-4-7842-1611-6　C3021

社寺造営の政治史　神社史料研究会叢書Ⅱ　山本信吉・東四柳史明 編

神社修造と社司の成立（山本信吉）建武新政期における東大寺と大勧進（畠山聡）金沢御堂創建の意義について（木越祐馨）戦国期能登畠山氏と一宮気多社の造営（東四柳史明）中近世移行期における寺社造営の政治性（横田光雄）両部神道遷宮儀礼考（松尾恒一）近世出雲大社の造営遷宮（西岡和彦）諸国東照宮の勧請と造営の政治史（中野光浩）近世における地方神社の造営（橋本政宣）

▶Ａ５判・312頁／**定価6,825円**　ISBN4-7842-1051-2

祭礼と芸能の文化史　神社史料研究会叢書Ⅲ　薗田稔・福原敏男 編

神社廻廊の祭儀と信仰（松尾恒一）相撲節会と楽舞（廣瀬千晃）中世諏訪祭祀における王と王子（島田潔）鹿島神宮物忌職の祭祀（森本ちづる）越前志津原白山神社の祭礼芸能（宮永一美）武蔵国幕閣大名領における祭礼の振興（薗田稔・高橋寛司）近世鶴岡八幡宮祭礼としての面掛行列（軽部弦）住吉大社における荒和大祓の神事をめぐって（浦井祥子）『伊曾乃祭礼細見図』考（福原敏男）

▶Ａ５判・300頁／**定価6,825円**　ISBN4-7842-1159-4

社家文事の地域史　神社史料研究会叢書Ⅳ　棚町知彌・橋本政宣 編

『守武千句』の時代（井上敏幸）中西信慶の歌事（神作研一）伊藤栄治・永運のこと（川平敏文）中島広足と本居宣長（吉良史明）伊勢御師の歌道入門（加藤弓枝）北野宮仕(中)という歌学専門職集団の組織と運営の実態（資料編）（棚町知彌）北野社家における歌道添削について（菊地明範）近世における地方神主の文事（橋本政宣）刊本『さゝぐり』の成立（吉良史明）連歌御由緒考（入口敦志）

▶Ａ５判・340頁／**定価7,875円**　ISBN4-7842-1257-4

神社継承の制度史　神社史料研究会叢書Ｖ　椙山林繼・宇野日出生 編

名神の研究（山本信吉）石清水八幡宮の祭祀と僧俗組織（西中道）若狭彦神社の神仏関係（嵯峨井建）吉田兼右の神道伝授と阿波賀春日社（宮永一美）中近世移行期伊勢神宮周辺地域の経済構造（千枝大志）御棚会神事と賀茂六郷（宇野日出生）近世初期における加賀藩の神社統制（鈴木瑞麿）江戸時代における神職の身分確立への運動（椙山林繼）葬列としての頭人行列（福原敏男）

▶Ａ５判・348頁／**定価7,875円**　ISBN978-4-7842-1418-1

熊本藩の地域社会と行政　近代社会形成の起点

吉村豊雄・三澤純・稲葉継陽 編

永青文庫細川家文書に大量に残された地方行政記録綴「覚帳」や、村役人層をはじめとする住民の評価・褒賞記録綴「町在」の系統的分析を行うことで、19世紀段階の近世行政システムの全容解明をめざす。

▶Ａ５判・420頁／**定価9,450円**　ISBN978-4-7842-1458-7

焼畑の環境学　いま焼畑とは　〈地球研ライブラリー〉

佐藤洋一郎 監修／原田信男・鞍田崇 編

焼畑は本当に環境破壊の要因なのか――。歴史・地理・民俗・農学それぞれの観点から、アジア・アフリカ各地で伝統的に行われてきた焼畑の実態を報告。先人の経験知の宝庫ともいうべき焼畑を検証することによって、農業へ新しい知見を提示し、農業と環境、ひいては人と自然の関係を問い直す。

▶Ａ５判・608頁／**定価9,450円**　ISBN978-4-7842-1588-1

（表示価格は税５％込）